智慧教育时代外语教师的职业发展研究

张艳丽 著

新华出版社

图书在版编目（CIP）数据

智慧教育时代外语教师的职业发展研究 / 张艳丽著
. -- 北京：新华出版社, 2023.8
ISBN 978-7-5166-6958-7

Ⅰ.①智… Ⅱ.①张… Ⅲ.①外语教学 – 师资培养 –
研究 Ⅳ.①H09②G451.2

中国国家版本馆CIP数据核字（2023）第162852号

智慧教育时代外语教师的职业发展研究

作　　者：张艳丽

责任编辑：徐文贤　　　　　　　　封面设计：刘宝龙

出版发行：新华出版社
地　　址：北京石景山区京原路8号　　邮　　编：100040
网　　址：http：//www.xinhuapub.com
经　　销：新华书店
　　　　　新华出版社天猫旗舰店、京东旗舰店及各大网店
购书热线：010-63077122　　中国新闻书店购书热线：010-63072012

照　　排：北京亚吉飞数码科技有限公司
印　　刷：北京亚吉飞数码科技有限公司
成品尺寸：170mm×240mm　　　1/16
印　　张：17.75　　　　　　　　字　　数：281千字
版　　次：2024年3月第一版　　　印　　次：2024年3月第一次印刷
书　　号：ISBN 978-7-5166-6958-7
定　　价：96.00元

前　言

　　教育事业是全党全社会的共同事业，是我们党和国家的发展大计，而教育信息化是实现教育现代化、建设教育强国的必经之路。智慧教育是教育信息化深度发展的产物，是教育信息化的一种全新形式。2019年2月印发的《中国教育现代化2035》中明确指出，要加强课程教材体系建设，科学规划大中小学课程，分类制定课程标准，充分运用现代信息技术，丰富并创新课程形式。2023年2月13日至14日，教育部、中国联合国教科文组织全国委员会在北京共同举办了世界数字教育大会。大会以"数字变革与教育未来"为主题，围绕数字化转型、数字学习资源开发与应用、师生数字素养提升、教育数字治理等进行深入交流讨论。大会发布了中国智慧教育蓝皮书和智慧教育发展指数、发布国家智慧教育平台标准规范、发起成立世界数字教育联盟倡议和发布数字教育发展合作倡议等4项成果。在这一时代背景下，对教师的教学行为与能力提出了更高的要求。

　　当前，教师的职业能力发展问题成为研究的重点。教师职业能力发展是以教师的个人成长为根本，其目标是专业领域知识的明显增加，以教师的知识、技能、信念、态度、情感等其他专业素质提高为内容的，是一个终身的、持续不断的动态过程。当前，外语教师承担着教育教学、科学研究以及社会服务三大使命。在智慧教育时代，外语教师如何有效提高自身的专业素质与教学能力，从而真正实现自身的专业能力提升，将依赖于广大外语教师及其相关研究者的积极探索、归纳、总结，进而将理论与实践相结合，共同服务于外语教育工作。也就是说，外语教师的职业素养决定着外语学科智慧教育的实施进程和落实效果，是外语教师核心竞争力的一大重要体现。为顺应智慧教育时代的发展，外语教师应不断提升自身的信息素养与能力，将自己的教学体系与新时代信息技术深度融合，形成具有新时代教育特色的教育思想观念，主动适应智慧教育对外语教师的新要求，使智慧教育的发展更上一个新台阶。基于此，特别撰写了《智慧教育时代外语教师的职业发展研究》一书。

本书共包含六章。第一章对智慧教育时代背景进行分析，具体探讨了智慧教育的内涵、形式特征以及外语智慧教育的理论基础。第二章与主题相呼应，对外语教师的职业能力进行概述，具体分析了教师职业与教师专业化的内涵、外语教师的职业素质与能力、外语教师职业能力发展的现状以及影响因素。第三章探讨了外语教师职业能力发展的基本理念与取向。第四章基于智慧教育时代探讨外语教师职业能力的新要求，即智慧课堂教学设计、智慧教学内容挖掘、智慧课堂组织管理、智慧教育信息处理。第五章从具体实践入手分析智慧教育时代外语教师的职业能力发展问题，即职前职后教育手段的实施、教师学习共同体的构建、教学反思的开展、信息化平台的应用、学校人事制度的优化等。最后一章对外语教师的职业能力发展进行评价，分析了外语教师发展性评价的实施程序与具体方式，并通过构建电子档案袋来创新智慧教育时代外语教师的评价机制。

本书基于智慧教育时代背景，围绕外语教师职业能力发展这一主题，从多个路径入手对其进行了全面、深入的分析和阐述，从而做到了以外语教师职业能力发展作为前提，充分把握多种途径之间相互依存、相互制约、相互促进的关系。整体上而言，本书涵盖内容全面、重点突出，且条理清晰、结构合理、逻辑有序，具有可读性，对于外语教师、教学研究者来说不失为一本好的参考书。

本书在撰写过程中吸取和借鉴了国内外外语教师专业发展的相关理论研究成果，同时为了保证论述的全面性与合理性，本书也引用了许多专家、学者的观点。在此，谨向以上相关作者表示最诚挚的谢意，并将相关参考文献列于书后，如有遗漏，敬请谅解。由于作者写作水平有限，书中难免存在遗漏之处，恳请广大读者不吝指正。

作者

2023年5月

目 录

第一章　绪论

　　随着各种智能技术的发展成熟，智慧教育进入整合阶段，将给外语教学发展带来更多的技术赋能。5G时代，展望未来，外语教学将越来越智能高效，实现教学全过程智能化、智能工具全功能化、全面精准化，虚拟与现实相融，人机协作进一步提升学习效率和效果。教师将需要接受新一轮技术升级的洗礼，需要进一步提升信息素养，不断创新智慧高效的教学方法，探索技术赋能外语教学的发展空间。在论述智慧教育背景下外语教师能力发展之前，本章首先来论述什么是智慧教育以及外语智慧教育的相关理论。

第一节　智慧教育的内涵解析

一、面向智慧教育的信息化教育

（一）信息化的概念

信息技术是现代科技的重要组成部分，其从 20 世纪 80 年代开始就给人类的生活方式带来了巨大的影响。我国还未进入完全的工业化时代，但已经迎来了信息化时代，这也是我国现代化发展的重要成果。信息技术进入人们的生活，使人际往来的时空限制被打破，全球各国、各民族、各地区甚至每个角落都因为信息技术的出现而联系得越来越便捷、紧密，也正因为信息技术的出现，全球人民共建"地球村"的美好愿景一步步实现。全球各国借助信息化手段而相互联系、友好往来，各种不同的价值理念、民族文化相互交流、融合。可见，信息技术产生与发展的意义不是简单地停留在传播工具的更替和现代传媒的快捷，它成为人类对网络社会加以构筑的重要基础，它改变了人们的价值观念，也使人类的思维方式和生活方式都发生了重大的改变。

20 世纪 60 年代是"信息化"概念最早出现的时期，当时由日本科技研究人员提出"Johoka"一词，该词被解释为信息化。最初提出信息化时，人们将其理解为信息产业化，而社会信息化被视作信息产业化的目标。日本学者后来又对"信息化"的含义作了详细的解释，并指出构建社会信息化的宏伟目标，而当信息产业在社会中居于支配地位，产生巨大的社会影响力时，才算真正进入了信息社会。后来有关学者深入研究了信息化的相关概念，如信息革命、信息社会等，这些研究提高了人们对信息化的认识，并对进一步研究信息化概念具有重要启示意义。

下面从不同角度分析学者们对信息化概念的研究观点。

1.社会文明变迁视角下的信息化

信息化是使人类以更快更便捷的方式获得并传递人类创造的一切文明成果，以便能更有效地创造一个多种文明共存共荣的新文明。①

2.经济视角下的信息化

信息化是向信息社会前进的动态过程，它反映了可触摸的有形物质产品起主导作用向难以触摸的信息产品起主导作用的根本性转变。它强调信息产业的长足发展。

3.现代信息技术应用视角下的信息化

信息技术在通信、网络管理和计算机利用中正走向一种"趋同状态"，当今世界工业标准的发展与使用，以及电信管制在世界范围内的日益增长是信息化的根本标志。这种观点认为信息化的基础就是电子技术、通信技术、计算机技术等的发展和应用。②

4.文化视角下的信息化

信息化是由现代信息技术的发展和广泛应用引起并推动的，人类社会是由现代信息技术革命引发的一次新的社会结构和文化的变革。③上面对信息化概念的研究观点主要是从产业基础、社会意义、技术特征等视角出发而提出的，有的学者认为信息化就是将信息技术利用起来而促进信息经济增值与发展的过程；有的学者认为信息化是社会文化发展到一定阶段的产物，是文化进入全新发展阶段的过程；还有的学者认为信息化是一种新的社会格局、经济格局，它是相对于工业化而言的。

总之，信息化具有重要的社会意义和文化意义，信息化的发展促进了社会结构的优化，使人们的生产生活方式、就业方式、消费方式等发生了翻天

① 刘吉，金吾伦.千年警醒信息化与知识经济[M].北京：社会科学文献出版社，2002.
② 吴俊清，安建平，侯铁虎.当代世界经济体系·机制·趋势[M].北京：中国商业出版社，2002.
③ 高霞.论信息化时代的青少年信息伦理教育[D].济南：山东师范大学，2009.

覆地的变化，它的意义不仅表现在技术领域、传播领域、经济领域，更在社会生活的各个方面全方位渗透，是社会变革的伟大成果，是人类文明发展的重要成就，我们要高度重视信息化的经济意义、社会意义以及文化意义。

（二）信息化时代的特征

1.信息传播数量多

全球化时代的到来使知识、信息的传播不仅数量多而且速度快，进入信息化时代后，数量变得更多，信息的爆炸与饱和已经成为人们必须面对的客观现实。在信息大量传播中，人们从多个视角理解信息，从而促进了人类价值观念、思维方式的多元化。

2.信息传播速度更快

信息化时代背景下，信息传播不仅海量，而且速度飞快，信息的飞速传播使全世界的重要新闻在第一时间被各国人民知晓，人类进入了信息全球化时代。世界各国、各民族的信息在全球范围内加速传播，五花八门的信息在人类共建的"地球村"相互整合、交汇，被世界各地的人传播、分享、评价。人类是生产信息的主体，也是接收和消费信息的受众，现代传播媒介越来越多样化，越来越发达，同一信息可能同时传播到世界各地，被世界人民共享，具有鲜明的即时性特征，而且如此飞快地传播也保留了信息的原貌。人类传播信息、进行信息交流与互动的速度越来越快，大众传播媒体如电视、广播等的发明与流行使人们能够快速掌握世界各地的信息，计算机网络的出现为人们的远程交流与互动提供了良好的平台，人类的时空距离正在被消除。

3.人类生存空间的网络化

人类的时空距离因为信息技术的出现而不断缩小，网络的出现使地理上的距离限制被打破，人们可以随时随地进行远程交流。网络使人类过上了更加自由的生活，已经成为人们生活中不可缺少的一部分。人类的生存生活空间因网络的出现而得到了拓展。

4.人类的交往方式多元化、交往空间扩大化

当前，世界经济格局、经济增长方式因信息技术的发展而彻底发生了改变。网络经济社会正是因为信息技术革命才形成的。人类的交往方式受到了信息化的重要影响。信息技术的革新使人与人之间进行着越来越便捷的交往，基于信息技术而形成的交往方式比传统交往方式更多元化、高效化。信息技术的发展也促进了很多社交软件的产生，如脸书、微博、微信等，这些交往软件有很大的自由性，而且具有即时性，人们时时刻刻都能在第一时间将自己的最新动态分享在平台上。

全球化、电子化、智能化、非群体化等是信息化的重要属性，正因如此，全球性、虚拟性、开放性和交互性等成为人们在信息化时代交往方式的典型特点，人际交往空间也因此而一步步扩大。

（三）教育信息化的内涵

信息化给教育带来的影响可以说是革命性的。一个国家教育现代化发展水平是由教育信息化水平所衡量的。教育信息化的重要性已经得到了全世界的认可和关注，教育现代化发展离不开教育信息化的推动，教育信息化的革命是全球性的，这场革命在世界各国被点燃，如火如荼，声势浩大。[1]教育信息化对教育的影响遍及学校教育、家庭教育、社会教育等各个教育领域，对高等教育的影响尤为明显。因此，对教育信息化进行研究具有重要意义。

下面从几个方面来理解教育信息化的内涵。[2]

（1）教育信息化发展的最终目的是促进教育现代化。

（2）教育信息化的应用与推广主要面向教育教学、教育科研和教育管理等各大教育领域。

（3）教育信息化在教育教学、教育科研和教育管理等领域中的应用与推

---

① 王志军，余新宇，齐梦梦."互联网+"背景下我国农村教育信息化发展着力点分析[J].中国电化教育，2021（10）：91-97.

② 赵兰.教育信息化时代大学生学习文化转型路径研究[D].济南：山东师范大学，2015.

广包括信息与信息技术两大方面。

（4）教育信息化强调在整个教育领域应用与推广信息与信息技术的同时，必须以教学领域为重点。

（5）现代信息技术的不断发展是教育信息化前进的内驱力。

（6）教育信息化是动态发展的，而非一蹴而就。

二、智慧教育

（一）智慧教育的定义

结合马克思主义人学理论，智慧是人类特有的，智慧教育从人的需求出发，通过启迪与影响受教育者，智慧教育应回归人、丰盈人，实现客观事实、价值观引领、文学意象感受的目的。马克思传递出来的文字信号表明，人是渴求物质和精神层面的需要的，同样智慧教育也致力于满足人的这些需求。智慧是生命体所具有的生理和心理的人文感知、记忆、理解、分析、判断的一种高级创造能力。学术界对"智慧教育"没有统一定义，其主要有两个方面的发展方向的思考：第一个更侧重于智慧本意，吉杜·克里希那穆提（Jiddu Krishnamurti）说过，教育是帮助人们通过学习来认识世界，通过学习来消除未知，教育的意义在于唤醒智慧，培养自由完整的人。第二个侧重于技术，运用技术重塑智慧化系统，提高教学效率，优化教育管理。祝智庭指出，借助技术构筑生态化学习环境，培养教师结合机器人辅助教学、具备教学智慧、本着"精准""协同""智能""自动化""个性化""人机协同"等要素，提高教学效率，让学生在获取知识的同时又感受到个性化的学习服务体验。同时祝教授还把智慧教育的三种不同的译法："Smart Education""Intelligence Education"和"Wisdom Education"融合后才能培养出智慧的人，如图1-1所示。

杨现民教授在"数据驱动的精准教学"主题讲座时阐述，随着科技的进步教育也随之经历了不同发展阶段：从经验模仿到计算机辅助、再到现在的数据驱动。围绕教学结构的要素：学生、教师、教学内容、教学管理、师生关系也发生了重要变革。在这之中的互动所汇集而成的教育大数据，通过人工智能的机器学习，将数据转变成"经验"，整个教育闭环都将逐步具备智能甚至"智慧"。周清华认为开展智慧教育首要工作是吸引优秀师资力量，要加强教师信息技术培训、常和清华大学、北京师范大学、首都师范大学合作。在硬件上，学校还有案例教室、智慧教育探究实验室等。

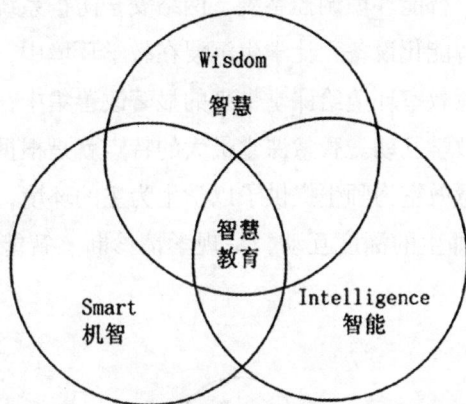

图1-1　智慧教育含义图

　　关于智慧教育的阐述，以大数据、云计算、人工智能为技术基础，再以智能终端和互联网为依托，构建智能化、信息化、数字化的现代教育体系，在现有的数字化教学提示上提升智慧化水平，实现教育与信息化的深度融合，包括智慧招聘教师、智慧教学、智慧管理、智慧评测、智慧服务等，来促进教育教学。活动的利益相关者包括学生、教师、家长、学校管理者等。智慧教育的本质是促进人的价值观、求真、求善、求美的智慧生成，技术在教育中的价值、技术以人为本的基础上促进人们自由获取知识和解放教育。智慧教学也带来了教学观念的转变，主要体现在知识发展到智慧发展，从要我学到我要学的自主学习转变。①

———————————

① 蒙岚.智慧教学背景下英语教师的核心素养提升路径[J].社会科学家，2019（06）：155-160.

（二）智慧教育环境

智慧教育的教学环境体现在智慧教室、智慧校园、线上教学等。传统的教学环境是教师和学生在普普通通的教室上课，黑板、PPT展示工具、讲台、座椅等。由于近年来物联网等技术的发展，不断催生出教育信息化产品，其中之一就是智慧教室。智慧教室主要由硬件、软件和资源构成，配备了多媒体教学设施、投影仪、智能触控黑板、多功能拼接座椅、互动显示屏、互动教学软件、智能环境调控系统、网络安全防护系统等，教师可以方便地操作教室中的智能化设备，让学生沉浸在教学环境中，为学生的学习提供全方位支持。智慧教室环境给课堂带来的显著改善集中在教学设计、教学模式、教学策略和教学互动。智慧课堂最大的特点就是根据数据分析学生特质及教学效果。智慧教室为师生提供了以学生为主的环境，方便学生获得学习资源、增进课堂师生的深度互动，呈现学情诊断、智能推送、教学评价等，如图1-2所示。

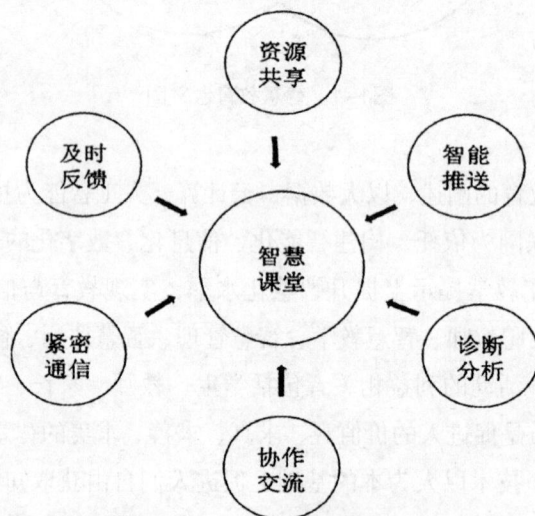

图1-2 智慧课堂特色图

教师在这样的教学环境中可以摒弃传统的板书过程，把要展现的内容用投影仪的方式呈现出来，在一定程度上解决手动写板书费力的问题。桌椅可根据课堂需要进行变化，便于开展小组合作学习，进行深度交流，教师促成了同学间的小组合作的作用。同时学生可以使用教学软件实现操作按钮就能举手发言的功能，学生使用拾音麦克风表达自己观点，教师能够倾听学生的观点，成为学生想法的聆听者和学生思维的引导者。智慧课堂授课的课前、课中、课后都是以学生为中心，结合不同的学生建立个性化的资料库，实现教学精准化，以学生为中心的智慧教学才真正体现其价值，真正做到了智慧教育个性化的特点。

智慧校园是信息技术和教育教学的有机结合，提高学生学习效果。智慧校园可为教师和学生提供智能感知环境和综合服务，并制定配套服务，进一步实现校园。学习环境的搭建可以更好地为师生的学习过程服务，配备的具有科技感设施的智慧教室将逐步取代传统教室，然而这些教学设施有利于培养学生的自主学习能力和与他人协作共同学习交流的能力，也推动着教师的角色转变，承担起在智慧教育背景下的新任务，实现教育的大智慧。

（三）智慧教学资源

学习资源是促进教育系统发展的基础内容，也是教育的智慧沉淀、分享载体，应当把构建智慧教育库作为建设重点。

一是构建学习资源库。学习资源库属于开展智慧教育的重要资料来源，其中包含教学素材、教学案例、多媒体课件、媒体素材、学习素材等，所以在建设中需要从合理运用层面出发，根据思政课程标准要求进行分析，做好不同资源整合工作，购买、自建适合的模式充实资源网站群，打造出高效的教学资源体系，制定出有效的建设与运用模式，实现资源共享与合理运用目标。借助数据挖掘、语义技术等，能够实现对生成性信息资源的有效采集，在深入加工基础上录入到资源库中。

二是开放课程库。现如今随着MOOCS热潮的不断发展，开放资源库建设逐渐成为教育资源发展的重点，所以在建设中需要全面落实开放共享理念，提升课程资源建设有效性，打造出良好的分享模式。在部署教育平台时还需要构建出面向社会大众的、能够支持学生交互式参与的在线课程。为了充实开放课程库内容，还可以将网易公开课、新浪公开课等引入资源库中。

三是管理信息库。管理信息库属于智慧资源体系中的重点，只有保障信息规模化、标准化，才能实现业务智慧管理目标。教育管理信息数据属于教育行政部门需要使用的基础性业务管理数据，其中包含学生、教师、设备等，所以就需要从开发适合的管理系统出发，在引入统一使用数据标准的基础上实现与不同教育信息数据中心数据库之间的有效衔接，确保信息持续采集与动态更新等工作的及时开展。

三、智慧教育的理论基础

（一）教育公平理论

作为美国第一个主张教育机会平等的思想家，贺拉斯曼认为在民主社会中，教育公平是人人都有接受免费、普及教育的权利。科尔曼、詹姆斯的教育公平理论都注重教育机会的公平，他们认为，教育公平是为所有受教育者提供均等的教育机会。

我国最早的教育公平理论可追溯到孔子的"有教无类"思想。新中国成立之初，我国就把"保证全体公民有受教育的权利"纳入宪法当中，这一时期的教育公平主要表现在教育资源均等分配和教育机会的平等。改革开放后，教育公平强调对处在公共教育弱势群体实施差异性补偿，从而达到教育公平的最大化。

新时代，我国教育公平越来越强调有质量的公平，力求通过教育资源的平等、适恰分配，使每一个受教育者都能得到全面、充足发展。作为社会公平、公正的重要内容之一，教育公平不仅是实现教育利益分配合理与否的价值判断，更是实现社会公平、促进社会长期稳定、和谐发展的重要途径，因此，我党一直把教育公平作为党的社会理想。现阶段我国已经进入教育信息化2.0时代，在深入理解教育公平理论的前提下，从公共管理视角建设智慧课堂成为数字信息时代实现教育公平的有效手段。

首先，区域一体化智慧课堂建设有利于促进教育的起点公平。

其次，通过智慧课堂系统赋能教育，实现万物互联，有利于促进城乡学生共享优质教育资源、加强城乡教师交流学习，实现教师智力流转，均衡师资力量，从而实现教育的过程公平。

最后，利用智慧课堂评价系统对所有学生进行一视同仁的可视化评价，有利于实现教育的结果公平。

（二）基本公共服务均等化理论

公共产品是由政府提供，所有社会成员均等消费的产品，其中与人民群众密切相关，具有基础性、必需性的公共产品和服务称之为基本公共服务。随着社会经济的不断发展，人们对基本公共服务的需求也从"拥有"向"平等拥有"转变，即公共服务均等化。因此，政府为促进社会公平、正义，维护社会稳定，缩小城乡、区域、群体之间的差距，需要一视同仁地为所有社会成员提供公共产品与服务。值得注意的是，基本公共服务均等化中的"均等化"并不是绝对的平均主义，而是在全体公民平等地享有公共产品权利和机会的基础上，实现"兜底"并努力提升不同群体公共服务水平，实现更高水平的均等化。

教育作为基本公共服务的重要组成部分，其均衡发展不仅是实现教育公平的重要途径，也是推进基本公共服务均等化的内在要求。基本公共教育服务均等化是公民在政治、经济领域中自由和平等权利在教育领域的延伸，因此，促进基本公共教育服务均等化既是政府部门的责任，又是确保社会公平正义、促进全体社会成员全面、个性发展的重要举措。基本公共教育服务均等化以教育公平为目标、以教育改革为介质，其原则是"以人为本"，目的是为各级各类受教育者，在不同学习阶段提供基本均等的、符合自身个性特征的公共教育服务，而不是教育输出的平均主义。

智慧课堂对实现基本公共教育服务均等化有重要的推动作用。首先，通过区域一体化智慧课堂建设，有利于实现城乡义务教育学校智慧教育的起点均衡，缩小差距。其次，智慧课堂以先学后教和以学定教的教学结构，帮助教师对学生进行科学评测、分层教学、因材施教，有利于促进学生个性发展的内在均衡。最后，智慧课堂应用实现了系统学习资源和教师资源共享，学生可以随意下载学习资源、随时观看名师课堂，实现了教育资源的均衡。因此，城乡一体化的智慧课堂建设是实现基本公共教育服务均等化的重要途径。

第二节　智慧教育的形式特征

一、网络对智慧教育的影响

（一）网络对教育的支持

网络在社会各个领域的应用越来越广泛、频繁。教育领域中也越来越注重对网络技术的运用，如计算机教学手段在课堂教学中发挥着重要的辅助教学作用，网络教学模式和多媒体教学模式被构建、实施，这都是网络技术发展给现代教育带来的积极影响，这充分体现了网络技术在很大程度上支持甚至是支撑着教育的发展。网络技术支持教育主要从计算机技术在教育领域的运用中体现出来。下面从三个方面来说明网络技术对教育的重要意义。

1.提高教学效率

现在有很多网络教育软件成为学校教育教学的重要辅助工具，这些软件的设计与发行的价格和普通的书籍差不多，在相同教育成本的前提下教学效率却可以大大提高。校园网在学校教育教学中也发挥着重要的作用，为学校教学管理带来了便利。

2.创造良好的教学环境

计算机技术的应用为学校教育教学创造了生动有趣的教学环境，吸引了学生的注意力，提高了师生的教学热情与积极性，改变了枯燥的教学氛围，提高了教学效果。动画、录像、图像等基于计算机软件而设计的教学资源对传播信息具有重要的作用，也为教学中的师生互动提供了便利。

3.丰富教学方式

现代教育技术如多媒体、计算机以及网络的运用极大地丰富了教学方式，提高了教学信息的传播速度，也使教师与学生处理信息的能力和效率得到了提升。利用现代网络媒体技术而形成的教学活动方式如图1-3所示。

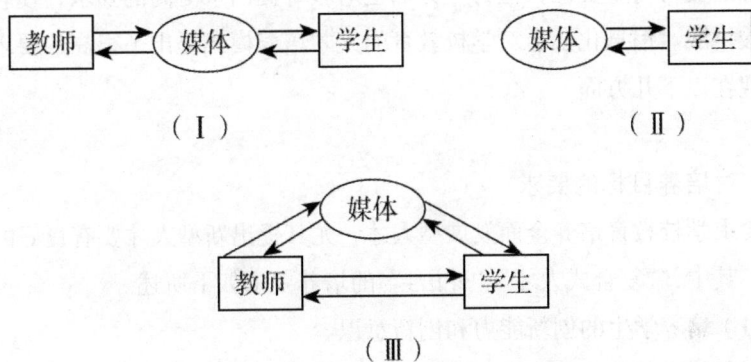

图1-3 网络教学活动方式[①]

下面简要解释上图中的三种模式。

（Ⅰ）模式：教师借助媒体手段可以对学生的集体信息与个人信息进行快速、准确地收集。

（Ⅱ）模式：教师分析收集的信息，从学生的实际情况出发进行针对性和个性化教学。

---

① 王文悦. 信息化时代语文阅读教学的发展趋势探讨[D]. 上海：华东师范大学，2002.

（Ⅲ）模式：教师对计算机技术加以应用而组织教学讨论活动，活动的中心是学生，组织者是教师。

综上分析，网络技术给教育带来了非常重要的积极影响，不仅使学校教育方式发生了显著的变化，也使学生的学习方式越来越丰富、多元，而且还深刻影响了现代教育理念、教育方法以及教育模式。我们要抓住网络时代的重要机遇，利用网络技术提供的便利搞好教育事业，早日实现教育强国的宏伟目标。

（二）网络对教育的挑战

网络技术的发展一方面给现代教育提供了极大的便利，体现出网络时代对教育的支持与重要性。但另一方面也对教育提出了更高的要求，使教育面临严峻挑战。信息化社会对学校教育的人才培养模式提出了很高的要求，具体体现在以下几方面。

1.对培养目标的要求

要求学校教育培养全面发展型人才，尤其提出新型人才要有良好的创新素养。其中，"复合式人才""外语+"的培养要求如下所述。

（1）培养学生的创新能力和创新意识

创新能力是复合型人才应该具备的能力之一，因此学校想培养复合型人才，就需要重视学生创新能力和创新意识的培养。创新意识是学生具有创新能力的前提，是学校进行创新教育的第一步，在培养学生创新意识的过程中，学校可以通过教学对学生进行创新教育，以此来培养学生的创新意识。培养创新意识的下一步就是要培养学生的创新能力，学生拥有创新意识是不够的，还要把意识发展成为能力，学校可以通过开展技能大赛等方式培养学生的创新能力。

（2）培养学生发现问题的能力

创新是发现问题、解决问题的一个过程，因此学校在教育学生的时候，可以培养学生发现问题的能力，促使学生养成善于思考、开拓思维、发现问题的良好习惯。

（3）加强外语理论知识的学习

复合型人才的应用转化能力是在外语基础知识牢固的情况下来进行的，可以说外语理论知识是复合型人才进行应用转化的前提和基础，因此学校在培养学生的时候，应注重学生外语理论知识和专业技能的培养，促使学生可以扎实掌握外语专业技能和专业知识，为培养学生应用转化能力打下良好的基础。

（4）加强应用转化能力的培养

应用转化能力是复合型人才的核心技能，因此学校在教育学生的时候，要培养学生的应用转化能力，这就需要学生进行校企合作，以此来为复合型人才提供实习实训的机会，增强学生的应用能力和转化能力。

2.对培养内容的要求

要求给学生传授学习的方法，使学生能够采用适合自己的方法进行自主学习，使学生能够积极主动地以正确的方式和渠道获取新知识，巩固旧知识，提高学生的自主学习能力和效率。不能一味地将大量知识灌输给学生，使学生被动学习。

3.对培养方法的要求

要求突破时空限制而设计科学有效的、丰富多彩的、灵活可调整的教学方法，创造对学生学习各个学科知识都有普遍适用性的教学方法，教学方法要体现终身教育理念、全面教育理念。

我国传统教学模式和人才培养模式下的育人环境是被动的，学生缺少主动学习与探索的意识和能力，学生掌握的社会信息、国际信息很少，他们主动或被动与外界信息隔绝，所以学生的信息素养相对较差。现代社会需要的是全面发展的新型人才，对人才的信息素养提出了一定的要求，所以学校应注重对学生信息素养的培养，重点培养学生的信息接收能力、理解能力、处理能力和创造能力，使学生在丰富多彩的校内外交流活动中塑造良好的信息素养。

二、智慧教育的特征

智慧教育已经被证明是非常有效的一个促进教学发展的手段，这一手段的特征主要表现为以下几个方面。

（一）网络化特征

如今整个社会已进入一个网络化信息社会，网络对人们的影响可谓无处不在。以计算机网络技术为支撑，各种设备及资源得到了高度的整合，以往传统的教学从封闭走向了开放，这极大地促进了教学的发展和进步。网络技术与课程整合，可以实现网上学习。这样极大地扩展了学习资源的范围，打破了空间和地域的限制；教学过程从课堂内扩展到课堂外，从校园扩展到家庭和社会。

除此之外，网络化的出现还极大地改变了人们的思维方式和习惯，养成了一种主动学习的模式和习惯。网络技术与课程整合插上了网络这个神奇的翅膀，使教育打破了沉寂了上千年的模式，也使学习、欣赏、交流的渠道得以无限延伸。

（二）数字化特征

数字化是网络技术与课程整合的一个重要特征。网络技术主要包括硬件设备、软件平台和信息资源的数字化，实现数字化可以加快信息的传播速度和范围，提高信息资源共享的效率。数字化的特点主要是容量大，一般以兆为单位。体积小，便于贮存和携带及远程传输，为网络化模式奠定了基础，网络技术的教学也是这样。如今，数字化技术不仅在各文化课学习中得到了充分的利用，在课上尤其是理论课上，教师可以充分利用多媒体技术进行视频教学，在各种视频技术的利用下能很好地激发学生学习的兴趣，从而提高教学的效率，促进教学的发展。

（三）多媒体化特征

多媒体化也是网络技术与课程整合的一个重要特征。在这一新式的教学手段下，各种教学资源都能得到充分地整合与利用。通过网络技术，课程教学中能充分运用到图形、影像、声音、动画等各种手段，实现虚拟现实的作用，对学生的视觉、听觉、触觉等感觉都形成一定的刺激，这对于学生知识和技能的获取具有非常大的帮助，这是传统教学手段所不具备的。在多媒体网络技术下，开展教学活动通常能提高教学效率，促进教学质量的发展。具体而言，网络技术与课程整合的多媒体化特点主要表现在以下几个方面。

（1）大量的心理学理论研究表明，多重感官同时感知的学习效果要优于单一感官感知的学习效果。

（2）一般来说，现代多媒体技术的传输信息量大、速度非常快。利用多媒体系统的声音与图像压缩技术能有效地记录、重现大量的语音、图形、图像乃至活动画面信息，在以往的技术条件下是难以实现这一效果的。

（3）多媒体化下的技术手段信息传输质量较高、应用范围也比较广泛。由于多媒体系统的各种技术处理都是数字化的，通过数字化技术的处理，能再现、还原各种教学场景，这对于学生掌握复杂的技术具有非常大的帮助。

（4）多媒体化教学通常使用方便、易于操作。整个教学系统主要以鼠标、触摸屏、声音选择输入为主，辅以键盘输入，操作比较直观，任何人都能轻松地操作，为教师教学提供了良好的辅助。

（四）人本化特征

人在社会发展中作为重要的因素，对于整个社会的发展起着十分重要的作用。教育的根本理念是培养学生独立的人格，提升学生的创造力，一切教学活动都要围绕学生开展，这就是人本化特征。在利用网络技术教学的过程中，教师要努力营造一个和谐民主的教学环境，要以学生为中心开展教学活动，注重激发学生学习的积极性。

伴随着时代的不断发展，各种网络技术手段得到了充分的利用，教学的数字化、媒体化能有效地增强学生学习的效果，提高学生学习的效率。另外，现代网络技术手段的利用促使学习者能够自主学习，从而取得发展和进步。各种网络技术的运用，使教学资源得到了共享，人际交流更加密切，信息反馈更加及时和有效。学习者可以依据自身的具体实际自由选择自己感兴趣的内容，真正做到"因人施教"。由此可见，网络技术与课程的整合能充分发挥学习者的个性与潜能，推动其进一步发展。

总之，在教学中，营造一个浓厚的教学人文环境是非常重要的。一般来说，一个良好的人文环境主要包括现代教育思想、现代教育理念、教育技术政策与法规、学习风气与氛围等几个部分。要想加强网络技术与课程的整合，没有这种良好的现代教育人文环境氛围是难以完成的，在构建这一环境的过程中一定要注重人的作用的发挥，遵循人本主义的基本原则，努力实现发展的目标。

（五）智能化特征

各种高科技手段都具有一定的智能化特征，因此网络技术也具有这方面的特征。如今的各种教学设备和软件等都具有一定的智能性，通过各种先进的网络技术的利用，学生与教师也能探索出具有先进性的学习模式。如最新的智能辅助教学系统对于学生的学习能力、认知特点和当前知识水平等都有一个很好的把握，对学生的学习具有良好的帮助和指导。因此，网络技术的这一智能化特征对于教学质量的提高具有重要的意义和作用。

三、智慧教育的形式要素

要想智慧教育真正融入平常教学中，就要求学校应当主动了解和支持智慧教育的应用，并积极将多样化的信息化设备融入实际教学中，教师不仅要将智慧教育灵活引入教学活动中，还要引导学生主动思考和解决问题，逐步实现学生为教学主体的教育模式，所以，真正做到教学与智慧教育的融合就要重视三个重要因素，分别为智慧学习环境、资源以及活动，以下是对这三个因素的详细分析。

（一）智慧学习环境

确保整个教学过程中，给教师和学生提供良好的智慧学习环境是实现智慧教育的第一步。学校要给教学活动提供智慧教育的平台，让学生主动选择个性化的信息化设备，逐步培养他们自觉思考问题的习惯，从而提高他们对学习的兴趣，在平台的支持下，教师能够灵活控制教学进度，分析教学活动中存在的不足并加以优化。此外，平台中提供的教学资源有利于加强教师和学生之间的联系，确保教学资源的有效传递。

（二）智慧学习资源

智慧的培养需要为学习者提供开放和按需供给的学习资源。智慧学习资源是在智慧课堂中，教师围绕教学内容展开教学环节或活动时所依赖的一种数字化学习资源，但是它需要两个条件：一是为开展高效的智慧教与学活动服务；二是以学习者需求为核心。

智慧学习资源应是一种资源体系，在这种体系中，学习者与学习者之间、学习者与专家之间建立联系，通过交流与共享，学习者能够持续地获得所学知识以及知识的发展变化。前者强调了学习资源与学习情境、学习活动的关联性；后者更加关注学习资源与人的连通，反映了知识的生长变化是群体智慧的结晶。从有关智慧学习资源概念的论述中可以看出其泛在性、联通与交互性、开放与共享性、进化性、个性化和智能化的特点。

学习者的学习活动过程是由若干个独立知识点或知识片段的学习组成的，而每个知识点或知识片段的学习由不同的学习方式来完成。为了实现学习者的个性化学习，每个知识点或知识片段都应匹配若干的支撑学习资源，供学习者选择。因此，智慧学习资源是以知识组块之间的内在联系为客观依据，与学习层次、方式和兴趣爱好相适应的驱动任务、微视频、学习工具等构成的资源体系。学习资源对于实现智慧教育有着重要意义，且学生和教师应当接收不一样的学习资源。就教师而言，他们获取学习资源的主要目的就是提高课堂质量，引导学生在课堂中发现和解决问题。就学生而言，他们获取学习资源的主要目的是推动他们在学习中获得成长。

（三）多元化教学活动

在智慧教育教学的过程中，学生是主体，教师则是引导者，所以需要针对教师和学生设计两种教学活动。教师给学生提供的教学活动应当充分体现教学要求，并按照教学任务督促和引导学生完成教学活动，并对他们参与教学活动的质量予以评价。学生应当提前预习教学活动的相关知识，结合教师提供的学习资源加以思考，积极完成教师布置的教学任务。

在具体的教学过程中，师生"互动"必须"参与"。只有参与，才能"互动"。学生课堂教学活动的参与率，是衡量课堂教学效果一个因素。全员参与可以抓住以下两个方面。

一是抓课堂教学中的个体参与，让每个学生有比较充裕的时间，根据明确的目标导向，按自己的水平进行自我学习，强调学生的独立性，营造独立思考和个性体验的空间，使个体学习形成全员参与。

二是抓师生间、生生间的多向交流和反馈，教师以集体中的一员与学生广泛接触，并鼓励学生与同学之间相互交往，从而形成一个师生之间、生生之间、个体与群体之间、人人参与互动交往的生动局面。

全员参与课堂教学要强调参与的主动性。主动参与、课堂参与的效益不仅和参与的覆盖面相关，还要极大地依赖于参与者的积极心态，要提高参与的主动性，必须创设吸引学生参与的良好情境，使学生感到没有思想负担，有话敢说，有问敢提，有疑敢质。

除主动参与外，还要兼顾差异参与。没有差异参与，就没有全员参与，参与的要求是因人而异，因组而定，可以采取"分组教学、分层递进、互补互协"的方法，参与内容和方法必须符合易于互动的实效性。

第三节 外语智慧教育的理论基础

外语智慧教育并不是盲目的，而是建立在一定的理论依据之上的，这些理论主要包括教育学理论、多元智能理论、系统理论等多个方面。

一、教育学理论

（一）教学过程最优化理论

在整个教育学理论体系中，教学过程最优化理论占据着非常重要的地位。这一理论起源于20世纪70年代初期，它是由苏联教育家巴班斯基提出来的，这一理论一经提出就引起了当时教育界的强烈反响，发展至今仍然发挥着重要的影响。

在教学系统中，外语教学过程是极为关键的程序与内容，外语教学质量与效果的取得在很大程度上取决于外语教学过程最优化。外语教学过程的最优化是指"教师有目的地选择一种确保教学过程的最佳方案。它能保证外语教师和学生在花费最少的必要时间和精力的情况下取得对该具体条件来说是最大收益的结果，使每个学生得到最好的发展，使外语教学达到最好的效果。这个效果反映在学生身上就是确保每个学生都获得适时、最合理的教养、教育和发展"。[①]

外语教学过程的"最优化"的内涵突出表现在以下几个方面。

第一，遵循外语教学的基本规律与原则。

---

① 薛永胜，杨莎，刘尚武.有效体育教学理论体系的构建与教学实践研究[M].长春：吉林科学技术出版社，2019.

第二，充分考虑外语教学环境与条件。

第三，制订与选择合适的外语教学方案或计划。

第四，合理地组织与管理外语教学过程。

第五，在规定的时间内，争取获得最大可能发展的效果。

外语教学过程最优化的具体实施内容。

第一，结合具体的外语教学实际，全面分析教学任务，提出建议和对策。

第二，深入学生实际，确定外语教学组织内容。

第三，依据外语教学大纲突出外语教学的重点与难点。

第四，分析具体的外语教学条件，确定合理的外语教学方法。

第五，开展差异化外语教学。

第六，确定最优化的外语教学进度，取得理想的外语教学效果。

（二）有效教学理论

外语有效教学是关于外语教学质量提高的一个非常重要的理论，国内外语教育学专家主要对这一理论进行以下解释。

利用经济学理论对外语有效教学的效果、效益、效率等进行阐释。

外语有效教学的内涵集中体现在"有效"和"教学"两个方面，要从这两个方面对外语有效教学的概念作出界定。

以学生发展为价值取向来界定外语有效教学。

从表、中、深三个层面来阐述外语有效教学的结构。

二、多元智能理论

目前，多元智能理论在各个领域都得到了比较广泛的应用，其中在教育领域应用的频率也比较多。[①]如今这一理论在国际教育界得到了极为迅速的传播和发展。这一理论符合当前教育改革的思想与潮流，注重学生潜在能力和个性化发展，对于人才的挖掘与培养及整个学校教育的发展都产生了深远的影响。

一般来说，多元智能理论主要包括言语/语言智能、逻辑/数理智能、视觉/空间关系智能、音乐/节奏智能、身体/运动智能、人际交往智能、内省智能、自然观察者智能、存在智能九个方面，这几个方面的智能对人的发展产生了极为重要的影响。

发展到现在，外语智慧教育在学校教育领域得到了非常广泛的应用，在这一技术的利用下，外语教学改革、创新人才培养等都实现了突破式的发展和进步。外语智慧教育发展成为现代外语教育的一个趋势，这一发展的理论和途径要以先进的教育理论为指导，而多元智能理论就提供了这样一种科学的理论构想。多元智能理论认为智力是多元化的，即智力不是一种能力，而是一组能力。

多元智能理论非常注重学生多种智能的发展，强调在促进学生多种智能发展的同时，要保证其优势智能的发展，在这样的情况下，学生能获得全面发展和个性化发展。在多元智能理论指导下实施外语智慧教育就是要通过营造一种数字化的学习环境，建立一种"主导—主体相结合"的教学结构，促进学生多元智能的发展，这对于培养学生的创新意识与能力具有非常重要的作用。需要注意的是，为促进学生多元智能的发展，需要为其构建一个浓厚的学习氛围，要满足不同学生的学习需求，这样才能实现人才培养的目标。[②]

三、系统理论

系统主要由若干子系统构成，小的子系统又包含诸多元素，这些要素不

---

① 梁培根. 信息技术与高校课程有效整合的策略研究[D]. 苏州：苏州大学，2011.

② 张文兰. 信息技术与课程整合[M]. 西安：陕西师范大学出版社，2012.

是固定不变的，而是处于不断的发展和变化中。

系统的形成与发展需要具备元素、结构和环境等三个基本的前提，只有具备了这几个要素，才能形成一个完整的系统。

（1）元素。系统包含多方面的元素，这些元素之间不是孤立存在的，而是相互联系、相互促进，推动着整个系统的发展，缺少了任何一方面的元素，系统的发展都会受到一定的影响。

（2）结构。任何一个系统的发展都不是盲目的，而是在一定的结构下发展，系统的结构要保持完整，如此才能获得健康的发展。任何系统都有一个特定的结构。采取各种手段与措施完善这一结构对于系统的整体发展而言具有非常重要的意义。

（3）环境。环境也是系统发展的重要因素，正是在这一要素的促进下，系统才得以形成与发展。没有了环境，系统也就失去了存在的基础，因此建设一个良好的环境对于系统的发展非常重要。

以上就是系统得以形成与发展的重要前提和条件，每一个方面都非常重要，掌握系统论的基本理论对于教育的发展具有重要的意义。

通常来说，一个完整的系统应具有以下几个方面的特征。

（1）集合性特征。系统是一个有组织的整体，系统内元素众多，各元素组合在一起集合为一个系统，因此说系统都不是孤立存在的，而是由不同元素（子系统）按照一定结构有机组成的。[1]

（2）整体性特征。系统内包含多种要素，每一个要素各有自身鲜明的特点与功能，同时也有一定的缺陷，需要经过优化与组合，才能构建一个健全和完善的系统。因此，系统具有重要的整体性特征。

（3）相关性特征。系统内各要素之间有着非常密切的联系，各要素的发展都是为整体系统服务的，在这些要素的密切配合下，系统得以不断发展。在教学系统中，教师、学生、教材等都是教学系统内的各个要素，它们之间彼此联系、共同发展，推动着教学系统的进一步发展。

（4）反馈性特征。系统要想顺利地运转就需要具备良好的自我调节能

---

[1] 于飞，李晓东，王斐.现代教育学优化与科学实务研究[M].北京：中国商豫出版社，2018.

力，这一能力需要通过反馈进行，通过反馈可以使系统收集到各种系统内部与外部的相关信息，然后系统根据这些信息作出自我调节，从而维持系统的稳定性。由此可见，系统具有重要的反馈性特征。

外语教学系统非常复杂，主要由一个个子系统构成，各子系统又由诸多要素构成，这些要素的特征与功能决定了外语教学系统的功能和特点。在外语教学中，要设计出合理的教学方案，首先就要充分了解外语教学系统内各要素的构成，了解外语教学系统内各要素的特点与功能。一般来说，外语教学系统主要由以下要素构成。

（1）学生。学生是外语教学活动中的重要主体，一切外语教学活动的开展都应围绕学生进行，这体现了"以人为本"的基本理念。学生要想获得良好的发展，就必须要建立一个良好的知识与技能结构，包括理论、体能、技能等多方面获得共同发展。

（2）教师。教师也是外语教学活动中的重要主体，外语教学活动的顺利开展离不开教师的指导。教师除了要具备丰富的知识与技能外，还要具备出色的外语教学组织与管理能力。在具体的外语教学活动中，教师要充分发挥自身的主导性，组织与管理好整个外语教学过程，提高外语教学的效率和质量。

（3）外语教学方法与手段。在外语教学中，外语教学方法与手段的选择非常重要。教师要结合当前外语教学实际和学生特点选择合适的外语教学方法与手段，并进行不断的创新，以适应外语教学的发展和需要。伴随着现代科学技术的发展，各种网络技术逐步应用到外语教学中，极大地提高了外语教学的质量。

（4）外语教学媒体。外语教学媒体也是教学的重要因素，缺少了外语教学媒体，整个外语教学活动也是难以顺利进行的。因此，外语教学媒体也是外语教学系统的重要因素，要加强这一方面的建设与发展。一般来说，外语教学媒体主要分为传统外语教学媒体和现代外语教学媒体两个部分。如今，现代外语教学媒体得到了广泛的利用，在外语教学设计的过程中，设计人员要多考虑现代外语教学媒体这一方面的内容。

第二章 外语教师职业能力概述

要了解外语教师专业发展，必须了解外语教师专业化与外语教师专业化发展的关系、外语教师专业发展的界定、外语教师专业发展意识、外语教师专业发展特点以及外语教师专业发展阶段等内容。因此，本章就对这些内容进行分析。

第一节　教师职业及其专业化内涵分析

一、教师职业

（一）教师职业的内涵

教师是一种特殊的职业，是教师通过自己的专业知识和技能履行教育教学职责，维护学生的利益，使学生成为成长发展过程中的一种专业职业。教师的社会地位和文明程度有关，与自身的专业知识和技能以及教学能力直接相关。在我国《教育法》中对教师职业进行了法律界定，教师要具备规定的学历要求，具有相应的知识结构，符合与职业相称的相关规定。教师职业的职责就是教育教学，和其他人员不同，如行政管理人员、教学辅助人员等。他们没有从事教学工作，没有履行教学职责，就不能成为教师。[①]

（二）教师职业的形成历史

1.教师职业的产生

（1）人类教育活动的产生促进了教师的出现

古代人类为了在自然环境中生存和发展，不断认识和改造自然，并用勤劳的双手与聪慧的大脑去生产物质生活资料。

我国古代的学校经历不断地发展后，虽然也有传授射箭、剑术等技能方面的教育，有传统武艺、军事的传授者，但都不是专职的教师，但不可否认的是，人类早期教育的出现为教师职业的产生奠定了重要基础。

[①] 黄莺，贾雪涛.双师型教师的专业发展研究[M].北京：中国书籍出版社，2019.

（2）社会生产力的发展推动了教师职业的形成

随着社会生产力的不断发展，人们的生产经验和生活经验越来越丰富，各行各业的专业化程度也越来越高，由此也促进了专业化知识体系的逐渐形成，出现了如天文、地理、算术、历史、医学和教育等专业。[①]

2.教师职业的发展

（1）在数量与质量方面的发展

随着我国教育体制的深入改革，对教师工作者提出了较高的要求，教师队伍的建设既要满足数量上的需求，同时也要在质量上有所提高。教师既要有良好的知识结构和较高学历，同时还要有胜任教育教学工作的能力。进入21世纪以来，我国全面提高教师队伍的规格标准，在现实办学条件下逐步扩大培养规模，提高办学质量，培养高层次、高学历的教师队伍。但从我国教学的发展现状来看，教师还存在数量少、业务能力水平不高、综合素质水平较低的问题，尚且不能满足教学改革和社会发展的需要。

（2）在技能与能力方面的发展

21世纪，促进学生身体健康、增强学生体质的教学观念越来越受学校教育工作者的重视，教师的技能也随之发生变化，从过去重传授运动技艺转向重学生的身体锻炼。教师的技能和能力随着社会经济、政治、教育等方面的发展而不断提升，教师的知识、技能与能力结构也不断发生变化。随着教师社会角色的变化、教育专业化的要求以及知识的海量增长，必须重视提高教师的综合素质，提高教师队伍的整体水平，从而推动我国教育事业的发展。[②]

（三）教师职业的劳动特点

1.复杂性

教师的劳动非常复杂，这是由教育过程、教学对象这些复杂的因素所决

[①] 朱峰，宁雷.21世纪教师[M].沈阳：东北大学出版社，2009.

[②] 同上。

定的。教学过程中又包含教学内容、教学方法等要素。因此，教师劳动的复杂性是由各个教学因素所决定的。

第一，教师面向人（学生）开展工作，人是复杂的生物，有思想、有个性、有感情、有主见，不同学生表现出不同的一面，多样化的教学对象增加了教师劳动的复杂性。

第二，在教育活动中，教师可采取多种多样的方式与途径来积极教育和影响学生，这些教育方式本身就是复杂的，从而导致教师的劳动也是复杂多变的。

第三，教学内容本身所具有的专业性对教师教学的技巧与能力提出了较高的要求，也增加了教师劳动的难度。

2.繁重性

现代社会发展对教师职业提出了非常高的要求，教师因而面临着艰巨的教学任务，从而决定了教师劳动的繁重性。现代教育改革要求教师要培养德、智、体、美、劳多方面素质全面与协调发展的人才，教师既要向学生传授课本知识，培养学生的文化知识素养，又要培养学生的思想品德，关注学生的健康；既要在课堂上传授知识与技能，又要在课余时间组织课外活动并带领学生参与；既要对学生的校园学习与生活给予全方位指导；又要对学生的校外生活与交往予以关心和引导。可见教师的任务多么艰巨，教师必须付出大量的时间、精力和心血才能完成好这些任务。

3.高度责任性

教师劳动具有高度责任性，表现如下。

第一，教育事业是面向未来的宏伟的创造性事业，国家的可持续发展直接受教育水平与质量的影响，因此政府和人民都对伟大的教育工作者寄予了厚望。

第二，教师从事育人工作，肩负培养优秀人才的重任，教师劳动的质量与学生的前途息息相关，所以学生与广大家长对教书育人的从业者有很高的期望。

教师身上背负的重任和使命使教师产生了高度的责任感，当然也增加了教师的心理负担。

4.长期性和连续性

人的身心发展规律与特点以及教育的规律性决定了教师劳动的长期性和连续性，下面具体展开分析。

第一，人的成长是伴随人一生的，人不可能短期内就实现各方面的成长与发展，这是由人的身心发展特点所决定的。不管是掌握知识、树立观念，还是培养习惯，都需要长期的努力和反复的实践。因此，教师的劳动是长期的，教师要在长期的教学生涯中对学生的综合素质进行培养。教师的劳动必须是持之以恒的，只要在岗一日，就不能间断，不能松懈，更不能脱离工作。教师要有长期的教学计划和方案，要按照计划有序开展教学工作。

第二，我们在长期的教育教学实践中总结出了重要的教育规律与教育原则，其中典型的"循序渐进"教学规律与原则充分反映了教师劳动的长期连续性。

5.感染性和示范性

教师在工作中要将自己的各种特性发挥出来，将此作为手段去影响学生，感染学生，从而使学生的身心、智力等发生积极的变化，这是教师劳动与其他劳动不同的地方。从教师劳动的这一特殊性来看，教师既是劳动者，也是劳动手段。教师应该是有知识、有技能的劳动者，否则其不可能利用自身特性这个手段去影响学生，使学生发生预期的变化。集劳动实施者及劳动手段于一体的教师对教学质量和效果有决定性影响，因此教师必须提升自己的专业业务能力和各方面的综合能力，要充分发挥自己的"工具"价值，取得良好的育人效果。

教师劳动具有示范性，教师培养学生的思想品德，向学生传授知识和技能，首先自己要有良好的道德品质，要掌握丰富的知识和熟练的技能，这样才能给学生作出很好的示范。思想品德、知识、技能不仅是对学生的要求，也是对教师的要求，是教师应该具备的特质。青少年学生善于观察和模仿，会受到教师世界观、行为方式、言谈举止等各方面的潜在影响。所以教师要给学生树立一个良好的榜样，要给学生作出正确的示范，要用具有感染力的教学去积极影响学生。

6.创造性

教师的劳动同样具有创造性。苏联著名教育家马卡连柯说过："教育学是最辩证的、最灵活的一种科学，也是最复杂、最多样化的一种科学"。[1]教师劳动的创造性表现如下。

第一，教师在教书育人的过程中不停探索学生的内心世界，总结学生的成长成才规律，并根据学生的个体差异因材施教，创造适合不同学生的教育方法，促进全体学生的进步与发展。

第二，学生的成长成才及全面健康发展受到校内外、主客体等多方面因素的影响，教师在教育工作中要善于将积极的影响因素利用起来去培养学生，同时也要巧妙化解与消除不利因素的弊端。教师对各种影响因素的运用讲究"巧"和"新"，不能用一套固定方式去不加选择地利用所有因素，而要在综合判断、准确预测的基础上对各要素进行巧妙利用，并不断创造新颖的教育环境来积极影响学生，这对教师的创造劳动能力是一个很大的考验。

二、教师职业专业化

（一）教师职业专业化的内涵

"专业"直接看字面意思就是专门从事某种学业或职业，从社会学角度看，专业就是受过专业教育或训练，具备高度的专门知识和技能，按照一定专业标准进行专门化的处理活动，有别于其他普通的职业，解决人生和社会问题，促进社会发展，获得相应报酬待遇和社会地位的专门职业。专业是一种社会分工、职业分化的结果，社会分化的一种表现形式，人类认识自然和

---

① 赵顺来，车锦华.体育教师学[M].北京：中国科学文化出版社，2003.

社会发展达到一定程度后就会出现专业。

教师所从事的教育教学工作对从业者的要求比较高，具有独特的专门知识、技能和修养，教育教学活动是比较复杂的一项培养人发展的职业，要求从业者要具备比一般人更加丰富的、全面的、多样的学科知识，作为提供教育教学的原材料，同时还要掌握普通大众不需要或者不用系统了解的教育教学知识、技能和教育教学规律。①

教师专业需要教师能够认识学习规律、社会发展的规律，掌握各种主客观教育教学条件的知识，利用知识和规律编写教学内容，组织教育教学活动的技能。如果不具备这些知识和技能，那么将很难胜任教师的工作。

（二）教师职业专业化的意义

教师职业专业化的社会现实意义如下所述。

1.提高教师的专业知识与专业技能

在当代社会中，由于高等教育课程和教育教学知识的大幅度扩充，在教育教学改革的过程中，教师不但要对社会和时代的变迁作出相应的调整，同时也要面对因知识的迅速增长而带来的一系列问题。在这种情况下，教师就必须不断地充实自己的专业知识，提高自身的专业能力。

总之，教师必须对与日俱增的专业知识进行必要的了解和应用，以确保教育教学工作的顺利进行以及高等教育的高质量发展。

2.满足教师自我革新的需求

在当前阶段下，教师就职以前一般都会进行一定的职前培训。但是，由于知识的日新月异，社会的急剧变化，科技的迅速发展，社会对高校青年教师的角色有了更多更新的期待和要求。因此，职前教育难以满足高校青年教师所有的工作需要，教师必须不断地进步，提高自身的专业发展水平，才能

---

① 刘捷.专业化：挑战21世纪的教师[M].北京：教育科学出版社，2002.

更好地适应社会对其提出的各项新要求。

总的来说，当代教师已经从知识的传授者转变为知识的开发者、研究者，教师专业发展正可以满足教师职业生涯发展的客观需求。

3.提升教师的教育品质

我国要发展高质量的高等教育事业，就必须要实现教师专业发展，这是发展优质高等教育的一条重要途径。教师通过自身的专业发展，可以提高专业能力，进而实现教师专业化。

三、教师的专业化发展

（一）教师专业发展的概念

如要获得教师专业发展的本质认识，还需要厘清教师专业发展与教师专业化、教师专业素养的结构，教师专业发展的主动性等基础性问题。

第一，教师专业发展与教师专业化。教师作为一门古老的社会职业，但职业不能等同于专业，因教师职业的特殊性等因素的影响，其专业性地位在长时受到多方质疑或争议。由此，20世纪60年代开始，在要求大力提升教师素养的背景下，欧美国家兴起了争取教师专业地位及相应权力和教师专业能力的教师专业化运动，但在运动中由于片面追求教师群体的专业地位及权利却忽视了教师个体关键的教育实践能力的发展，从而导致活动到20世纪80年代前，并未取得实质性进展。20世纪80年代后，各国在加强教育改革中，充分认识到教师中改革的关键作用，从而对以前忽视教师个体专业发展的做法进行批评和反思，促使教师专业化的目标重心从专业地位与权力的诉求转移到教师专业发展上，成为教师专业化的方向和主题。教师专业发展来自争取教师职业专业地位运动的经验总结，并成为人们所认可的实现教师职业专业地位的有效途径。由此，在研究中需要注意不能忽视教师专业化这个大前提，来片面强调教师个体的发展。

第二，教师专业素养结构。教师专业发展应朝向哪些内容和目标？如何评价教师专业发展的效果？如要解决这些问题，必须清楚教师专业素养的结构问题。

第三，教师专业发展的主动性。从已有研究中关于教师专业发展的概念中，都忽视了教师发展意愿的问题，几乎一致把教师会主动发展作为预设前提。但现实中教师的存在方式是多元化的，主要有生存型、享受型、发展型。其中，生存型的教师面对生活的各种压力，是否有强烈的意愿关注自身的专业发展呢？由此，在涉及教师专业发展的概念界定时，需要特别注意教师现实的生存方式与生活环境的前置条件，调动发展的主动性。

（二）教师专业发展的特点

1.专业自律：共同发展，专业分享

教师这一职业在专业发展上更容易陷入单打独斗的境地。教师如果缺乏融入专业集体的自律态度，就易于造成其专业发展中缺少互动对话、分享以及反思，其专业发展中经常充斥着无力感、无意义感。教师专业共同体的建设是促进教师专业自律的有效途径，进而在促进其专业发展中发挥作用。

（1）自觉寻求专业发展中的资源共享

教师这一职业的专业发展比其他任何职业更明显地需要对话和分享。每位教师作为一个独立、独特的个体，都在其独有的学习和工作经历中形成了具有鲜明特色的知识及经验结构。同一门课程的教师，同一个专业研究方向的不同教师，其在教学内容设置、教学方式方法以及科研思路等方面的表现也不尽相同。多样性和差异性本身就是教师专业共同体中一种宝贵的财富——即使是执教同一学科的教师在教学内容的处理、教学方法的选择、教学情境的创设等许多方面也可以说尽显个人风采。可以说，教师专业共同体中成员的多样性和差异性本身就是一种重要的学习资源。专业共同体系中的资源互补，有利于教师完善其专业能力，促进专业反思。一种互信、互相开放式的交互主体性，促进教师之间的交流互助，这对于教师来说是宝贵的成长资源。专业共同体的深入发展会为教师的专业发展提供良好的资源平台，也会对教师的专业发展产生足够的吸引力，进而促进其自觉寻求更多的资源以满足其自身发展需求。

（2）专业知识结构深化和完善

受到建构主义理论的知识观和学习观影响，对话、协商和分享在个体知识学习和经验成长中扮演着极其重要的角色。教师能够通过互助式的伙伴关系自觉寻求支持与引导，深化和完善自己的专业知识结构。

（3）专业知识与经验分享

在教师专业共同体中，教师获得了与经验教师和专家型教师进行互动的机会。多种通道和互动方式促进了彼此分享各自的想法、观点和信念进而丰富了教师的知识经验体系。教师专业共同体的建立会让教师在这种互惠互利的氛围中坚定其专业发展决心。

（4）促进教师进行专业反思

教师专业共同体可以通过对话让各种想法和观点进行自由的交流。对话可以让教师以更全面的视角来审视问题。通过对话，教师还可以对自己的观点进行反思，完善理解。教师专业共同体中丰富的对话使教师有机会对个人观点、信念和假设进行反思和修正，在持续的自我更新中形成一种自觉反思式的专业发展。

2.道德自律：自我反思

教师工作是一种特殊的专业劳动，赫尔巴特很早就指出了教育教学活动中的教育性。没有任何一项社会活动能像教学这样和人的道德活动紧密相关。教师的道德自律是指教师能够严格按照职业道德要求，对自身职业形成良好的自我调控，并能自觉履行相应职责。教师的道德自律发起于具有他律特征的各项学校规章制度和社会诉求，形成于自身不断的教学生活中，完善于深入理解教育之后。道德自律一旦形成，就会成为教师自我行为的一种指导原则，影响着教师的教育教学活动和自我道德成长。在专业共同体的建设中应该注意给教师提供自我学习、自我锻炼的机会，使教师有机会通过与有经验同伴进行经验分享，不断自我反思进而将外在规约内化为自主诉求，构建道德自律。教师道德自律的形成有赖于教师能否正确地认识自我，以及自我与环境之间的关系；有赖于对自我责任，义务的正确认识；有赖于对自我优缺点、自我修养的正确认识。在专业共同体的框架下，教师通过不断地自我反思，以及直接经验和间接经验的获得逐步正确评价、发展自我，形成正确的道德自律。"

四、外语教师的职业化发展

（一）高校外语教师职业化发展的意义

基于外语教学面临的困境，高校外语教师职业化发展应运而生。一方面，它能满足实际教学的需要，"3S中心教学模式"的Society-centered（以社会需求为中心）强调外语学习目的的改变，让所学和所用关联起来。教师在教学过程中要结合社会或市场需求，模拟实际情景，不能简单地按照专业拼凑术语打包输送给学生，要让学生通过外语课程的学习，既能汲取语言知识，又能更新对语言模拟实践的基本认知。这种区别于传统外语教学的转变需要从源头改进，高校外语教师要学会弄懂学生专业上的东西，使单纯的人文功能语言同职业目的结合，推动自身职业化转变，才能满足今后的教学要求。

另一方面，教师的职业化发展也能让学生提前了解社会的实际工作和现实要求。社会知识体系更新的速度日渐加快，学生需要掌握的不仅仅是简单的生活类别基础对话，更是在各行各业实际工作中的语言应用。比如机械方面的设备引进、金融方面的管理理论、化工方面的工艺革新等，这些知识的传授都需要从教师端口先实现突破与提高，归根结底，还是要教师打破传统理念的束缚，向职业化发展，增加教学过程的趣味性，提升讲授内容的实用性，打造学生所学知识与实际工作的交集点，让知识体系直观化，令学生脱离校园"象牙塔"的束缚，能第一时间适应社会。

（二）外语教师的职业化发展方向

外语教师的职业规划主要分为两个方面：一方面，根据教师的职业规划，将外语教学事业的发展作为整个职业生涯的目标；另一方面，根据教师的执教水平和能力，将提高外语专业的教学水平作为职业生涯的最大任务。基于这两个大方向，可以对外语教师的职业发展路线进行分类，具体如下。

1.一线教师的职业发展规划

高校外语专业的教学，一线教师的教学水平是基础。高校外语教师作为同时具备外语专业能力和教学能力的人才，需从一线开始不断积累教育经验，这段时间的经验积累将会作为教师的宝贵财富，陪伴教师的整个执教生涯。随着时代的变化，外语教学内容的重点会随之发生转变，如果教师经历过在一线执教，就会较为容易发现其中的变化规律和教学重点，从而更轻松地运用到教学中，让学生吸收教学知识，这种成就感会随着教师教学水平的提高逐渐变强。高校需要采取积极的措施增强教师的执教意愿，最终为教师提供合适的职业岗位来匹配教师的长期规划发展，比如发展成为资深教师领队，运用自己多年的教学经验，帮助更多的一线教师成长。

2.外语教学研究专家的职业发展规划

高校外语教学具有很强的专业性，比如关于教学课题的研究、应用外语的学术研究、教学模式研发等一系列专业的外语研究工作，都需要有专业的外语教师来完成，所以将外语教学研究专家作为高校外语教师的另一职业生涯规划发展方向，具有长远规划意义。为此，外语教师可以在学术层面上作专项研究，为自己的职业发展制定长远的目标。教育事业是一项需要持续学习与探究的工作，而且外语专业可以发展的方向很多，教学研究一经形成体系，可能会快速匹配某一行业，从而让教学运用到实践中，在为教师带来丰厚利益的同时，也使教师在精神上得到极大的满足。因此，高校需要为教师提供支持，如场地、人员、设备等物质条件，还要提供更多交流的机会、学术研究的试验和肥沃的培养土壤。

3.外语教学管理岗位的职业发展规划

高校外语专业作为一个学科大项，必然要有统筹的规划和管理，才能科学发展，这同样需要外语教师类人才的支持。

首先，外语教师具备一线教学经验，具有很强的教学能力，知道在具体的教学业务中真正需要的是什么。

其次，在团队的管理方面，很多日常工作完全可以凭借自身的外语能力优势来分析，并作出正确的判断，给团队或其他教师最准确的管理意见，确保提出的管理要求符合当前教学发展需求，这同样是外语教师职业生涯发展的一个很好的规划方向。

另外，管理岗位会有很多教学交流的机会，通过深刻的认识将最新的东西反馈给当前的外语教学，提升整体教师队伍的教学能力，为高校的外语教学事业作出巨大贡献。

（三）外语教师职业化发展的途径

1.转型双师，更新知识结构

（1）响应号召，落实相关政策

《教育部、财政部关于实施中国特色高水平高校学校和专业建设的意见》出台，要求以"四有"标准打造数量充足、专兼结合、结构合理的高水平双师队伍。这便意味着具备双师资格或双师素质是高校外语教师职业化转型的最佳途径。所谓双师型教师，特指高校教育体系当中的教师，但对于双师的解释尚未形成统一定论，其中一种认为双师仅指高校教师具备高校教师资格证及其他任意一类行业的从业资格证，比如会计师、经济师等证书层面。更高层次的理解认为双师不仅指双证书，更指教师具备证书所代表的技能，并能将二者融合的能力：课堂内，教师能以扎实的理论基础传道授业解惑；课堂外，对学生倾囊相授自己的实践经验，做到不仅授之以鱼，更要授之以渔。从双师背景要求出发，证书是基础，融合是手段，能力是目的。因此，高校外语教师要具备双师素质，从而推动教学内容、教学方式的改变。成为"双师"首先要做的，是从理论体系改变自己，提高自己，做好常规外语教学向融合职业外语教学的过渡。

（2）观念转变，语言与实际结合

传统外语教学侧重语言讲授，以其为载体，将人文信息和思政元素不断传递。作为文科类别人文信息固然很重要，但在当下，教师应意识到语言传递人文信息的单一性，教学过程中应该把学生具体专业上的东西代入，充实教学内容。

一是每个教师可按照学校设置的二级学院分类，选择某一具体领域进行深入研究，拓宽自己的知识面。以外语教师相对容易理解的管理理论为例，更容易了解到学习专业知识的重要性。

Cash Accounting和Accrual Accounting两个短语表示分别两种不同的会计体系——"现金会计"与"责权责任制会计"，现金会计指在会计核算过程中，以本期内实际发生的款项作为标准，通俗理解为"对钱不对事"，只要在本期内发生，无论款项多少，一定计入账中；而责权责任制会计则指本期内负担的应收应付记账形式，通俗理解为"对事不对钱"，注重本期内已经实现的收入或发生的支出，一定是某个事项发生在本期，但不一定在本期内结束。简言之，假如某人1月支付3个月房租2400元，如果是现金会计就会将2400元以支出形式于1月记账，如果是责权责任制则会在该月以800元纳入支出款项，并在2、3月份分别计入，两者的定义、具体应用及区别都需要教师精准掌握。

二是让语言知识不再孤立，能与对应专业的实际问题相结合，这也是外语教师推动职业化过程中的首要任务。例如，商务外语中专业色彩浓厚且不太常见的margin，查阅释义为"边缘"或"差数"，作为教材体系中的生僻词汇，在实际应用中，词义叠加非但没有降低短语的理解难度，反而容易形成误导，如gross margin，该短语的意思其实是"总利润"，实际应用如下：Revenue−COGS=Gross Margin，总收入−收获及服务成本=总利润。其他例子如financial statement（财务报表），cash flow statement（现金流量表），balance sheet（资产负债表）也一样，教师如不理解短语所代表的实际内容，或者实际生活中也不曾接触过三种报表，那么就算知道短语翻译的中文，在授课过程中道理也是讲不透的。

综上，教师只有通过不断对某个领域进行了解，推动自己的职业化进程，将授课过程由原先单纯的语言灌输转变为与实际领域相结合，使授课内容和过程发生质的改变。

（3）参加学习，不断反思前行

学校应针对设置的二级学院类别组织不同行业的专家到校上课，讲授专业知识，讲清学习过程中的重难点，起到点拨的效果，让外语教师在与具体专业结合的过程中更加明确学习方向，不至于学习过程中陷入死循环，最终能将重新搭建的知识体系应用到日常教学中。

2.实践历练，理论联系实际

语言是人类交际的工具，也是人类思维的工具和人类文化的重要载体。一名语言教师不仅要掌握所教语言的语音、词汇和语法知识，还应具有丰富的本民族语言与文化的知识，以及人类语言本质特征和特殊使用规律的知识。

掌握语言学的知识对语言教师有两大益处：一是能使自己更好地理解和认识人类语言的本质，提高自身的语言素养和语言运用能力；二是能在教学活动中自觉地遵循语言学习的规律，选择并使用符合语言运用规律的教学方法，不但明确教什么，还要知道如何教。

课堂语言的使用是一门艺术。一位教师的课堂语言质量从某种意义上讲就是教师基本素质的缩影。因此，语言教师更应不断提高自己的语言运用能力。任何一名教师都必须具备所教学科的知识和如何教好该学科的知识。外语教师除了对他所教的外语的语音、词汇、语法有良好的掌握和具备精湛的听说读写能力以外，还应具备教育学和心理学方面的知识。

仅仅具有上述知识是远远不够的。当今的教育环境还需要教师具备广博的知识。当前青少年智力发育和身心发育都很迅速，他们对新生事物的追求如饥似渴，接触知识的渠道和媒体也相当广泛，因而他们在某些领域，如体育（包括球星）、艺（包括歌星）、科技、现代传媒等方面的知识甚至会超过某些教师。然而，学生自身具有的向师性使他们常常把求知的欲望寄托在教师身上。青少年在成长的过程中拥有很多新思想和新观念，他们对社会和身边的人和事有独立的见解，其中某些看法往往与传统的思想和观念发生冲突和矛盾。教师要想对学生进行正面教育，诱导他们改变片面甚至是错误的观点，没有共同的语言和广博的知识是无法奏效的。

大学外语教师在进行通识课程的讲授时，还要注意与学生所学专业相结合，使学生在学习通识课程的基础上，逐渐强化对专业外语的认知。因此，大学外语教师所承担的任务是加强专业知识素养，使学生的外语学习真正做到人文性与工具性的结合，为应用型人才培养奠定基础。

理论知识的学习是具备双师素质的第一步，教师应将双师素质从证书层面向能力层面推进。

首先，在具备一定理论知识的前提下，高校外语教师应该根据所研究的不同专业，主动走进企业、工厂实践历练。这光靠教师个人层面不够，需要学校和企业层面共同主导，让教师能走进企业、走进工厂进行锻炼。

其次，在实践过程中教师实实在在接触具体业务，了解具体流程，在管理、贸易、工艺等方面有直观认识，让理论不再停留在书本上，全方位提升教师的认知。

在校企融合不断深化的基础上，企业可为教师提供培养基地，使外语（以及其他专业的）教师走进基地实践，了解不同行业在实际运作当中的情况。知识体系与实际工作的结合可以让教师的发展最终体现为教学效果的改进。企业了解当下及今后的人才实际需要，可向学校的人才培养工作提出建议，使培养方向与实际紧密结合。在学校与企业交流的过程中，教师一方面可以更新、优化教材，变更教学方式。另一方面在实际教学中，有更多现实情境作依托，教学内容不再枯燥乏味，学生的学习内容更直观、更真实，形成良性的成果循环。

3.奖励机制，搭建平台，促进队伍升级

一是学校设置奖励机制。首先明确双师的认定标准，其次根据双证书、双能力的不同级别设置相应的奖励机制，促进教师的自我革新。并在教师外出实训期间，依据教师在岗实际表现设置相应的奖励机制，尤其对于认真完成企业或单位要求的教师，在分配过程中应有明显体现，激励教师在外实训的过程更加投入。此外，奖励不应只局限于取得证书或获取能力的过程，在教师具备双师素质后更应该有体现。学校应给双师型教师提供机会和平台，并在双师型教师中选拔专业带头人，让通过努力具备双师素质的教师所学有所用，提高就业成就感，不断积极促进循环，进而优化教师队伍。

二是学校可为教师提供交流的平台。随着职业化教育的推进，不同院校间对双师的要求也会提高。在学校之间搭建交流平台后，针对某一领域的专业学习，不同学校的外语教师可以对在自身学习实践的过程进行心得分享。

高校院校的专业往往有偏重，根据不同学校的专业特色分为水利水电、机械制造、建筑工程等理工科专业，这类专业的知识往往是外语教师最难理解、最难克服的，故而平台搭建有利于教师们针对难点知识进行探讨，凝聚科研合力，最终实现能力的突破。与此同时，在具备一定的专业知识和素养后，通过交流也可分享自己在教学过程中将专业与语言融合的方式，形成教研反思、借鉴，能让教学方式不断更新，教师在职业化的转变过程中效率更高。

高校教育的发展空间巨大、变革快，高校外语教师应从根本上意识到职业化发展趋势带来的一系列变革，并结合当下对人才思想、能力、素质等各方面要求，首先完成对自身知识结构与能力的更新优化，突破以往陈旧观念，努力让自己具备双师素质，通过不断提升自己，争分夺秒朝此步迈进，从而让纯语言和具体专业相结合，培养学生的实际应用能力。由此教师既能在实现职业能力与职业成就两方面实现重大提升，又能使教学质量得到空前提高，增强学生学习效果，从而能更好地适应社会需求。

4.通过大环境培养教师的教育价值观

教书育人是一项神圣的工作，培养教师的教育价值观非常重要，高校可以利用自身的优势转变教师的观念及认知。在积极弘扬工匠精神的时代，高校更应该充分调动资源来凝聚教师的教育精神。

首先，在党建工作和党宣工作中让教师积极参与。对于实现中华民族伟大复兴，高校是天然的宣传土壤，在这种大环境下，教师会感受到来自各方积极向上的正能量，再加上全面参与，感受截然不同。长此以往，会形成具有一定意义的正确的教育价值观，最终影响教师的选择。

其次，为教师提供教育荣誉平台，这种促进教师教学动力的荣誉感深受教师重视。教育并不是一蹴而就的工作，很多时候短期的教育结果无法证明教师的努力和付出，所以必须加强对教师工作的肯定，通过高校颁发荣誉奖励，在精神与物质双重层面影响教师的价值体现。

另外，高校需要树立教师代表，用教师形象大使的影响力来感染更多的教师。通过教师队伍内部的言传身教，鼓励教师制定自己的职业目标，从而引导教师作出正确的职业规划。

5.通过教育平台改变教师的观念认知

高校机构众多，其中建设教育平台是帮助教师完善对高校教育机构认知的特别渠道，在帮助高校教师进行职业生涯规划时起到了重要作用。

一是为外语教师提供学术交流的机会，通过这种方式，教师有机会了解当前较先进的教学研究，这是实现教师自我能力提升的有效途径。

二是教师发表的教学观点在学术界具有很高的教学实践价值，教育平台的认可度使教师的教育思想和教育理念得到了很好的印证。正因如此，教师才可以将教育价值量化，比如某一篇文章或教学研究的发表，在教育中取得了巨大的教学成果，教师也因此得到了更多的机会。

三是教师的资源会给学生提供更大的发展空间。高校外语教师教授的学生众多，每一届毕业生都有可能在将来成为行业的佼佼者，这都是教师的宝贵资源。因此，无论教学研究、校企合作或为学生提供就业机会等方面，都需要教师的关系来保持这种状态。这三种双向的收益会对教师起到激励作用，促进其事业发展。这种事业发展是职业生涯中除高校外，任何教育机构都无法提供的。

6.建立完善的职业生涯规划体系

除了从思想意识上影响教师，客观条件上吸引教师，高校还应该主动对外语教师进行职业规划，根据每个教师的具体情况，从不同的角度为教师的发展作出正确规划。此工作的实施前提是高校必须建立完整的职业规划体系，具体建立可分为三个步骤。

第一步，组建培训机构，为教师提供专业的指导。其实很多教师并不知道自己未来想发展的方向，专业的培训可以让教师发现自身的优势，从而挖掘自身潜力，通过不断的培训来巩固和提升教师的潜力。

第二步，为教师设计职业规划的能力需求和具体提升计划。这一点非常关键，因为教师首先需要确定发展目标，为实现目标，不在实现目标的过程中走弯路，需要为教师提供具体的能力提升计划作为参考，帮助教师作选择、作判断。

第三步，建立专业的跟踪反馈机制，让教师在一定期限内对自己的目标达成情况进行汇总，关注教师在职业发展中存在的问题，并给予有效的解决方案和其他支持。

综上所述，高校外语教师的职业生涯规划方向很多，而且具有很高的发展价值，对外语教师而言，这是值得其付出一生的事业，就整个行业来说，外语教师的职业生涯有了科学合理的规划，才能让外语教育事业得到全面发展。因此，高校必须重视对每一位教师的培养，根据个体情况，设置不同的方向与目标，让教师不会因长期的工作或固定的内容而出现迷茫、停滞不前的现象，同时有效保障了高校的英语教育力量。

第二节　外语教师的职业素质与能力

一、外语教师的专业素质

（一）专业知识素质

1.扎实的学科知识

作为一名老师，首先必要的是有着丰富的学科知识。教师具有基本的学科知识是肯定的，但教师所应掌握的内容不仅仅是教书所学知识，这是因为学生正处于飞速发展的阶段，正是对知识无限渴望的阶段，除了课本上的知识，学生对其他知识同样也有着强烈的求知欲，所以也要求教师的知识范围不局限于目前所教导的学科范围，而是能将所有知识体系融会贯通以便更好地教导学生。因此，老师的知识应当是广泛的，这样才能满足学生旺盛的求知欲。学生的想象力是丰富的，所提出的问题也是千奇百怪的，唯有扎实的学科知识才能从容地回应学生的疑惑，与此同时，所有学生的智力发展也是不一样的，有快有慢，教师教导的知识不可能只顾基本知识，也不可能为了智力发展快的学生讲解困难的知识，导致智力发展慢的学生毫无收获。因此，能够让所有发展阶段的学生都能有值得学习的教学便是优秀的教学，因此，教师扎实的学科知识是非常必要的，以便应对所有学习阶段的学生。这是普通老师都需要做到的地方。作为外语老师，除了做到以上的要求之外，还应有一些关于更好进行外语教学的觉悟。外语老师教导的不仅仅是一种语言，一种文字符号，更是一种新的思维模式，新的文化传统，这些都是外语老师应该掌握的。外语老师进行教导时，不应该仅仅只是注重于文字符号表面的意思，而是这些句子里所蕴含的另一种思想、另一种文化，这才是一名优秀的外语老师所该进行的教学。教会学生运用一种新的视角去看待这个世界，激发学生对这个世界的更多求知欲。

2.一定的心理知识

人文主义的传播引起了一波关于学生问题的深思，人本主义要求教师更多地关爱学生，关注学生的内心世界，注重激发他们的学习动机。人本主义彻彻底底将学生放在首位，忽视了老师的教导作用，完完全全地认为学生自我学习才是正确的教育方式，老师在教学活动中所做的就是给学生提供所有材料，让学生自我选择、自我学习。这些思想明显是过于乌托邦的，但人本主义关注学生的内心世界是值得所有教师借鉴的。教书育人的同时也要注重学生的心理健康发展，学生是人格尚未完全形成的个体人，在个体认知发展过程中，学生的认知既可能向好的方向发展，也可能误入一些误区，老师应多加关注学生的心理认知发展，保证学生的心理健康发展。要关注学生的内心世界，不可避免地需要老师掌握一定的心理知识，方便对学生的个体行为进行预判，及时发现学生的心理问题并加以开导。外语老师对于心理知识的运用，在于开导学生对于外语的抵触情绪。身为中国人将外国的语言列为我国必修课，很多学生不理解这一行为并将自己对于祖国满腔热血变换成对外语的抵触情绪。这些心理活动无疑是不方便进行教学的，而有这些心理活动的学生对于学外语是抗拒的，是持否认态度的。对于此类学生，外语教师要先对学生进行开导，首先要肯定他们对祖国的爱国情怀，然后为他们讲解关于学习外语的必要性和学习外语所带来的各种优势，最后，再和学生进行一些关于外语的有趣互动，慢慢提升学生对于外语的学习兴趣。动机是学习最好的老师，外语教师所掌握的心理知识，不仅是确保学生的心理健康发展，更是需要消除学生对于外语学习的抵抗意识，引导学生喜欢外语学习，这些便是一名外语教师所掌握的心理知识在教学活动中的合理运用。

3.多元的评价知识

在以往的时候，教师评价学生的方法单一化，那就是成绩，成绩好的便是好学生，成绩差的便是坏学生。这无疑是评价学生的错误方式。随着社会发展与教育改革，评价也从一元化变成多元化。评价的重要性是无须赘述的，可以帮助教师更好地掌握学生现状以及学生的优劣势，评价可以帮助教师更直观地观测到学生进步与退步的地方，帮助教师明确每个学生的阶段性目标，可以更有力地设置针对每个学生的教学方案，促进每个学生能更好地发展，尽量弥补不足。评价的主体是教师和学生一起进行评价，共同讨论出来的评价结果也可以帮助每个学生明确自己的发展方向，此外，评价有时也可以充当激励介质，所有学生都希望能够收获教师的表扬，如果将评价结果以表扬的方式表达出来就可以起到激励的效果。教师还可以教导学生进行自我评价，通过自我不断评价，不断激励自我成长。更可以进行小组评价，通过小组间的相互比较，提升小组间的合作学习以及激发学生之间的斗志。作为外语老师，评价主要适用于外语学习情况，对学生的听、说、读、写能力进行评价，发现每个学生的优劣势，并为每个学生制订专属的学习计划以提高外语的综合能力。

知识永无止境，外语教师所需要学习的地方也有很多。作为教师绝不可故步自封，教师是学生的指路明灯，只有这个灯源源不断的续源，才能照得更亮，更加持久，否则终将迎来熄灭的那一天。身为教师应从多方面学习，不断提升自己的能力，这样才能保证教学的质量。

（二）专业道德素质

身为一个老师，教书与育人都是必不可少的，育人不仅仅是政治老师的任务，也是每一个任科老师的教学任务，教书育人这两个词是密不可分的，育人应该蕴含在每一次教育活动之中，教师不仅仅承担着教导学生更加博学的任务，更是承担着培养学生成为新时代青年的艰巨任务。德育不可能是教师讲学生便听了并付诸行动，更重要的是身为教师应当以身作则，在每一次的课堂里，在每一次日常的对话里，老师都要注意做到真善美的化身，让所有学生在不知不觉间同化，抑或是在被老师高尚的品格感染后，积极主动地想要成为像老师一般优秀的人。

因此，一名优秀的老师应当保持高尚的道德品质。而作为外语老师，所做的除了上述的基本条件之外，还有一些需要格外注意的。外语教师教导学生外语时，必不可少地会教导学生关于外国的文化。这时候需要警惕的是崇洋媚外的心理因素的产生，这将不利于学生成为新时代的优秀青年。

外语老师在教导学生外国文化时，可选择将其与中国传统文化进行比较，教导他们时刻不忘国，也可选择在学生表达对外国的喜爱之意时，告诉他们关于中国的历史，吸引学生的兴趣，教导他们时刻谨记自己是中国人，身上背负的是无数同志的深切期望，也可以选择在学生赞叹外国时，为他们讲解外国生活美好幻影下的弊端，打破学生对外国的美好幻想。因此，外语教师要讲好中国故事，还要开放胸怀、兼容并蓄，注意方法和技巧。对待本国传统文化和别国文化的态度应该是取其精华，去其糟粕，继承发扬中国传统文化中有价值的内容，让其与时代精神和社会主义现代化建设需要相契合。与此同时，要尊重和理解别国优秀文化。世界文化应是"百花齐放，百家争鸣"的美丽大园地，中国文化及其背后的精彩故事在其中独树一帜，对其他优秀文化也应兼收并蓄，与传统文化和别国文化的精华相交融让中华文化和中国故事更具有全球影响力。

外语教师专业道德包含着对外语教师各项标准的要求，是外语教师各种素质的综合表现，是外语教师专业发展的内在要求。相对于外语教师的职业道德来说，外语教师的专业道德更强调专业性与主体性。

1.专业精神

外语教师在教育教学活动中的价值取向和追求即为其专业精神。外语教师的专业精神直接影响着自身的行为及其结果。为此，它要求外语教师具备高度的教育责任感，将教育作为自己神圣的职责；精益求精的工作态度；甘为人梯的服务精神；清晰有效的反思意识，不断实现自我超越；拥有坚定不移的专业信念。

2.专业自律

外语教师要表现出一定的角色敬畏。外语教师的角色意味着其所承担的道德责任和义务，而通过角色敬畏，使外语教师在教育教学活动中有所为有所不为，体现道德责任感和道德使命感。外语教师的专业自律还要求其体现一定的教育良心，使高校外语教师对自己的教育教学行为进行自主控制与调节。

（三）专业能力素质

外语教师要不断提高自己的专业教学能力和专业实践能力，实现以下方面的发展。

第一，具备敏锐细致的观察力。通过观察更好地把握学生的心态，对学生作出更加客观的判断，从而能够进行有针对性的教学。

第二，准确清晰的记忆力。不仅对有关教育教学的知识有良好的记忆，对全班学生的各种情况也要有准确的记忆。

第三，具备一定的自我调控能力，使自身保持良好的情绪心理状态，用理智支配自己的情感，做到语言、行为合情理、有分寸。

第四，具备较强的创造能力，外语教师在借鉴前人发展先进经验的基础上，大胆进行工作方法改进，从中发现新的规律、新的观点和具有创造性的教育教学方法。

教学能力不在于能将所有知识点罗列清楚，也不在于教师能够解决多少学术上的难题，而在于能不能将所有的知识以学生能听懂的语言讲述出来，教师主要的教学活动是教，这就要求教师必须掌握丰富的学科知识。在此前提下，能够完全理解教学所需的知识，并将这些知识从学生的角度去看待。优秀的外语教师掌握的绝不是死板的知识，而是根据学生的需要以及水平差异进行教学上的细微调整以适应学生的最近发展区。这需要教师扎实的知识基础以及对知识的灵活运用。教师最多的教学活动便是进行课堂教学，所以也需要教师具有良好的教学活动组织能力，具体体现在，懂得抓住学生的注意力，懂得正确处理好各个知识点之间的关系，掌握学生的记忆曲线，尽量保证所有知识点都储存在学生长期记忆中。学生的记忆力是有限的，如何调整好各个知识点的关系去确保在学生的承受能力之内也是需要注意的。再之后，所有的教学都不可避免需要组织一定的教学活动，这也是考验教师教学能力的地方。确保教学活动按计划进行，明确教学活动最终结果会带来预期的影响以及调动所有学生在教学活动中的积极性，这些都需要教师拥有良好的教学能力。作为外语教师，所要教导的知识也是非常多的，如何平衡学生的阅读、翻译、写作等能力也是非常重要的，合理讲解知识之间的联系有助于学生整体的把握。同时为了学生听、说、读、写能力的平衡，教学活动也是非常多的，而且外语教师必须确保每个学生都是活动的主体，外语的组织教学活动不像其他课堂，活动有着最终的谜底，外语课上的活动更多的是关注每个人的能力发展，而且如何分配听、说、读、写能力在活动中的比重也是非常重要的。

1.外语教师应该熟练地使用各种现代教学工具

科技的发展不会停止它的步伐，而各种教学工具更是层出不穷，各种教学工具的优劣势也是不尽相同的，如何正确合理地使用这些教学工具便是外语教师需要学习的地方。一个教师的精力毕竟是有限的，不可能随时兼顾班上的所有学生，此时的现代工具便成为很好的代理软件，帮助教师清晰认识所有学生的优势和不足。此外，合理运用各种教学工具帮助教师管理课堂和进行教导也是非常不错的教学方式，身为新时代的外语教师，应当熟练掌握各种先进的教学工具以便达到教学效率的最优化。

2.外语教师应当熟悉各种二语习得的最新研究与理论

理论指导实践，好的理论指导好的实践，错误的理论积累错的实践，由此可见正确的理论指导对于外语教师来说是非常重要的，二语习得理论目前还处在发展之中，外语教师所需要做的便是不断更新自我关于二语习得的理论，既然二语习得理论还在发展，那么所有理论必定是有所争论的，其优劣势尚不明显，外语教师所做的绝不是将所有理论用于实践，将所有未经过实践确定的理论运用于实际教学中，这只会导致教学的混乱。面对这些尚未明确的新的理论，正确做法是加以自己的理解，以及基于对自己学生的认识来实施这些理论成果。

3.外语教师应成为优秀的研究者

身为新时代的外语教师，不仅仅是教师，更是新时代的研究者，通过实践发展理论、完善理论，通过对教学资料的整理发现新的理论，再通过实践去证明理论的对误，这是一个循环往复的过程。身为研究者的教师不可避免地需要掌握身为研究员的一些基本素养。例如，对现实资料的收集与整理，对各种实验方法的掌握以及熟练运用，对实践结果的理论分析与对实践过程的反思等。这既是时代的要求，也是教师这一职业的特殊使命。我国关于教育的研究力度是不够的，而一个国家发展的重点就在于教育，这也导致教育无法像其他行业一样交给研究院去慢慢研究。需要所有的教师化身为研究员去弥补我国研究力度的缺失，以及通过研究院所得出的实践数据相比整个国家的教育行业而言，无疑是渺小的。所有新时代的教师都肩负着研究人员的时代使命，去帮助我国的教育理论更为完善。

（四）专业人格素质

一个人的人格能够很客观地反映出其整体心理面貌。外语教师的人格形象能够体现出外语教师在教育教学活动中的整体心理面貌和心理特征。具体来说，外语教师的专业人格包括外语教师对学生的态度以及外语教师自身的气质、兴趣等方面。外语教师要实现其自身的专业发展，就应该形成外语教师的专业人格，为专业的发展奠定良好的心理基础。

19世纪的俄国教育家乌申斯基认为，在教育事业中，教学工作应该以外语教师的人格为根据，任何规章制度、任何机构设施，无论其设计和安排如何完善，都不可能代替外语教师人格形象。只有通过外语教师的专业人格才能获得教育的力量源泉。

苏联著名教育家苏霍姆林斯基认为，从本质上来说，教育教学过程就是师生之间在心智和情感方面的沟通和交流过程。教育是人与人心灵上最微妙的相互接触，学生会因为外语教师的人格形象来对外语教师进行判断。

外语教师在长期的教育实践中，通过对教育、对学生、对自我的深切感悟理解，对职业道德和教育理想自觉追求的内化，可以使自身的外语教师专业人格逐步达到成熟。

（五）专业思想素质

从客观角度来说，专业思想是判定一个人是否属于一个专业人员的重要依据，也是现代外语教师与以往外语教师相区别的显著标志。所谓外语教师的专业思想，就是指外语教师在理解教育相关知识的基础上所形成的教育教学思想。外语教师在教育教学工作中，要做到以专业思想作为行动的世界观与方法论。外语教师的专业思想为其专业发展提供了理性支点和精神内核，对于外语教师成长为一个教育教学专业工作者有着重要的影响。

客观来说，教育专业思想是动态发展的，是不断演变的。因此，每一位外语教师都必须不断地总结教育教学实践，以此形成符合自身发展特点的、体现个人风格的教育专业理念、专业思想。在不断发展变化的现代社会中，外语教师应该树立终身学习的观念，促进自身专业思想与时代的发展要求相接轨。

二、外语教师的专业能力

（一）专业决策能力

由于我国的科学教育教学理念和行为相较于西方发展形成较晚，因此长期以来对于具体教育教学活动的教学方式、方法和策略基本上处于向西方学习的状态，特别是受到国外教学理论的影响较大。以专业研究方向——外语学科教学论为例。一般认为英国的语言教学研究者，由于需要对其早期殖民地的人进行外语教育因此被认为倾向于外语教学；美国由于是移民输入大国，因此其外语教学倾向于使用二语习得的理论。在我国对于这两种研究的理论倾向并无太大区分，在一段时间里缺乏对外来语言教学方式、方法和策略进行有效的本土化改良，开始以我国的外语学习实际情况为出发点，来对中国人外语学习特点进行研究。随着我国外语教学研究的不断发展，很多学者开始将研究转向对教学的方式、方法和策略背后的理念。

外语教师的个人教学逻辑是外语教师个人的认知、情感的个性化实践，这是外语教师个性化教学实践的根本来源。外语教师从个人经验出发对教学目的、内容、教学对象、教学本身、自我、课程和情境的个性化理解。因此外语教师的教学方式、方法和具体策略是一个建立在外语教师对其教学实践活动经验不断反思认知的基础上而产生的一种个人化的教学逻辑，是教学方法理论与具体教学情境的结合。外语教师的教学逻辑是具有明显的个性化和主观能动性的体现，因此有研究者认为外语教师的教学方法是一种具有个人教学逻辑的理性展现，是外语教师对教学活动的内在逻辑的认知和把握，是外语教师通过一定的教学工具或者手段，来实现对预期教学价值的逻辑思维方式。教学理性的发展水平对外语教师教学实施的水平和内在品质有着重要的影响，也有助于外语教师主动性教学习惯和教学实践能力的形成。

教学方式、方法和策略的具体实施都不可能忽视外在的客观条件对于其有效性的影响。师生空间关系、人际关系、课堂管理等方面都需要作出相应的教学对策，因此课堂组织管理方式和网络多媒体的使用也被纳入教学研究的范畴内，这对于外语教师的教学设计和差异化教学能力提出了更高的要求。面对水平参差不齐的学生，外语教师需要合理的教学理念和教学逻辑进行应对，因此各种教学模式和教学策略不断涌现。新的教学理念开始从实践的层面对传统的教学实践方式产生冲击。以学生学习为主的教学理念在科学技术的支撑下慢慢从理念层面走入到具体的实践活动中。在提升学生学习参与度、改变外语教师角色、提高教学活动有效性等方面发挥优势，并能够在一定程度上解决教学和学生水平差异的问题。

随着时代和科技的发展，越来越多的学生开始不满足于以基础知识为主的课堂教学，并对脱离其专业学习的教学内容提出了质疑。以大学外语教学为例，学生专业的多样性也是对具体教学实践产生影响的一个不容忽视的方面。大学外语个性化教学就提倡以外语作为语言工具，在履行通识教育职责的过程中也不能忽视不同专业学生的专业发展需求。

外语教学和其他学科专业相结合的大学外语教学模式对于提升学生的跨文化交际能力、本专业素养、获得更多的专业学习机会都有裨益。然而这一教学模式在具体实施上会很大程度上受制于师资水平，这并不是说大学外语教师的专业能力和教学水平差，而是指外语教师的专业结构不合理。在我国，绝大多数的大学外语教师都具有语言类专业背景，而相对来说大多数其他专业外语教师的外语水平又不能达到外语授课基本要求。即便是外语专业出身的大学外语教师在教学中也面临着一些两难情境。

大学外语教学既然是以语言交际能力作为教学目标，那么在教学方式和策略上理应以外语为主要教学语言，但是实际情况却比理论上要复杂得多。有研究者通过实证研究发现大学外语教师的母语使用量比较高。由于课堂教学时间的有限性，因此母语使用量的增加意味着外语使用量的减少。由于母语量的增加和外语使用量的减少对学生外语学习效果是一个双倍的影响。而外语教师母语使用频率的高低与外语教师所受到的教学理论学习时间和教龄没有相关性。研究发现，师生对于外语课堂汉语的使用有两种表现，一方面支持外语的高频率使用，另一方面又由于学生水平差异、课时限制、课程类别特征（如抽象知识较多的阅读、写作等课程）等原因造成在具体教学方式和策略上的汉语依赖。对于外语教师具体教学活动的研究，集中于外语教师对于具体教学方法、原则等方面的使用以及宏观客观条件的限制，对于外语教师依据具体教学情境对各种语言教学方法的个性化使用关注度较低。

（二）教学互动能力

具有实践取向的社会学家更多关注人类行为的具体实行、实施方式出发来对行动进行理解。互动研究从人们的面对面互动交流入手，对引起人们互动以及对互动过程产生影响的主观因素予以关注。符号互动论属于微观层面的社会学研究，倾向于将社会结构归为个体成员间相互理解和行动的结果，关注人际交往过程中人对客体进行主观赋予意义及作出的反应。

符号互动论（Symbolic Interactionism）又被译为象征互动论。符号作为该理论的核心概念，一般指一切能够表征意义且被社会成员所公认的事物，比如语言、物品、场景等。符号互动论的思想一般认为是源自实用主义思想中对于符号重要性的关注。

查尔斯·霍顿·库利（Charles Horton Cooley）在镜中我的理论中认为人们在互动中，彼此面对面像照镜子一样想象别人眼中的自我形象并对此产生感觉判断。相较于库利的镜中我，乔治·赫特伯·米德（George Herbert Mead）对符号互动论的产生则有更为直接的影响。他在对人类个体的思想与行动之间关系的不断探索中，吸收了实用主义的观点，认为个体的心灵、自我与社会是在不断地互动过程中产生并发展起来的。具体来说，米德认为人对外在刺激不仅具有生理反应，还具有理智性反应。

人的理智反应表现在对环境中客体的符号化表征以及针对客体设计并筛选方案的能力，冲动和理智的互动产生了"心灵"。"心灵"是个体产生自我观念的重要条件。人的主我（自然我）和客我（社会我）在不断地冲突调整中对立统一于自我。自我与他者的互动产生了社会，而他人既可以是个体，也可以是集体。米德的概念中社会是一个由人所创造并且应用的符号总和，自我与他人互动中所产生的主要是符号，如语言、制度、规则等。米德的观点中社会这一概念的引入，使学者们对于符号互动论中主体性的思考变得客观，变得可以观察验证。

真正明确提出符号互动论的是米德的学生赫尔伯特·布鲁默（Herbert Blumer）。赫尔伯特·布鲁默在1986年出版的《符号互动论》中认为人们对于意义的理解，对行动的设计都是依赖于符号才能完成。而符号作为社会互动的中介，受到人们对于符号所进行的赋意和理解的影响。由于人们在社会互动中不断反思行为的存在，这就造成了个体对于固定客体的认识会随着情境或自我的变化而变化，因此符号的具体互动方式也处于不断的动态发展中。然而一旦多个个体对于某个符号的赋意和理解达到一个相对稳定的状态，符号的意义也就会固定下来，人们在社会互动中对于该符号的认知也会处于一个相对一致的稳定状态，如社会规则、秩序等。

在符号互动论的理论影响下，有一批学者对该理论进行了颇有意义的发展和实践。欧文·戈夫曼（Erving Goffman）用戏剧来对人类互动过程进行描述和解释。在《日常生活的自我呈现》中，欧文·戈夫曼提出了人际互动中的表演框架和印象管理两个概念类别。表演框架是人们在交往中所遵循的互动规范，受到社会成员的认可，因而对于行动个体具有参照作用。印象管理是一种交往互动策略，在人际交往中有目的地在他人心目中塑造自己的角色形象而采取的一系列行为方式。

由于在戈夫曼的研究中，剧本期望、剧情、剧班、面具、表演等词汇被用来以隐喻的方式描绘人们的交往互动过程，因此欧文·戈夫曼的研究又被称为拟剧理论。互动双方能够达到一致的意义建构是行动的前提条件。达成一致的过程中协商是其中一个方式。协商是行动者决策的过程，其本质是在情境中通过互动中达成共识和共同意义的建构，是互动的一种形式。对行动的分析要结合情境对行动者的意义进行解释。行动者在情境中通过互动形成共识和共同意义是暂时的，因此应该以动态的视角来看待协商互动过程，协商本质上是行动者在互动过程中不断尝试重新达成认识和意义的共识的过程。基于此，本部分认为在理论和已有研究层面来看，互动能够以一个更加基础性的视角对协商进行解释。

大卫·H.哈格里夫斯（David H. Hargreaves）在符号互动论的理论视角下，对教学中的师生互动和师生关系进行了深入的研究。哈格里夫斯在 *Interpersonal Relations and Education* 中以符号互动论为理论依据，首先对人际理解（perceiving people）进行了深入的分析，并以筛选（selector）作为核心概念建立了一个完整的人际理解框架。然后哈格里夫斯在此框架下从角色、互动和团体三个角度对教育中师生间的人际互动进行了详细的分析。哈格里夫斯的研究对于符号互动论在教育教学中的研究非常具有启发意义，特别是他对于纪律以及外语教师和学生团体之间关系的研究。他认为外语教师对于"群体动态"（group dynamics）进行了解并进行分析是每一个外语教师应该掌握的能力，这有助于外语教师超越班级为单位的名义分组来理解学生团体，也有助于提升外语教师对学生团体中个体敏感性。在哈格里夫斯看来，学生的理解能力是外语教师教育中应该格外引起重视的一个重要部分。

皮埃尔·布迪厄认为学校的制度化教育也就是一种文化再制，其中充满了符号暴力（又译作象征暴力）。学校的教学行动借文化专制而强制实行，专制权力使之得以完成。教学权威作为符号暴力，是教学行动得以完成的重要条件。在教育系统内，行动者通过学校教育的不同场域对外语教师教学、课程制定等方面深入阶级文化符号，教育行动者在有意无意之间充当了符号暴力的执行者。布迪厄的文化再制理论也透露着符号互动论的思想，当然符号暴力给我们的启示也不尽然全是令人悲伤的方面。相反，这恰恰提醒我们，在整个教育系统中，外语教师具有如此重要的作用。

学校的符号权威要通过外语教师才能得以传达给学生，而学生的反应则真切地反映在外语教师面前。学校变革、教育变革以及教育成败都由外语教师的实际工作所决定。因此，如果外语教师秉承的文化符号理念是有益于学生发展，那么应该将教学权赋予外语教师。伯恩斯坦的符码理论从本质上也属于文化再制理论的发展。伯恩斯坦认为分配规则、评价规则和再语境化规则构成了教育机制。评价规则对学校教学内容作出了限定，然后再语境化规则将知识生产者的知识搬入课堂中成为教学符号，再由外语教师对知识内容作出分配。

整个教学机制内部充满权力的影子。在教育机制中，外语教师应该有机会和学生一起成为知识的生产者，但是由于教学话语不完全掌握在外语教师手中，使得外语教师只能遵守规约性话语的要求来对组织教导性话语。教学话语权的丧失意味着外语教师教学权的丧失。目前，这种情况在我国教学中比较明显。大学外语教师由于存在科研工作者角色，因此教学自主权相对中小学外语教师大一些。但是由于外语教师个体教学信念的差异，以及学科教学上的差异，大学外语教师也会主动或被动地放弃教学自主权利。

兰德尔·柯林斯是美国当代著名社会学家，《互动仪式链》是其在多年研究的积累上推出的一部理论著作。正如其书名所表达，互动仪式链是柯林斯在相关社会学理论的前人研究基础上所提出的理论。在该理论中，柯林斯在对涂尔干和戈夫曼的相关仪式理论的反思基础上提出了这一试图将微观社会学和宏观社会学相联系的理论。柯林斯微观社会学的研究已更改是以情境作为研究的出发点，来对由微观现象所构成的宏观过程进行研究。柯林斯的互动仪式链理论关注微观情境中经由个体而形成的际遇，关注在情境中的人的互动，进而对其在不断地互动过程中所形成的社会关联或者网络进行研究。在教学活动中，师生间的面对面互动构成了教学活动中的一个个微观情境，外语教师作为能动的个体，对其在情境中的教学行动进行研究，有助于我们对外语教师在教学中的行动方式以及师生关系建构进行理解。

对于互动仪式链理论的发展应该从社会学家对于仪式的理解入手。自涂尔干开始，社会学对于仪式的研究就一直非常重视。涂尔干最初在对宗教活动进行研究后，提出了宗教是以所具有的观念整合作用。在宗教活动中，仪式作为一种行为规则规定个体在神圣对象面前的行为表现，以及个体对于业已形成的神圣符号或者神圣物作为一种价值体系对个体的精神心灵层面的统整作用。由于这些神圣物的存在，对个体的行动起到了一定的制约作用，并通过赋予这些神圣物以符号意义而形成集体团结和身份认同。共有的行动意识和共有情感是强化共有体验的机制，被群体共同关注的东西形成了群体符号，而符号所具有的意义则是被仪式所赋予。

仪式的本质并不是仅仅对于既有神圣物的崇拜，同时也在对神圣物进行着塑造和意义的强化。戈夫曼将涂尔干对宗教仪式活动的研究理念延伸到对于日常生活情境的研究中去，并提出了互动仪式的概念。互动仪式主要有四种主要构成要素或者条件：两个或两个以上的人共同在场；对局外人设定界限；有共同关注的焦点；共享共同的情绪或者情感体验。互动仪式中的各要素之间相互影响，共同的关注焦点和共享的情感体验加深了互动中个体间对于彼此行动的关注。通过互动仪式，会加深参与成员的集体团结和身份认同感；增加成员的情感能量；增加成员在行动中的自信和能动性；有助于形成群体共有的意义符号。

自马克思·韦伯以来，对行动的研究都关注于理性层面，对马克思·韦伯在四种行动类型的划分中的情感行动关注得不多。兰德尔·柯林斯的互动仪式链则认为情感连带是行动者间行动成为可能的重要保障。情感连带能形成共同意义符号，加深并延长行动间的共同意义建构，这是对马克思·韦伯情感行动的一个重要回应。外语教师通过自身教学行动增加学生对于学习过程的投入度并引起其积极情感和情绪的共享，可以有效增加学生对于学习活动的认同感，有助于师生之间良好关系的形成。教学行动作为一项复杂的连续性社会行动，应从由一个个微观情境所构成的具有连续性的情境连续体的角度来对其进行研究。因此柯林斯的互动仪式链理论为我们对外语教师的教学行动提供一个有效的理论分析框架，有助于我们从课堂的连续活动中对外语教师的为有一个相对完整的理解和解释。

从前面对于仪式和互动仪式的理论发展进行梳理中可以清楚地发现，无论是从埃米尔·涂尔干（Emile Durkheim）从宗教生活的角度对仪式的论述还是戈夫曼从日常生活互动中对仪式的理解，都停留在一个较为微观的层面，且强调既有仪式对于个体的规范作用。当然戈夫曼相对来说要比涂尔干更加关注仪式产生的历史脉络，以及互动对于仪式形成、发展所起到的作用。但是柯林斯认为，互动仪式理论是一种社会动力学的理论。在社会活动中，个体总是从一个情境到另一个情境的不断变动过程中，在这个过程中互动仪式随着情境的转变以及人们感受和想法的变化也在发生着强度高低的变化。

我国学者对于符号互动论在教学中的应用也投入了极高的兴趣，虽然数量上较少，但是也有一些有价值的研究成果。

张遐、朱志勇（2018）以社会学符号互动论和建构论的视角，采用质性研究的方法对大学外语教师角色认同建构进行了个案研究。

李文跃（2013）从符号互动论的视角对课堂教学中教学符号的互动进行了探析。

张俭民、董泽芳（2014）从米德的符号互动视角出发对高校师生课堂互动关系进行了探讨，认为课堂中师生互动关系应该从控制走向建构，从冲突走向和谐。

从以上研究可以看出，目前我国对于符号互动理论的研究基本上处于理论探索阶段。虽然目前已经有学者开始用符号互动论作为理论基础对教学进行有意义的实证研究，但是从总量上看仍然很少。

对于社会研究来说，是符号互动论对于情境作为社会研究的重要性首先作出了肯定，之后由人科学方法论将其作为一种研究方法和认识论。因此柯林斯认为作为一种社会动力学的理论，互动仪式的分析起点应该是处于实在状态的情境，从情境对于个体的塑造中来对情境在不断变化中对个体所赋予的情感和意义符号进行研究，互动仪式、共同关注和情感能量是该理论的三个基本要素。各种具有连续状态的微观情境在时空间中相互依存不断展开，形成具有宏观状态的情境体现，这是各种情境相互联系的方式也即动力因。

柯林斯将局部相关联的微观情境及其相互连接的动力机制称之为互动仪式链，其中起到重要中介和能量作用的是群体成员间的共享符号、身份认同、情感能量。柯林斯认为这些是使仪式结构在链条上可以持续发展的资本。教学互动师生关系是一种动态的相互作用关系，外语教师与学生在对共同的学习活动所进行的资本，共享符号和情感能量的投入，有助于在师生交往互动中形成良好的关系，促进共同关注焦点的形成和情感能量的积累并能保证教学目标的有效完成、实现共同发展。

教学活动中，外语教师和学生天然处于不同的角色地位，这是由于外语教师自身所具有的专业资本和生活经验所致。由于师生互动属于异质性互动过程，因此作为教学互动成员的外语教师所秉承的教育教学理念对其教学行动有一定的影响。一个秉承学习型理念的外语教师势必在教学活动中对于师生间的角色关系建构、共同关注内容和情感积累的塑造上采取行动。外语教师也会在教学情境的不断变化发展中调整其行动方式，形成教学中的仪式链。

互动仪式链理论强调微观互动情境在社会学研究中的基础性作用，并提示我们要在一个连续的时空间中对于互动仪式中的相关影响因素进行关注。教学行动作为连续教学情境中的社会行动是非常适合使用互动仪式链的理论来对教学中外语教师的教学行动方式进行研究，并能够解释理解外语教师在教学互动中对于共同情感积累、共同学习关注等方面的行动。外语教师在教学活动中依据其专业资本和生活经验都处于主导地位。外语教师在教学中的社会行动有助于引导学生关注学习互动，形成良好的学习身份认同以及情感积累，这是教学活动顺利进行的重要保障。因此互动仪式链理论可以为研究外语教师的教学行动提供一个动态的理解框架，有助于教学行动进行较为全面的认知。

（三）教学反思能力

正如阿尔弗雷德·许茨（Alfred Schutz）在《社会世界的意义建构》中认为，如果行动只是朝向行动对象，这是没有意义的行动。只有在反思中将行动所获得的知识转变为经验，行动才会变得有意义。反思性不仅仅是一种属性，而且还是行动的内容。反思不论是个人层面还是行动的模式化层面，都是对已经发生的事件进行检视的过程和结果。对于外语教师的专业能力，一般有两种认知倾向和争论。到底外语教师是作为技术熟练者还是反思性实践者的身份存在于教学专业活动中。对外语教师专业属性的明确定义以及相对应的专业角色的定位，对外语教师专业发展有重要意义。

外语教师专业发展一直是教学研究中的关注点，但是从相关的研究具体内容来看，研究的侧重点基本上都在探讨外语教师某种教学素养和能力的养成。外语教师的自我反思是外语教师作为专业教学人员所应该具备的一项重要能力。外语教师通过对从不同教学情境中所获得的经验进行反思，可以有效地促进外语教师的自我发展。有效的专业反思需要外语教师深入理解反思性教学的实际内涵，对于外语教师来说，反思应该是由一系列的批判性思维活动所构成的循环，并不断地通过反思来指导教学实践，这样有助于外语教师成为自身教学活动的评估者。与外语教师的反思性教学能力发展息息相关的，就涉及外语教师对于教学现场的实践经验的学习以及对各种资源的利用能力发展。行动学习是指外语教师在教学行动中通过对教学现场的理解并结合自身经验而进行决策的能力，与外语教师专业能力发展息息相关。行动学习作为外语教师现场式学习的一种有效途径，可以有效促进外语教师的多维专业能力发展，提高外语教师的批判性教学反思能力。

外语教师的教学事件无论是其实际的教学决策还是反思能力，都与外语教师对于与教学相关的资源进行利用有关。外语教师与各种教学相关资源之间的联系，被很多研究者认为是一种互动式的关系方式，外语教师既利用已有资源进行教学，同时也是教学资源的创造者。这种互动式的外语教师与资源之间的关系方式对外语教师在教学实践中的能力发展，特别是教学设计能力有重要的影响。从概念表面上看，这种理念与吉登斯的结构化理论有了呼应，但似乎还是有将资源作为独立于外语教师之外的某种客观性的存在，并特别关注外语教师与这种客观资源之间的互动关系模式。也有研究者将外语教师自身作为资源来对外语教师与教学资源之间的关系进行深入理解，并在更加注重外语教师教学能动性的角度来对外语教师专业发展进行研究。随着外语作为重要的国际信息载体，已成为各个外语为非母语国家的教育战略重点。

以自身为资源体现了外语教师注重自主专业意识、教学、科研、实践等方面的自主反思、自我规划、自我评估的专业发展模式。

对于沟通行动在教学活动中的作用，有学者认为交往行动有助于多元共生教学思维模式的形成，并促进新型外语教学方式。也有研究者认为权力的赋予有助于加强对外语教师个体层面的关注，有助于外语教师在教学行动中生成专业认同，形成专业共同体，促进教学行动和外语教师专业发展。

在教学活动中，行动者并非只有外语教师，但是教学活动中外语教师的主导作用及其教学权力决定了外语教师是教学行动中的行动者。以外语教师作为出发点来对教学行动及其相关要素之间的关系进行实证研究，并尝试理解外语教师的教学行动，对于教学研究有重要的实践意义。

王乐（2002）通过课堂观察和课后采访的方式对3位外语教师的课后反思情况进行了调查。结果显示，目前外语教师的教育理论与行动理论之间还存在较大脱节，教育理论的掌握如果没有行动理论的支撑，则会大大影响教学效果。当然，该研究并不是一个规范的质性研究，其研究结果的有效性值得商榷，但是该研究为我们提供了一个从行动来对教学进行研究的视角。外语教师的教学行动引导学生的学习行动，进而形成互动。外语教师作为行动主体所拥有的符号资源，以及作为行动者的利益偏向，目的理性行动都是外语教师教学权力的来源以及教学行动可利用的资源。

从社会属性来看，课堂教学中的社会行为可分为控制与服从、对抗与磋商、竞争与合作三个大类。有效的教学行动策略对于教学活动的有效性起到了重要的作用，虽然我国外语课程改革在教学上已经取得了一定的成就，但是外语教师的教学习性对于教学行动策略有着重要的影响，教学习性是外语教师在理解课改，并生成教学时间行动的内在依据。在我国外语教学改革的不断推进过程中，仅仅注重形式上的教学行动改革是远远不够的，要改变外语教师的已有教学习性，并使外语教师的教学主体自觉性不断发展，需要我们对外语教师的教学观念和价值观进行深入的研究和探索。

教育教学改革的成败关键在于外语教师的教育教学理念，因此外语教师的专业发展应该注重从教育教学理念的形成和发展的角度进行探讨。外语教师教学理念的形成，在很多研究者看来与其知识有一定关系，但是和工作中的同事、同伴的影响关系更加密切。因此有研究者认为除了注重对外语教师自身的反思性教学能力以外，从外语教师团体的角度来对外语教师在与同事协作过程中的专业发展进行研究也具有一定的实践意义。作为高校外语教师队伍中特点鲜明、规模庞大的群体，同伴互助更有利于外语教师群体间的协作与反思。由于多方面的原因，外语教师中女性外语教师的数量比例一直较高。女性外语教师数量较多在教学工作中是一个较为普遍的现象。这个现象的形成原因较为复杂，因此我们更应该将研究关注点投入到对这一特殊群体在现实情境中的专业发展上，而不是仅仅去讨论其形成原因。女外语教师的多重社会角色需要我们对其职业生涯发展的影响因素进行进一步的人类学、社会心理学方面的探讨，有助于我们深入了解女外语教师群体的专业发展和职业规划特点，并对其职业处境投入人文关怀。女外语教师的多重社会角色决定其职业规划和个人应对在其专业发展中所产生的重要影响，客观公正的外语教师专业发展管理和政策制定有赖于对这部分群体的深入研究。

除了外语教师群体中的性别因素外，外语教师专业发展方面的研究也对新手外语教师这一群体的研究投入了较多的关注。新手外语教师作为教学一线的新生力量，带着新时代的教学观、教学价值观等新观念进入到外语教师群体中，在很大程度上对大学外语教师的专业发展、提高教学质量、推进教学改革起着相对重要的影响。

（四）政策研究能力

将政策列入外语教师专业发展的基本范畴，在外语教师专业发展的研究中很少见。但是在我们的研究中发现，外语教师又将教育政策的相关内容作为自己专业性活动的依据。这是外语教师这类专业人士的教育教学工作中是应该重视的一个方面。根据伊斯顿（Easton，1957）的观点，政策是指研究一群人作出权威的决定，然后再付诸实施。政策包括政府制定并采取的一系列旨在解决问题或实现具体目标的规则和法律。

通过从业人员和政府之间在政策层面的对话，以找到最好的教育问题解决办法，这应该是一个细致而周到的过程。决策过程将会遵循一系列合乎逻辑的事件，以确保所作的决策是根据所处情况和环境能作出的最佳决策。依据教育政策文件进行教育教学决策，本身应该是教育工作者专业性的一个重要表现。依据政策进行决策的过程是一个自我反思，以及符合一个社会绝大多数成员教育期望的行为。通常我们把由教育工作者与政策相关的活动分为参与教育政策制定、执行和修订。在这里我们所指的教育政策，包括国家、地方政府、学校，甚至教研组等各个层面所能达成一致的规范性、指导性文件。

1.政策性文本的决策过程

决策过程是人类固有的。正如杜威（Dewey，1910）所提到的，我们的思维是一种反思性的操作，在这种操作中，我们从一种怀疑的状态中寻找事实，以阐明不确定性，并确定我们的信念是对还是错。在教育领域，就像在日常生活中一样，问题不断出现，政府正是通过政策来解决这些问题。政策是官方的意图、法律、规范、法令和条例；换句话说，就是对问题的响应。政策是在这样一种背景下制定的，这种背景虽然不能决定它们，但能影响它们，使它们变得非常复杂，因为它们需要考虑大量的正式和非正式因素，包括价值观。政策产生于一个决策的过程，始于识别问题，然后编译相关信息，以及通过与不同专家和社会的对话分析所有可能的后果，最后形成决策以及后面的实施。

杜威（1916）更好地解释了决策过程。

困惑和疑虑：某样东西还没有被清楚地识别出来。

初步解释：识别并阐明问题，明确事实和趋势。

分析问题：对有关问题的信息进行研究和观察，以便清楚地了解问题。

可能的解决方案：提出初步的解决办法，以深入详细说明事实和结果。对未来的结果进行推论或产生想法，以考虑其影响，并评估行动的可能选项是否可行或不合逻辑。

决策：从可能的解决方案中挑选出经过考虑的最佳方案。

实施解决方案：已决定的解决方案被付诸行动。

结论：对执行决策的结果进行判断。

决策过程会受到自我意识、尴尬和约束的影响。这意味着，当一个人的想法和问题优先于他人的问题，同时重视他人对自己表现的看法，而不是真正解决问题，并且对问题没有清晰的认识都会影响他作出正确的决定。此外，决定会受到一个人的生活、职业和之前成功或失败的经历的影响。实际上，正如杜威（1910）所指出的，可能的解决方案大多都来自先验知识和过去的生活经验，这就在很多情况下导致忽略了对问题本身的思考。通过以前的经验和知识得出假设，而不是分析问题和寻找可能的解决方案，所以解决方案是草率的。同时，杜威认为这些假设中有许多甚至基于之前没有人测试过的证据。

在决策的时候，专业人士们倾向于对人类的行为，以及影响人类行为所需的资源和行动作出假设。根据施耐德（Schneider）和英格拉姆（Ingram，1997）的定义，假设是连接各个要素的或明或暗的根本前提，它包括人们产生假设的价值观、思想、象征意义、目标和利益，以及他们对人口和权力关系的看法。他们通常不在政策中阐明，但在连接所有元素时起着基本的作用。

在一个特定的领域内，政策受到其内部发生的不同参与者、目标、网络和问题的影响，同样也受到已经建立的政治制度的影响。它们因"场"而异，随"时"而变（Howlett，2009），其中涉及不同的方面。

根据博布罗（Bobrow）和戴泽克（Dryzek，1987）的研究，对政策人们往往集中在制定政策的过程中，而忽略了作出特定选择的原因。因此，我们有必要对推动特定政策的假设进行思考。假设不仅对政策选择有影响，但更重要的是对发展特定的行为有影响。因为它重要的是"有自我意识，并且要考虑自己的范例、假设、隐性理论、基础设施和作为明确的学科研究和有意识地塑造的应用程序"。

2.政策和法规

豪利特（Howlett，2009）将法规描述为用法定权威来确保大众服从。在许多情况下，它们往往规定了义务，以及违反这些义务后应受到的制裁。因此，对于政策来说，目标是控制目标人群的行为，限制他们的自由，所以它是具有指导性和凝聚力的机制。

法规假设：人们遵守法规而不需要积极地强化，因为人们有一个公认的信念就是人类倾向于采取行动来避免制裁。然而，对于教育而言，规定不仅是关于服从或执行的行为，而且是关于鼓励改进和作出最佳方法。

埃尔莫尔（Elmore，1987）认为，当决定法规时会有许多的假设。第一，人们认为没有规则约束的行为将与人们所期望的行为相反。因此，人们需要建立一个规范行为的框架。从这个意义上说，其他更有说服力的政策工具被丢弃，因为它们被认为不足以规范人们的行为。第二，人们认为法规为谁制定，谁就应该遵守政策工具。第三，人们认为目标人群拥有采取相应行动所需的所有信息。第四，制裁的存在确保了人们遵守法规。

3.教育政策的效用

教育的监管工具非常多样，且手段各不相同。政策法规的目的是确保教育教学的效率和质量，而太松懈或太严格都有可能导致低质量的劳动力供应和文凭工厂。反之，适当的监管可以保证质量，确保财政的承受能力，并向受教育者提供信息。法规可以从一个校园中开始，然后循序渐进地运作。所有这些都是为了避免不正当的教育行为，保护受教育者避免质量的损害。各级教育委员会的规定是被用来确保系统的可持续性和质量、学生的体验以及未来发展。随着国家角色由教育提供者向监管者的转变，教育政策规定的监管框架尽管包含不同元素，但也表现出一定的共识。

立法：包含对教育者的义务、权利和要求的规范和规则。

院校设立的程序：认定、注册、信誉。

教育质量保证过程。

教育辅助和激励政策：助学金和助学贷款计划。

报告和评价表现的程序。

需要指出的是，这里要知道教育系统可以被多个社会或者行政系统约束。这里只关注政策法规方面（图2-1）。

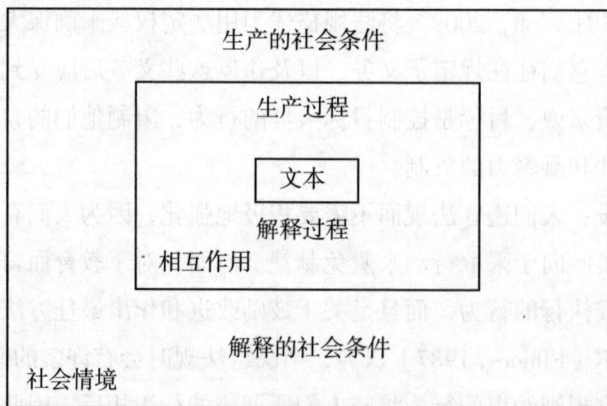

图2-1　教育政策规定的监管框架

2020年是《国家中长期教育改革和发展规划纲要（2010—2020年）》（以下简称《纲要》）的收官之年，既是对我国10年来教育改革发展进行总结的一年，也是再次深入继续发展的开端年。同时外语基础教育课程标准的改革和制定历程也走过了将近20年的历程。回顾《纲要》中第二部分发展任务中第四章对于义务教育发展改革的表述，"提升教育质量""严格执行义务教育国家课程标准""均衡发展""缩小城乡差距""减轻课业负担""家校合作"等话语依然是中国知网中的基础教育研究的热点话题。这些研究热点及高居不下的年学术发文量似乎向我们在传达一个信息：基础教育改革发展依然"任"重"道"远。到底"任"重在哪里？"道"远向何处？通过文献检索发现，目前省内外对同类研究话题集中于政策文本的话语分析。

夏贵敏（2019）对政府工作报告中教育政策部分进行了话语分析，这样的话语分析基本上是对政策文本的解读，而这种解读到底是被一线外语教师如何理解的？或者一线外语教师理解了吗？却并没有涉及。

彭彩霞（2016）基于国际语境视角对我国改革开放以来基础教育课程政策话语的发展变化进行了解读。这样的解读有助于我们从国际的视角来对我国全面发展的教育政策话语进行解读，但是这样的解读对于我国各地区解决实际问题没有任何的实际意义。

邓家英（2015）对重庆市学前教育政策文本作了话语分析，但基本上和前两个研究一样，只是对重庆市教育政策文本的发展阶段作了一个历史分析，从其结论看，重庆市学前教育政策基本上和我国的教育发展政策各阶段相一致。

上述几例省外研究，都意识到政策文本话语的重要影响力和作用，但是在这些分析中都没有一线外语教师的身影，也就是都没有关注到教育政策文本的具体执行阶段，特别是基础教育一线外语教师是如何理解政策话语，如何在教学实践中表达其理解的相关研究几乎没有。

外语教师作为整个教育政策话语表达的最后一环，其如何理解并通过教学的手段将政策话语向受教育群体表达出来是决定教育政策执行效果的最关键阶段。如果我们的研究只是停留在对政策话语的表述特点进行分析，实际上是忽视了政策执行的最关键阶段，容易形成政策话语的"自说自话"。通过文献阅读，本研究认为基础教育改革"任"重在外语教师对政策话语理解，"道"远在政策话语的教学表达。

第三节　外语教师职业能力发展的现状

一、培养目标不明晰

社会对外语教师职业的需求是随着时代的发展而不断变化的，外语教师的培养目标和模式应该随着社会不断变化的需求而有所调整，因为原有的培养目标和方式无法满足现实的需要。目前来看，我国开设教育专业的高等院校在外语教师培养方面存在培养目标模糊、培养方案落后的现状，人才培养的理论与实践体系之间缺乏密切的联系。高校缺乏根据时代需要和社会需求来完善外语教师人才培养方案的意识与行动，导致人才培养目标与现实需要不符，缺乏时代性。

二、课程设置不合理

高校教育专业的课程设置及专业教学质量直接决定着对外语教师人才的培养质量。现阶段，部分高校的教育专业在课程设置上存在以下两个方面的问题。

第一，必修课程与专业课程的课时分配不够协调，各自所占的比例不合理。主要问题是课程的课时占了一定的比例，导致专业课程的课时不足，难以完成专业教学任务。一些学校为了完成预期的人才培养方案，对专业课程进行删减，从而对人才培养质量造成了影响，导致培养出来的外语教师缺乏良好的专业素养。

第二，高校教育专业的课程主要有学校学、课程与教学论、中小学与健康教学、教学技能实践等。课程看似丰富、全面，但细分发现这些课程中有些内容是重复的，这势必会影响人才培养的效率和最终的质量。

三、培养模式及观念落后

当今社会需要的是个性化人才、全面型人才、多元化人才，这是高校在师资培养中制订培养方案以及不断完善培养方案的重要依据。这要求高校不断更新人才培养观念，根据现实需要而对培养方案进行调整，构建新的人才培养模式，从而培养出能够在教学中真正发挥作用和做出成绩的优秀师资人才。

目前来看，一些高校在培养师资人才方面缺乏先进的理念，如在课程设置中以专业理论课程为主，忽视了岗位实践的重要性。此外，人才培养模式也较为落后，如培养方式单一，培养内容片面，忽视了对实践能力以及创新能力的培养等。

四、脱离社会发展需求

高校教育专业学生毕业后能否顺利就业，成功进入学校成为合格的外语教师，关键要看其是否满足社会对外语教师这一岗位提出的专业要求，也就是这些毕业生的实际能力和现实需要之间的契合度是否足够高。满足社会岗位需求的毕业生容易在竞争激烈的就业市场中脱颖而出。所以说，高校要培养满足外语教师岗位专门需求且综合素质较高的人才，促进毕业生与工作岗位完美对接。

有关学者在调查中了解到，外语教师在上岗前不了解或不太了解岗位需求的情况很常见，而且部分外语教师上岗前不了解教育的改革情况。还有一部分外语教师认为自己在高校学习的专业知识在教学实践中利用率不高，而因为在高校期间实习机会少，所以进入岗位后不能很快适应教学工作。由此可见，高校教育专业关于外语教师人才的培养与社会岗位缺乏有机融合，尚未充分了解新时代外语教师的岗位特征和发展趋势，导致教育专业的学生毕业后就业难以及入职后适应慢，难以快速胜任本职工作。

五、职业培训不乐观

外语教师的职后培训与职前培养同样重要。很多外语教师对专业培训的需求比较强烈，也有参加继续教育的意识和打算，并深刻认识到专业培训、继续教育对自身长远发展以及对学校发展的重要性。但现实中他们的需求并未得到充分的满足，因为学校不重视在职外语教师的培训与继续教育，没有提供足够的机会，也没有从政策、资金等方面提供支持。社会上的培训机构资质良莠不齐，培训内容落后，培养方法单一，培训者专业素养差，培养质量得不到保证。此外，外语教师往往要负责几个班级的课，而且还要完成运动训练、社会等相关工作，工作量大，任务繁重，余暇时间不多，所以没有足够的时间去充实与完善自我。

六、科研能力局限

高校外语教师目前主要承担学校中外语课的教学任务，授课面对学生人数多，课时量饱和，教学压力大，平均每个外语教师每周承担课时为16~24节。教师每天的首要任务就是完成规定的课时任务，且因授课任务繁重，教师课后往往很疲惫，很难再去进行教学研究，更不要说花时间和精力进行科研或研究某方面专业，因此教师科研水平提高慢，学习新东西效率低，个人的职业化发展推进也仅仅停留在会议或理论阶段，难以落到实处。

七、教学思路单一

语言的习得需要通过三个阶段：输入、吸收和输出。教师在教学过程中主要采取情景化教学的方式，通过设置一定语境，让学生在获取语言信息的同时感受语言环境，理解语言知识点后能简单演绎对话，从而实现语言习得。这是外语或其任何语种最常见的教学方式之一，即便现今有各类信息化手段的加入，但教学方式的本质变化不大。常规情景化教学所设置的语境存在两个问题：

一是教材中的语境或教师根据教材改编出的内容（可能是具体词汇，也可能是对话类型）较为简单、过时，缺少生活中的常见表达词汇，更不用说俚语了，导致所设置的情景与实际生活中出现的对话差距较远。

二是语境大多偏重于生活层面，比如学习、购物、旅游等，与学生的具体专业关系不大，引起的共鸣程度不是很高。

三是就接收信息和语言习得的层面来看，高校院校学生接触到的语境知识虽然高于自身的知识体系，但或因其没有能够同化新知识的适当认知结构或是主观上没有将新知识与自身知识体系相联系的倾向，导致语言输入过程并不顺利，学生的吸收效果不佳。

八、知识结构单一

大部分高校外语教师的专业都偏向语言类，因此教师的知识结构以语言学、翻译或相关知识为主，教学过程自然讲授的是语言的知识体系，偏重于语法或语音、词汇等内容，而学生的具体专业与外语是几乎没有交集的知识体系，很少有教师能既懂语言又懂专业。此外，大部分高校外语教师没有参与过企业工作，涉及具体专业最多只能停留在理论层面，对于专业涉及的基本概念了解甚少，所以教学内容就限定在固有的知识框架中。

九、教师规划不足

目前，大部分高校外语教师对于当下教育发展速度与社会发展速度了解不深刻，依然持有"教外语靠纯语言教学就够"的观点。这种现象反映出高校外语教师对未来发展没有规划意识，对因自身语言专业知识结构单一，存在被替代可能性也缺乏相应的危机意识。当下，社会对人才的要求已不同以往，学校对人才的培养目标也会改变，专业外语的教学终有一天会提上日程，单一的语言教学显然不能满足培养要求，如果外语教师依然执着于传统思维和规划，在未来的竞争中将丧失以往的岗位优势。

根据统计调查可知，目前高校外语教师的职业发展存在很多问题，导致高校无法精准地为教师作好职业生涯规划，从而出现了一系列负面反应。比如，教师主动辞职，选择更有发展前途的行业，或者跳槽到更有发展空间的高校。以下就高校外语教师的职业发展现状进行分析。

（一）部分教师只有短期目标而无长期愿景

随着时代的发展，教师面临的选择越来越多，出现了很多新型教育形式，这为教师提供了更多的机会。人的本性是趋利避害的，面对如此多的诱惑，教师可能会根据某一时间段的综合情况来选择，导致部分教师只会给自己定一个短期目标。这个目标大多是为自身增加更多的附加值，从而让自己更具竞争优势。很少有教师能明确对自身的职业生涯作出规划，未来的变数是教师不愿作长期规划的重要因素。这其实存在严重的弊端，部分教师并没有认识到自身发展的重要性，在利益的驱使下，会关注目前教育所重视的和需求，从而忽略很多真正的教学研究内容。

（二）部分高校缺乏教师职业培养体系

高校专业众多，从这一层面上进行教师队伍建设，相对笼统，而且只能在某一范围进行，这对外语教师来说，并不能提供有利的条件。

首先，外语教师在教学方面需要进行大量的交流研究才能为学生提供更加完善的教育。

其次，外语并不是本国语言，所以更多地会联系到国际形势和国家发展趋势，这些内容都需要从高校层面为教师提供帮助。

另外，教师需要不断提升自身的专业素养和职业水平，这种高含金量的能力提升，只有在高校认证后才有效，而这种机会对普通的外语教师来说太少，根本无法满足教师自身的发展需求。

最后，外语专业涉及范围广，但部分高校并没有为教师提供多元化的发展渠道，教师职业生涯的规划路径相对单一。

（三）外语教师队伍结构存在缺陷

据统计，目前高校的一线外语教师从平均年龄上看相对比较年轻，受年龄的限制，诸多外语教师处在入门级，缺乏对教育职称的评定。这种外语教师队伍存在严重的结构性问题。教师队伍的发展建设直接关系到高校的教学质量，年轻教师的教学经验有限，在面对一些教学难点时，很难找到攻克问题的有效方法，即使想总结分析问题，也可能因为没有头绪或找不到方向而放弃，这是因为没有教学经验予以指导，很难把教学思想变为教学实践。高校应针对这一问题积极作出调整和改变。

第四节　影响外语教师职业能力发展的因素

一、教师的反思精神与能力

教师的反思精神与能力是其专业发展和自我成长的核心因素，被广泛地看作教师职业发展的决定性因素。美国心理学家波斯纳就提出过教师成长的公式：成长=经验+反思，他认为没有反思的经验是狭隘的经验，一个教师仅仅满足于获得经验而不对经验进行深入的思考，也不可能有什么改进，这是有一定道理的。[①]教师的反思是指教师在教育教学中，批判地思考自我的主体行为表现及其行为依据，通过回顾、诊断、自我监控等方式，或给予肯定支持与强化，或给予否定、思索与修正，从而不断提高其教学效能的过程。[②]

二、影响教师的其他因素

（一）学校管理

为实现学校培养人才这一教育目的，根据教育政策和教育规律，对影响学校绩效的各种可资利用的校内外资源所进行的计划、组织、指挥和牵制活动就是学校管理。学校管理的方式可以分为专制管理和民主管理两种。[③]

（二）社会角色期望

社会对任何一种社会职业都赋予了社会期望，教师这个职业也不例外。教师这一职业具有复杂性，社会给予的期望也是多样性的。一般来说，教师在学校教育中充当以下角色。

第一，教书育人的角色。

第二，行政管理的角色。

第三，心理辅导的角色。

第四，学者与学习者的角色。

第五，学生家长的代理者角色。

---

① 江全.教师专业发展的内在动力探讨[J].大庆师范学院学报，2010，30（1）：156-158.

② 陈时见.课程与教师发展多元文化的检视[M].北京：学苑出版社，2003.

③ 江全.力求卓越[M].太原：山西经济出版社，2020.

第六，模范公民角色。

社会赋予教师这些社会角色期望，一方面引导了教师的发展，另一方面也给教师一种社会压力，迫使教师通过自身的发展来满足社会群众的期望。社会角色期望给教师专业发展指明方向，也给教师专业发展带来压力，极大地影响教师的专业发展。①

---

① 江全.力求卓越[M].太原：山西经济出版社，2020.

第三章 外语教师职业能力发展的理念与取向

　　高校外语教师在专业能力提升过程中，需要遵循一定的理念与取向，只有方向正确，走的道路才会正确，对自己能力的提升也才能有所助益。本章主要研究外语教师职业能力发展的理念与取向。

第一节　外语教师职业能力发展的理论依据

一、社会建构主义理论

维果茨基（Vygotsky）的社会建构主义理论（social constructivism），又称社会文化理论，是大多数教师教育研究的理论基础。

在社会建构主义理论的丰富内容中，联合活动（joint activity）和最近发展区（zone of proximal development，ZPD）两大概念可作为教师教育的理论基础。维果茨基认为，大多数学习活动不是孤立获得的，而是在社会情境下通过与他人互动获得的。然而，这种互动需要发生在最近发展区才行。最近发展区被定义为"个体目前的日常行为与可集体生成的社会活动新形式之间的距离"。最近发展区有三个方面的含义。

第一，学习涉及多个人，不仅仅涉及一个人尝试单独构建学习，这突出了互动的对话本质，可以为师范生提供一个与其他能力较强的导师或同伴一起工作的机会，是非常有价值的。

第二，个人在分享和构建知识方面具有主动作用。

第三，学习参与者之间的互动，被认为是动态的和辩证的。

最近发展区的概念说明在社会互动和交往情境下，导师可以为师范生个人学习作出贡献。这种合作学习，在教师教育的指导行为中比比皆是。很多教师教育研究都发现长辈导师和同辈导师提供的支持都能促进师范生的认知发展，师范生通过社会互动和对话，有机会与长辈导师或同辈导师共同构建知识。从社会建构主义理论来看，知识必须通过师范生主动参与社会互动才能构建出来。

总之，教师教育中的社会建构主义理论强调了职前教师与其合作教师（导师）之间的社会互动对于有效指导的重要性。

二、社会学习理论

在社会建构主义理论的基础上，温格（Wenger）又进一步提出了社会学习理论（social learning），他认为学习是一种社会现象，通过社会互动来分享激情、分享知识、分享特长。作为社会动物，人类自己才是学习的中心，学习这种实践活动必然导致人与人之间相互参与。因此，他的理论引入了三个重要概念：相互参与（mutual engagement）、共同事业（joint enterprise）、共享资源（shared repertoire）。这三个核心概念对社会学习理论至关重要。

具体到教师教育领域，首先，相互参与是导师与学生指导关系，甚至是整个导师制的基础。导师与学生双方积极对话才能相互参与，相互参与会涉及亲密关系，也会涉及权利和控制。这依赖于导师和师范生的性格、指导风格以及二者角色之间的平衡。有些师范生会将自己在实习期间遇到的挑战和困难视为消极的东西。师范生对自己没有清晰的自我认识，会导致专业知识的学习比较肤浅，此时师范生与导师的友好沟通和对话参与对于克服这些挑战和困难就显得至关重要。

其次，共同事业指的是导生双方有共同的专业发展目标，即顺利完成教育实习工作。导生沟通是导师制完成共同目标的重要一步行动。导生的良好沟通能让师范生融入学校，自由选择课堂教学技能，能帮助师范生建立专业自信，拥有主观幸福感，推动持续不断的合作。

最后，共享资源指的是导师制和导师指导行为涉及一些坦率的、开诚布公的、共享的交流和对话，比如关于教学、测评等话题。有研究者认为，对师范生而言，真正有效的导师指导不仅仅是一些简短的教学技术上的建议和情感支持，更是导师和师范生共享一些做法，共同行动。

三、定位理论

定位（positioning）作为一个概念，与一个人在社会关系系统中所处的地位有关。通过这些关系，个人能够在不同的互动过程中定位自己。定位理论描述了中小学导师、大学导师和实习师范生在彼此三方关系中的权力和地位的妥协和调整。这种定位深刻塑造了每个参与者的角色体验。换言之，定位理论提供了一种分析框架，使研究者能深入理解教师教育中的双导师和师范生三方如何理解他们各自的角色和责任，也能深入考察他们对"好教师"的理解。

何为"定位"？定位是这样一种行为，即在个人故事的话语建构中，将流动的"部分"或"角色"分配给说话者，使一个人的行为作为社会行为变得可以理解，并相对确定。当个体相互作用时，他们共同构建了一个故事情节，其中每个个体都扮演一个角色，他们通过一个对话过程使这些故事情节变得清晰。在故事中，说话者给自己定位，也被别人定位，每一次定位的转变都会带来理解和行动的改变。在故事情节中，演员扮演不同的角色，他们扮演的角色以及他们如何扮演这些角色揭示了事件的意义，并给出了自己和他人的定义。进一步而言，他们开启或关闭成长的机会，并塑造自我表达的方向和形式。

定位发生在特定的意义情境和道德秩序下。人们如何定位他人以及如何被定位，反映了他们对道德秩序的看法以及他们置身于道德秩序之中的地位。因此，发言者（校长、中小学导师、大学导师）给他们的互动带来不同的观点或发言权，他们履行不同的职责，承担不同的责任和义务，这反映了在权力和威信上的分配差异。地位上的改变带给他们与人相处的不同方式，并开启或限制了他们理解人际互动和人际关系的可能范围。

此外，定位可能或有意或无意，或考虑不周或深思熟虑。当有意定位时，或成功或失败，因为对自己的定位总是涉及对他人的定位，而对他人的定位又总是涉及对自己的定位。一个人尝试定位另一个人，结果可能会遇到强力抗拒。例如，一名实习师范生可能会拒绝被定位为依赖他人型或拖后腿型。还有，当一个人强迫另一个人在故事情节中扮演一个原本并不想选的角色时，此时的定位可能是被迫的。比如，一名师范生有时会感到自己在被迫模仿他的实习导师、被迫模仿导师与中小学学生的相处之道。

最后，定位不需要直接在场——大学导师可以给实习师范生定位，尽管大学导师很少去学校实地探访观察实习师范生。事实上，人不在场却为他人定位，这事经常发生。比如有些雄心勃勃的政策制定者公布学校考试成绩，并承诺对成绩下降的学校进行惩罚等。不在场的情况下，八卦和小道消息也是定位他人的工具。比如：一位大学导师告诉一位校长说，一名实习师范生教学能力优秀，培养潜力巨大，结果便给这名实习师范生开启了一个以前并不存在的学习机会——去参加一场重要的教学技能大赛。

四、合作反思理论

反思性实践者（reflective practitioner）这一理论研究传统也为教师教育提供了理论源泉。反思性实践（reflective practice）在教师教育中被认为越来越重要，研究者们一致认为教师通过不断反思自己的教学经验，从经验中学习。师范生在教学实习期间学会教学的各种授课活动，更多的就是通过反复探索、反复尝试、反复训练获得各种教学经验。

杜威（Dewey，1933）是第一个认识到将反思与教师教育联系起来具有重要意义的教育学家。在杜威理论的基础上，舍恩（Schon，1983）提出了"反思性实践"这一术语，并将这一方法应用于教师教育。他认为，有两种反思对塑造教师的思维和实践起重要作用：对行动反思（即事后反思）与在行动中反思（即事中反思）。哈顿和史密斯总结了四种不同形式的反思：技术性反思、描述性反思、对话性反思和批判性反思。

理想情况下，师范生会使用上述一种或多种反思，导师在与师范生的各种互动过程中，也会使用各种指导策略，如对话、观察、讨论、备课或协作工作等来启发师范生反思。可见，在教师教育中，知识构建的一个重要渠道便是导生一起合作，一起反思。与社会建构主义理论一脉相承，这种合作反思理论也是教师教育的一个重要理论基础。

五、榜样学习理论

观察学习在教师教育领域同样重要，是教师教育必不可少的组成部分，是传承教师技能、师德伦理和社会主义核心价值观的重要方法。例如，最美教师、教书育人楷模、师德标兵等各级教师荣誉体系的建立，都是在鼓励职前和职后教师将这些优秀教师视为榜样。

此外，在师范生教育实习环节，或通过对优秀教师现场观课见习，或通过名师微课等多种多样的形式，师范生也在不断观察学习和行为模仿。自己身边优秀的同学都可以成为观察学习对象，这也是同伴导师制的理论基础。

六、五因素指导模型

澳大利亚教师教育研究者彼得·哈德森（Peter Hudson）为了告知导师，尤其是中小学合作导师在教学实习期间所需扮演的角色，以便使导师制更有效、指导目的更明确，于2010年开发了教师教育导师制的一个新模型——五因素指导模型（five factor mentoring model），并在近期逐步完善为指导有效教学项目（mentoring for affective teaching program）。该模型专门针对中小学合作导师而开发，既是师范生教学实习期间导师制的实施实践模型，也是一个理论分析框架。

该理论认为，为对师范生进行有效指导，导师尤其是中小学合作导师需具备和重点关注五大因素：个人属性（personal attribute）、体制要求（system requirements）、教育学知识（pedagogical knowledge）、榜样示范（modeling）以及反馈（feedback）。根据这五大因素，还进一步编制了相关问卷工具，被较多研究广泛用于教师教育导师制的现状调查，方便了解导师制实施现状、导师制存在的问题与不足以及导师指导质量情况，可为教师教育政策制定者提供参考建议，以采取进一步的行动来改善导师指导质量。

个人属性指中小学合作导师应向师范生展示恰当的、适切的人际交往技能；体制要求指中小学合作导师应表现出对国家教育政策、教育体制及教育要求的充分理解；教育学知识指中小学合作导师应从他们的教育学资源库中灵活应用有效知识和策略，帮助师范生授课；榜样示范指中小学合作导师应示范他们的想法和理念，并与师范生讨论共享，给予师范生足够的机会去实践；反馈指的是中小学合作导师进行观课后，应对师范生提供建设性的和积极的评判。

这五大因素对于师范生的教学实习具有重要意义，显著影响实习期间师范生的成长和发展。哈德森认为，若将中小学合作导师的角色细分到相应的五大因素中，便有可能加强导师指导过程，保障教师教育导师制的有效运行。

具体而言，首先，当导师指导涉及个人属性时，中小学合作导师在指导师范生时表现出出色的人际交往技能，如专注、鼓励、热情、负责、支持和自愿，这明显使导生双方关系更融洽，加强导生友好关系，导生都可以舒服地扮演彼此的角色，从而促进导师制指导过程；体制要求有助于师范生更清楚地了解教育体制是如何运作的，当中小学合作导师向师范生告知国家和学校的教育政策和教育体制时，师范生会理解学校如何运作，并能够全程遵守这些政策和制度。

其次，教育学知识使师范生能够有效地授课，随着教育学知识被传授给师范生，便能扩大师范生的教育学知识储备，从而开展有效的课程和教学；除了这些教育学知识之外，榜样示范有助于师范生培养积极和专业的教师态度，导师可以作为榜样和模范来示范良好行为和做法，师范生观察习得这些行为和做法，并将此融入课堂教学。

最后，反馈有助于进一步提高师范生在学校进行教学实习工作的表现，在师范生授课后，中小学合作导师的反馈能使师范生对自己的教学实践更有信心，会更加积极地参与反思性教学，以提高现有教学水平。

七、整合指导理论

有研究者在梳理前人大量实证研究的基础上，总结出了职前教师教育导师制的四种指导取向（表3-1），进而集四种指导取向之长，提出了自己的整合指导理论，该理论模型如图3-1所示。该理论认为教师指导在实践中不能完全局限于其中任何一种。相反，它需要借鉴来自不同方法的指导实践，因此应整合四种指导的优点。

表3-1　职前教师教育导师制的四种指导取向

	个人成长取向	情境学习取向	核心实践取向	批判性变革取向
指导活动的关注点	帮助师范生发现并解决他们的个人问题	导师依靠自己的经验和专长，是师范生融入学校文化和实践中	要求师范生参与观课、模仿和复现核心教学实践	致力于帮助师范生学会不走寻常路来教学
	支持师范生尝试他们的教学理念，而非强加导师自己的教学专长	要求师范生参与观课，并由导师授课后，要求师范生模仿并复现这堂课	支持师范生分解核心教学实践，以了解其每一个组成部分是如何工作的	与师范生共同思考，帮助师范生提出自己与他人在教学上的问题
	与师范生建立联系，并关心他们的个人问题和需求	当导师与师范生互动时，导师指导及评价的关注点聚焦在教学的技术及流程方面	通过聚焦核心教学实践的基本原理，导师与师范生共同教学，支持师范生在不同环境下进行教学实践	让师范生接触不同的教学理念，并支持师范生为了社会工作的目的，来描述、解释和实施这些理念

职前教师教育导师制的四种指导取向分别为个人成长取向、情境学习取向、核心实践取向、批判性变革取向，四种指导取向在指导的假设、关注点、实证证据以及挑战等方面均不相同。

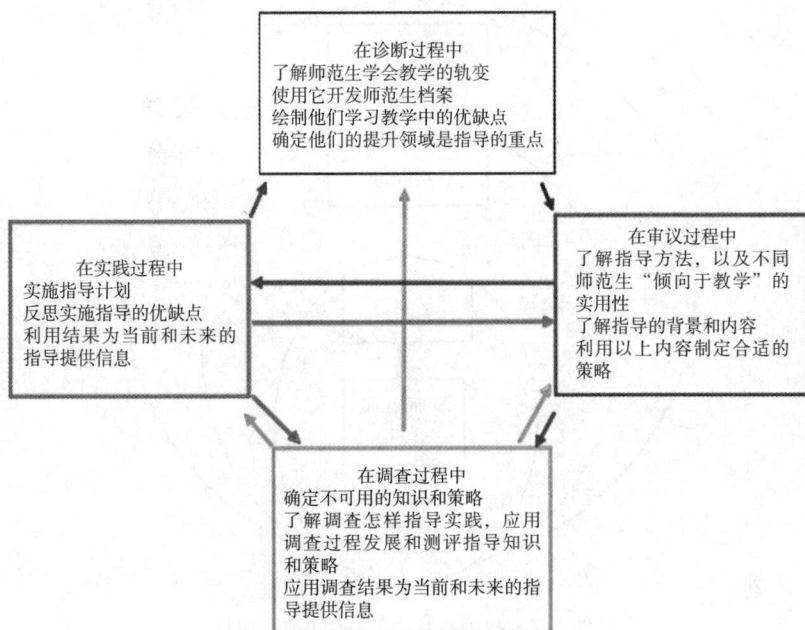

在诊断过程中
了解师范生学会教学的轨变
使用它开发师范生档案
绘制他们学习教学中的优缺点
确定他们的提升领域是指导的重点

在实践过程中
实施指导计划
反思实施指导的优缺点
利用结果为当前和未来的
指导提供信息

在审议过程中
了解指导方法，以及不同
师范生"倾向于教学"的
实用性
了解指导的背景和内容
利用以上内容制定合适的
策略

在调查过程中
确定不可用的知识和策略
了解调查怎样指导实践，应用
调查过程发展和测评指导知识
和策略
应用调查结果为当前和未来的指
导提供信息

图3-1　职前教师导师制的整合理论

八、整体指导理论模型

除了传统的一对一导师制这种二元指导模式（dyad-mentoring model），研究者还考察了超越了传统的一对一导师制的其他创新形式的导师制，比如：一名合作导师带两名师范生的一对二导师制这种三元指导模式（triad-mentoring model），包括三个角色的相互作用，即一对一传统导师制+同伴导师制。研究者尝试使用整体指导模型（holistic-mentoring model）来解释这种三元指导模式。

教育情境下的导师指导过程比较复杂，包括三大要素：关系性成分、发展性成分、情境性成分。这三个成分既相互独立，又嵌套在一起，构成一个整体，如图3-2所示。

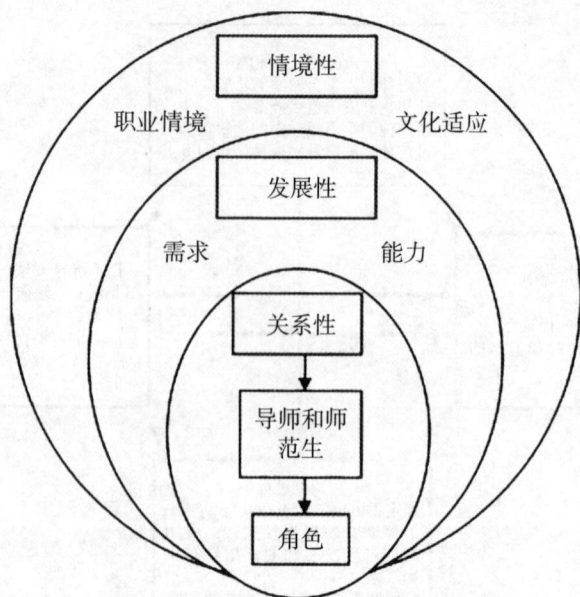

图3-2 教师教育中的整体指导模型

如图3-2所示，关系性成分是导师指导的核心，导师与学生之间建立起来的关系会直接影响导师制指导目标的达成。在职前教师教育中，导生之间建立起关系，这种关系是带有专业发展性质的，且在这之前导生彼此之间从未互动过。而且教师教育中的导生关系还依赖于实习时间和实习要求。

导师与学生关系建立起来是为了专业发展或个人成长的，所以导师指导过程的发展性成分旨在帮助学徒实现他们的发展目标。因此，学徒的能力和需求会塑造师徒关系以及增强师徒互动。职前教师教育非常强调发展性成分，因为在实习期间学会教学是整个实习的核心任务。因此，教师教育导师制中的发展性成分常常关注师范生的需求以及必须完成的任务。

情境性成分将导师指导关系置于专业或职业情境下。在职前教师教育中，学校、课堂及师范生所在年级等情境性因素都会影响导师指导关系。职前教师教育中的情境性因素聚焦在对学校文化环境的适应、对教师工作行为的融入以及在教室内的具体要求。

整体指导模型中的这三大成分是什么关系？如图3-3所示，关系性成分是导师指导过程的核心，关系性成分中的导师与学生角色会影响发展性成分和情境性成分。在职前教师教育中，导师和师范生的角色是为了完成专业实习安置的要求。在这种情况下，导师和师范生的角色都可以预料到。但也要明白，导师和师范生的角色也是多种多样的，这些角色相互联系，但又随着时间、导生互动以及关系本身的变化而变化。

九、职前职后指导连续体理论

本章上述所有理论均为针对职前教师提出的理论框架。但随着职前与职后教师教育一体化趋势越来越明显，导师制的影响应该贯穿从职前到职后更广泛的阶段，师范生应该意识到不只是在职前有导师指导是必要的，从入职培训那一天起，职后有导师指导更是职业发展生涯中的一大幸事。

基于这一理念，伊丽莎白·威尔金斯（Elizabeth A. Wilkins）和珍妮·奥克拉辛斯基（Jeanne E. Okrasinski）围绕从职前准备到在职教学的连续体展开研究，并于2015年提出了职前职后指导连续体理论（induction continuum theory），如图3-3所示。

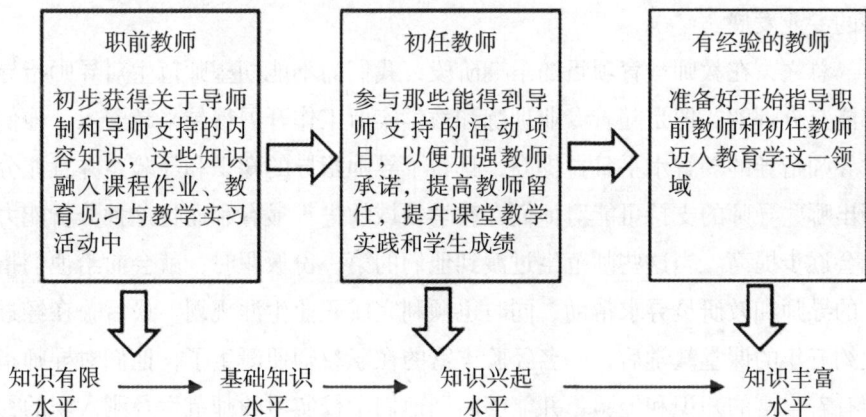

图3-3　职前职后指导连续体理论

该理论根据教师对导师指导和导师制的理解水平、娴熟程度和经验层次，分为四个水平：知识有限水平、基础知识水平、知识兴趣水平、知识丰富水平。这四个水平可以测出教师对导师指导表现出的知识量，因此，可作为教师职业发展不同阶段的标志。

知识有限水平：职前教师对导师指导（induction/mentoring）这一概念缺乏认识，没有相关学术知识或学术语言。职前教师可能知道他们能获得或多或少的支持，但他们不知道这种支持叫"导师指导"。

基础知识水平：职前教师知道导师指导这一概念，并且有了一定的学术知识或学术语言。这些职前教师会寻求关于导师指导的更多信息，特别是他们寻找能获得的不同支持并找到加以利用的方式，从而将其作为他们教师教育项目的一部分。

知识兴趣水平：初任在职教师通过准确使用关于导师指导的相关学术知识或学术语言，来实现他们对概念的理解。这些初任教师重视导师指导和支持，在他们从职前教师过渡到入职阶段时，会利用并反思这些导师指导和支持。这些初任教师会有意识地关注增强教师承诺、提高教师留任率、加强课堂教学实践以及提升学生成绩等情况。

知识丰富水平：有经验的在职教师能够为职前教师和初任教师提供导师指导和支持，因此他们可根据自身已有经验来支持那些刚进入教师行业的新手的专业发展。

总之，在教师教育项目的早期阶段，我们尚不能期望师范生对导师指导都能充分理解，但是随着专业训练和教学实习工作开展得越来越深入，他们对导师指导的理解水平日益提高，具备了导师指导的知识和经验，并且能分析出哪些导师的支持可能对他们在教学领域的进步最有利而且这种分析能力也会逐步提高。当这些师范生过渡到他们的第一份教职时，就会向给他们指定的导师和教研员寻求帮助，同时也顺利完成职业生涯规划。最后，在经过大约五年的课堂教学后，一名经验丰富的在职教师便诞生了，他们对导师指导有着丰富的知识和经验，并能够向到他们学校实习的师范生及刚入职的初任教师提供建议，由此便完成了导师指导的连续体，保障了职前职后教师发展一体化。

第二节　外语教师职业能力发展的基本理念

　　2018年4月13日，教育部印发的《教育信息化2.0行动计划》明确指出要打造智慧学习环境，积极推进智慧教育创新发展行动，引领和推进以智慧性、智能性、融合性、引领性等为特征的教育的现代化发展。[①]该行动计划是顺应智慧教育发展的必然选择，也为教师的专业发展带来了机遇和挑战。

　　随着"互联网＋"与教育的深度融合，教育信息化进入了智慧教育的新阶段。智慧教育是数字教育的更高级阶段，随着创新的科技手段不断融入教育教学和管理中，教学过程也更加智能化。高校是创新与推动智慧教育发展的主力场，智能环境必将影响教育理念和教育生态。就当下高校外语教学而言，慕课、智慧课堂等教学手段改变了外语教学要素和教学环境，打破了固有传统的外语教学系统间的平衡。因此，必须从生态视角重新审视现有的外语教学体系，构建一个开放互动、平衡且可持续发展的外语教学新生态。在此背景下，作为促进教育智慧转型的智力支撑，外语教师的专业发展亦显得尤为迫切，如何利用信息技术带来的各种便利条件，将时代的挑战转化为自身专业发展的动力是我们每一位高校外语教师需要认真思考的问题。

一、教师专业发展和生态系统理论

　　教师专业发展在智慧教育的当下语境已成为备受国内外学者关注的话题。对于教师专业发展的研究经历了从早期的工具性取向，到 20 世纪 80

---

① 冯永刚，陈颖.智慧教育时代教师角色的"变"与"不变"[J].中国电化教育，2021（4）：8-15.

年代后期开始关注教师主体性，再到 21 世纪后受后现代主义的影响，推崇"人境互动"的"生态性"研究取向。教师的专业发展是教师在教学实践中通过不断学习、反思以提升专业素质和完善信念系统的动态过程。由于教师专业发展是一个不断发展、更新和完善的动态过程，所以对教师专业发展的研究不能仅聚焦于教师技能和知识的提升，还应关注教师的情感及其所成长的开放动态的环境间的和谐发展。近年来，伴随各种智能信息技术的应用，高校教育渐已形成了具有智慧特征的新的教育生态。教师专业发展的生态学转向已成为促进教师专业发展的应然选择。

布朗芬·布伦纳的生态系统理论（Ecological Systems Theory），亦简称"布氏理论"是基于英国生态学家坦斯（Tansley）早期提出的生态系统概念发展而来的。生态系统理论认为人的发展是成长中个人与其所在环境长期交流的结果。近年有不少学者从此视角对教师专业发展进行研究，并提出"生态性"的教师专业发展观，又称为"人境互动""内外互动"的教师专业发展观，但笔者发现对外语教师这方面的探讨多停留于外语课堂教学方面，对当下智慧教育环境下教师的专业发展关注不足，值得进一步探究。[①]

二、智慧教育变革下的生态变化

（一）教学生态主体的变化

传统教学的核心要素是教师和学生，不同于传统意义的课堂，在智慧环境下机器已从以往充当教学的辅助角色转为近乎全程陪伴的重要角色，如课前教师用于发送预习材料，课中的签到、提问与互动，课后的作业提交与批改等。智能设备在一定程度上减轻了教师繁重的教学负担，为其能从事更具情感性和创造性的工作创造了条件。有别于传统教学环境，在智慧教学环境

---

① 穆洪华.教师专业发展研究的现状及趋势[J].北京教育学院学报，2016，30（6）：17-24.

下，智慧化教学的主体已转变为基于某一智能教学平台的机器、教师和学生，以人机互动为明显特征，注重"教师—机器—学生"间的多维互动和交流。

（二）教师生态位的变化

作为外语课堂生态优化的关键，外语教师如果对自己的生态位缺乏应有的正确认识，就很容易导致其角色转变的失衡。早期传统教学中教师角色一直被定位为"知识传播者"，而在智慧教育背景下，教师已不再拥有对知识的绝对权威，面对海量的教学资源，学生多元化学习途径，教师要找准自身的生态位，外语教师更多地充当引导者、分享者、探究者、组织者、评价者和文化的传播者。[①]

（三）生态环境的变化

智慧教育环境是智慧教育开展的基础。实现从传统教室向智慧学习环境转型，自然离不开大数据、互联网等现代信息技术手段。教师的自主发展与其所在环境是一个良性的互建过程，外部环境的束缚也会影响教师的发展。智慧教育变革下的教育信息化和智慧化对教师的新要求也必将会引发教师自我发展和认同的冲突。目前高校外语教师在专业发展上尚缺少外部环境的有力支持，长期处于学校发展生态环境的边缘，只有改变这样单一的封闭环境，建立提供教师终身发展的多维环境支持，才能实现教师专业发展可持续的良性生态效应。

---

① 袁渊泉.生态位观照下大学外语教师的角色研究[J].牡丹江教育学院学报，2016（1）：44-45.

三、新时代外语教师智慧发展的生态思考

（一）树立生态教育理念践行立德树人

《人工智能+教育》蓝皮书指出人工智能将会带来教师智力劳动的解放，教师将有更多的时间和精力去关心学生的心灵、精神和幸福。这与注重教育本质的回归，强调以人为本的生态教育发展理念相一致。越是技术进步，越是要关注对人的价值引领。在大数据技术给教学带来了极大便利的智能化背景下，传统的教育理念、教学模式及学习方式，乃至整个教育生态都无疑在发生变化，而先进的机器和技术是无法替代教师对学生精神世界的陶冶和影响的。为此，新时代智慧教育下，要强化技术与新教育理念的深度融合，外语教师要树立以人为本的生态教育理念，充分认识外语课程性质，积极发挥教师的自主性，主动将"家国情怀、文化自信，人格塑造"等育人内容融入语言教学，自觉担当起立德树人，培养担起民族复兴大任的新时代外语人才的使命。

（二）遵循生态整体性建构教师共同体

生态学上，完全孤立的个体自我实现是不存在的。任何机体都不能脱离于生态链之外。促进生态系统的发展需要各生态个体间的相互竞争与协作。教师作为生态发展的主体，又是影响其他个体发展不可忽视的生态因子，教师的专业发展需要注重整体效应。为此有必要构建开放包容和共享交流的学习实践共同体。以外研社发布的"外研社U讲堂社区"为例，这一在线社区是一个多元开放的全国高校外语教师发展的在线共同体，实现了智慧时代高校外语教师跨区域协同互助的整体发展。这个基于教师合作交流的研教融合、协同创新的发展平台的教师共同体，有助于增强教师间的交流协作，拓宽其生态位，协调教师生态主体间的整体联系，为高校外语教师的专业发展带来积极的良性生态效应。

（三）注重生态的可持续性实现教师自主发展

处于智慧教育生态下的高校教师承担着多种社会角色，作为"社会成员的教师""作为学校成员的教师""作为学生社会化承担者的教师""作为自身社会化承受者的教师"。

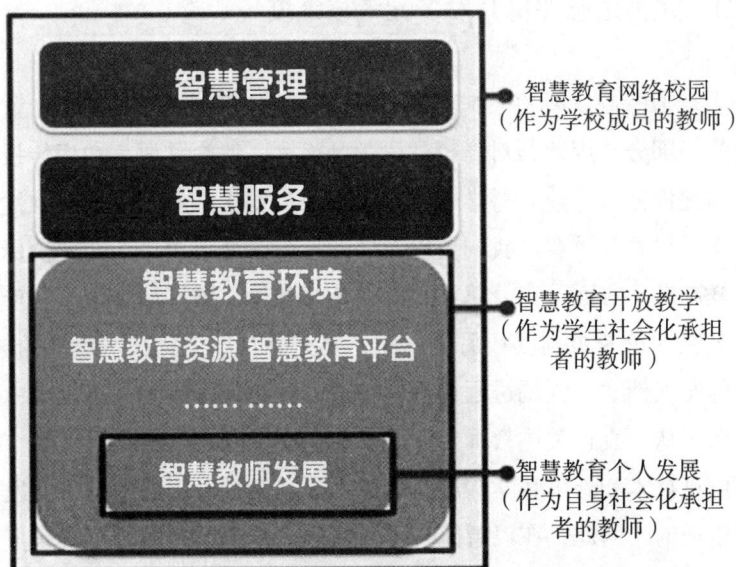

图3-4　智慧教育生态环境的分层

如图3-4所示，教师在智慧生态环境下的不同层面承担着不同角色，面对着不同的挑战。在面向未来的智慧教育环境下，实现生态化的教师专业发展在重新定位角色和发展规划的同时，还应注重有效整合资源，以便更好地实现教师的可持续发展。当下教育信息技术的高速发展，多种网络平台的应用打破了时空的限制，形成了虚拟化的生态环境，为不同环境下的教师互动与交流提供了可能，也在很大程度上满足了教师发展的多样性需求。学校应加强智慧校园建设，提升教师信息化水平，灵活运用新技术、新平台进行有效教学。例如，清华大学与其旗下在线教育品牌"学堂在线"共同研发的雨课堂，在课堂教学和课外学习间搭建了师生之间沟通的桥梁。高校外语教师即可借助此类智能教育平台和智能设备提供的丰富课程资源，根据教学的客观需要，利用精准的数据资源积极开展自主学习与自我反思，主动建构新知，重新进行角色定位和发展规划，积极提升自主学习意识和能力，实现教师的最大化自主发展和可持续发展。

（四）完善生态评价开发多元考核维度

作为教师专业发展的限制因子，评价与考核机制一直是教师专业发展不可分割的一部分。因此，对高校外语教师而言，改变重语言知识传授、轻课程育人的评价方式，建立科学的、符合新时代要求的外语学科多维性评价与考核体系显得尤其重要。我们要以发展的理念改变过去单一的评价标准，优化评价机制。一方面，充分尊重教师的个体差异，做好教师增值评价或建立教师发展性评价考核制度；另一方面，要充分利用信息技术提供的数据库，建立教师发展档案，强调过程评价，营造以评价促发展的生态氛围，激发教师积极性，从而真正关注教师专业成长的生态发展。

在信息技术和外语教学深度融合的今天，高校外语教师的专业发展现状是不容乐观的。因此，在以智能技术赋能教育变革的智慧教育背景下，面对智慧教育革命所带来的一系列新变化，高校教师必须主动适应智慧教育给我们带来的教育教学新要求和新挑战，不断学习新知识，成为智慧空间倡导者和实践者，并努力提升利用智能技术的施教能力，在不断摸索中重新进行角色定位和发展规划，不断创新智能技术与教学融合的方式，以使自己的职业实现可持续发展。

第三节　外语教师职业能力发展的基本取向

一、新文科背景下外语教师专业能力发展

新文科是美国希拉姆学院为了推动传统文科更新升级，以适应全球新科技革命的发展而提出的新理念。我国教育部也适时推出"六卓越一拔尖"计划 2.0 版，全面推进"新工科、新医科、新农科、新文科"等建设。"新文科"是在现有传统文科的基础上进行课程重组，形成文理交叉，实现协同与共享，即把现代信息技术融入哲学、文学、语言等诸如此类的课程中，为学生提供综合性的跨学科学习，达到知识扩展和创新思维的培养。[①]从教学相长的角度出发，为了实现"新文科"的育人目标，当前亟须拓展高校外语教师（下文简称"外语教师"）专业能力的发展路径。在传统视域下，外语教师的专业能力以专业教学能力、科研能力为构成要件，这些构件已难以适应新文科背景下的外语教学之需，这也为拓展外语教师专业能力发展路径提供了问题域。其中，外语教师的信息化技术应用能力、中西方文化比较中的课程思政实践能力、使学生形成理性科学精神的育人能力等，都应成为拓展外语教师专业能力发展的议题。

（一）相关文献述评

目前关于"新文科"的研究范式多样。有学者通过阐述动态系统理论的概念，分析外语教师专业能力发展的特征，以探析动态系统理论下外语教师在专业能力维度、认知心理维度、社会文化维度下的发展路径。有研究指

---

① 白刚，高元衡，张文菊.新文科背景下旅游管理本科实验教学改革研究[J].旅游论坛，2021，14（4）：103-110.

出，随着2035年文化强国远景目标的提出，这为我国高校外语教师提出了新的要求。该研究观点认为，高校外语教师应该从立德树人的能力、外语专业素养、自身专业的科研创新及跨学科的科研创新等方面提升和完善自我。有专家从实证调研入手，以样本区域内地方院校的青年外语教师为研究对象，通过调查问卷的方式探知其教育技术和学术能力的现状以及妨碍因素，并提出了相应的对策。有研究聚焦外语教学中的课程思政实践，提出了"课程思政"的教学理念不仅对课堂教学提出了要求，更要求各高校教师要提升课程思政素质与能力的观点。有研究认为，为了尽快适应转型发展的要求，外语教师应强化思变意识、增强课程开发能力、提高实践教学能力。还有研究提出了"外语+专业"的人才培养模式，该研究以这一模式作为研究背景，探析了高校外语教师能力体系的构建，并提出相关能力培养与提升的方法和途径。

上述研究观点构成了当前学界和业界的主流思想，其中也不乏值得我们借鉴之处。通过梳理这些文献可知，近年来以"新文科"为背景的研究主题较为关注外语教学改革，以及在教学中如何融入课程思政。再者，也有同行单独提出了外语教师信息化能力养成问题。可见，目前主流研究现状仍以"碎片化"为特征。新文科"新"在思想，重在交融。立足于新文科背景，在新文科理念导引下能够将现有研究主题进行整合，另外还能拓宽外语教学的思路和提升外语教学的职能地位。外语教学需形成有效的跨学科趋势，以增强外语教学在育人中的张力。在新文科背景下需加强外语教师"三能力"建设，即外语教师的信息化技术应用能力、中西方文化比较中的课程思政实践能力、使学生形成理性科学精神的育人能力。

（二）新文科背景下对高校外语教师专业能力体系的解构

围绕外语教师的"三能力"建设，以下从三个方面解构其专业能力体系。

1.信息化技术应用的能力

"发展外语教师信息化技术应用能力"这一议题成为当前的研究热点，

该能力主要包括：外语教师的文献资料搜集和再造能力，以及在课程教学中借助多媒体平台对相关信息的展示能力。外语教师之所以需具备上述能力，归因于：

（1）随着信息化时代的来临，外语教师掌握必要的信息化教学技术成为时代要求。

（2）基于外语教学特点，开展信息化教学能具化课程知识，并以生动形象的方式提高学生的学习参与度。

（3）在高校专业群、岗位群建设中，开展外语信息化教学能帮助教师参与到跨专业的教学合作中来。

总之，对标新文科的内涵界定，外语教师掌握信息化技术应用能力成为必然。

2.跨学科课程思政的能力

在新文科背景下发展外语教师的专业能力，还需使其获得跨学科课程思政的能力。其中，"跨学科"与"课程思政"间的关系为，前者为后者提供丰富的教学素材，后者则构成了前者的职能导向。为此，外语教师需为学生提供中西方文化比较的知识，在文化比较中通过课程思政来塑造学生的文化自信和历史自信。不可否认，当前主流研究已经就外语教学中的课程思政实践进行了广泛的探讨，但在探讨中忽略了构建课程思政的问题意识，在新文科背景下将西方文化与中国文化进行比较，以突出中国文化的思想性和历史性，便能以问题意识引起学生的共鸣。

3.塑造学生理性科学精神的能力

似乎自然科学教育才能塑造学生的理性科学精神，实则不然，包括英语课程、法语课程在内的外语教学，都能为塑造学生理性科学精神提供素材。例如，西方科技史、西方哲学等都含有大量的素材可供选择。这就要求外语教师需不断拓宽自身的专业眼界，主要通过建立组织学习系统来不断充实自己的知识储备，使之在跨学科教学中不仅能活跃课堂氛围，也能提升传道授业解惑的高度。

（三）实现高校外语教师专业能力发展所面临的挑战

在实现外语教师"三能力"发展时，还需直面以下三个方面的挑战。

1.对专业能力的构成要件产生认知误区

在与同行的业务交流中可知，他们对"新文科"的内涵并不清楚，这就在一定程度上导致他们对专业能力的构成要件产生了认知误区。该认知误区主要反映为：一旦论及专业能力，诸多外语教师首先提到的便是课堂教学能力，以及由此所延伸出的课堂教学组织管理能力。

可见，以上认知具有显著的狭隘性，这将导致外语教师的专业能力始终在基础层面徘徊，且较易使部分外语教师步入职业疲劳期。他们之所以会产生认知误区，除受到自身思维惯性的影响，也与外语教学的体例化、程式化有关系。由此，若使外语教师专业能力得到发展，首先需纠正他们的认知误区。

2.难以走出习惯意识所构筑的舒适地带

以外语教师的信息化教学能力建设为例，通过调研发现，各高校外语教师的信息化教学能力从整体上处于本校中上水平，这不仅与外语教学需大量依赖多媒体教学平台有关，也与包括"蓝墨云"在内的线上教学平台较为适宜于外语教学有关。然而受习惯意识影响，诸多外语教师更习惯钻研各平台的应用技巧，而较少思考如何借助各平台的功能，对教学体例再造的问题，进而始终未能走出由习惯意识所构筑的舒适地带。在新文科背景下，外语教学需与专业教学形成育人共同体，这就要求外语教师需以跨学科的勇气对标专业人才培养目标，重建外语教学的体例结构。

3.职能壁垒阻碍专业能力实践平台建设

在发展外语教师的专业能力时，仍需沿着"实践—认知—再实践—再认知"的路径展开，以最终使外语教师形成专业能力发展的自觉意识。然而，受制于高校教学部门间的职能壁垒，这就对外语教师专业能力实践平台的建设形成了阻碍。以塑造学生理性科学精神为例，这项育人工作应重点在非自然学科下的大学生群体中展开，但外语教师并未得到专业教学部门的配合，这就使该项育人工作缺少问题域，进而势必将导致外语教师陷入"自说自话"的尴尬境地。

（四）高校外语教师专业能力发展对策

根据以上所述，高校外语教师专业能力发展对策构建如下。

1.纠正认识误区，提高外语教师专业能力发展的意识自觉

实现外语教师专业能力可持续发展态势，首先需纠正他们对"专业能力"的认知误区。为此，需对标新文科要求对师资开展思想动员，具体的对策为：

（1）邀请校内外专家为外语教师开设与新文科背景下专业能力发展有关的讲座，在讲座中需帮助外语教师明确新文科背景下重构专业能力的意义和目的，并联系外语教学为外语师资解构出所应具备的专业能力要件，进而从学理层面纠正外语教师的认知误区。

（2）立足新文科背景，组织外语教师共同研讨专业能力发展议题，在研讨中需聚焦目前外语教师普遍缺失的能力要件，并在补齐短板的思路下探讨专业能力发展路径。

（3）外语教学部门需优化绩效考核体系，将个人专业能力发展成效纳入年度绩效考核中来，以引出外语教师专业能力发展的意识自觉。

2.创新合作方式，提升外语教师信息化应用能力

为了帮助外语教师走出传统意识所构筑的舒适地带，需创新与专业教学部门的合作方式，以发展外语教师的信息化应用能力。具体的对策为：在高校领导层的牵头下，在专业课程改革中形成外语教学部门与专业教学部间的合作新机制，如外语教师加入专业教改团队之中，并根据专业人才培养中的外语综合素质要求，着力思考如何利用信息化技术培育学生的外语综合素质，且需结合专业学生未来的岗位能力要求重构外语教学体例。这样一来，就能使外语教师突破传统，形成以信息化技术应用技巧养成为目的的单一专业能力发展格局，将外语教学体例重构、外语数字化教学模式构建等，融入信息化应用能力的发展中。

3.夯实外语教师文史哲基础，提升课程思政能力

在新文科背景下，需夯实外语教师的文史哲基础，以发展课程思政实践能力。具体的对策为：由于文史哲所涵盖的内容十分广泛，需以课程思政目标作为选择文史哲知识模块的导引。以中西方文化比较的议题为例，其课程思政的目标在于树立学生的文化自信和历史自信。那么在文史哲知识模块选择中，可重点选择中国本土的文史哲素材，特别对那些有助于培养学生诚信意识、集体观、爱国情怀的文史哲素材给予关注，进而在充实外语教师教学内容的同时，丰富学生的专业视野。在知识模块的选择中，应充分借助互联网所提供的信息资源；在知识模块的学习中可组建"外语教师学习群"，以线上信息共享、问题共讨的方式从整体上提升外语教师的课程思政能力。

4.建立多元实践平台，拓展外语教师跨学科能力

促使外语教师形成跨学科的专业能力，还需为其建立多元的实践平台。具体的对策为：

（1）为了塑造学生的理性科学精神，专业教学部门可邀请外语教师，围绕西方语境下的理性科学为学生开设专题讲座，在讲座中外语教师可利用历史知识，以西方工业革命为例为学生提炼出树立理性科学精神的时代价值。

（2）高校各学习社团也可以邀请外语教师担任辅导教师，通过参与社团的活动策划、主持社团活动、为社团成员开设讲座等形式，不断锤炼外语教师的专业能力，并利用信息化教学技术为学生提供跨学科的文化知识讲授，从而获得教学相长的专业能力发展契机。

二、职业教育改革背景下外语教师的角色转型

自我国推行改革开放政策以来，我国的经济发展速度得到了极大的提

升，社会发展对于人才的需求也日益提升，我国职业教育也随之来到了一个全新的发展高度。各类高校在职业教育中普遍取得了优异的成绩，但是在职业教育发展过程中，也面临着一定的问题，一些高校及地方对职业教育的重要性认知度不足，严重影响了学生的教育积极性。因此，我国政府于 2019年颁发国家职业教育改革实施方案，职业教育改革由此开始。在职业教师改革的背景下，外语教师也需要与时俱进，紧跟时代发展步伐，加快自身角色转型，从而促进我国职业教育的全面可持续发展。

（一）外语教师角色转型的重要性分析

在以往的教师教育教学中，教学理论与教学实践发生脱轨的现象屡见不鲜，在我国着力推行职业教育改革的时代背景下，外语教师的角色转型主要表现在，由不重视教师的工作现场到逐步认清并有效运用工作现场在外语教师专业发展中的重要作用，外语教师所取得的发展成绩主要凸显点就是工作现场。高校外语教师是当前外语教学中的行为主导者，也是高校发展与完善的核心因素，在一定程度上主导着高校的发展质量。当前经济社会发展对职业人才的需求从知识技能型向"人工智能+传统专业"的复合型转变。为满足时代发展对职业人才的新需求，高校教育在人才培养方面要顺应时代与社会的发展趋势，强调质量导向，注重内涵发展。

在外语教育教学中，外语教师需具备一定的信息素养，借助大数据、云计算、5G技术等在人工智能领域的应用，打造智慧课堂，构建新的教学情境，为学生搭建智慧化的学习平台，综合运用多种教学法，培养具有良好的学科素养，善于沟通协作，善于解决问题，善于创新的应用型、复合型和外向型的高素质人才，助推高等教育的新发展与新提升。因此，在当前职业教育改革的背景下，切实加快外语教师的角色转型是当前学校发展的必由之路。同时外语教师角色转型也是培养综合型英语人才的重要举措之一。针对高校而言，对复合型人才进行培养也就代表着外语教师在教学理念以及教学模式上有了一定的革新与改变。由此可见，加快外语教师的角色转型，提升外语教师的自身教学质量与效率，也是培养复合型英语人才的重要举措之一。

外语教师进行角色转型也是当前教师自身发展与完善的基本需求，若是从当前的高校教育发展现状而言，着力培养综合型英语人才十分切合社会的发展需要以及职业教育改革的基本需求。所以外语教师要将自身的发展定位与角色转型方向进行融合，以此来真正地实现角色转型目标。高校外语教师进行角色转型是当前高校人才培养结构调整的重要基础与前提，随着社会发展以及职业教育改革的不断深入，当前就业市场上对综合型英语人才的需求在不断增加。拥有一定英语能力已经成为当前就业的基本条件，这一发展趋势直接决定了当前高校英语专业的发展方向，要切实培养综合型英语人才，以此来满足不同行业对于英语人才的需求。高校外语教师要牢牢地抓住机遇，切实做好角色转型，掌握与了解一定的其他学科知识，对自身的知识体系以及知识结构进行优化与调整。

同时，外语教师加快自身角色转型，也是当前高校教育改革以及职业教育改革的必然要求。外语教师除了对学生教授一些英语基础知识外，还可以借助通识教育来对学生进行英语教育，以此来充分地提升学生的英语专业技能以及自主学习水平，这是高校英语专业进行课程转型的重要举措之一。除此之外，外语教师进行角色转型对于自身职业能力提升也有着极大的推动作用。在角色转型的过程中，外语教师要积极主动地提升自身的英语专业能力，对自身的教育观念进行更新，切实处理好教学与英语科研之间的关系，利用科研力量来促进教学质量，通过自我反思来不断提升教育服务意识，以此来充分地适应当前职业教育改革的时代发展背景，为促进我国高校的外语教育事业的发展贡献力量。

（二）职业教育改革背景下外语教师的角色转型策略

1.明确自身的发展方向

第一，在职业教育改革的背景下，外语教师要将自身实际发展情况以及未来的职业活动进行综合思考，要对未来教学活动中所有实施的教学行动以及行动过后所带来的后果进行翔实的分析与审视。外语教师首先要对自我发展情况有最为深入的了解，要对自身的发展能力以及学习能力进行分析，分析自身是否具有过硬的英语语言能力，是否具有学习新学科的能力，自身的性格特点属于什么类型以及自身为什么要进行角色转型等问题进行思考。在外语教师进行角色转型的过程中，教师要明确自身的能力水平以及将要发展的方向，甚至于在发展过程中，教师要学会综合性思考，例如倘若自身受到挫折应该如何更好去面对，彻底明确自身的发展转型方向。

第二，外语教师要对当前生态环境进行审视，在职业教育改革的背景下，国家十分关注当前的高职教育，会向当前高校下拨更多的教育教学资源，教师需要充分利用好国家下拨的教育教学资源，来不断地提升自身学习能力以及教育水平。同时，外语教师的学习与发展一定要发生在一个相对较为丰富的场景之中，而当前职业教育改革正是其转型的教育背景，所以，外语教师对自身所处的生态环境需要进行充分的了解与掌握，教师要对自身的教育环境、高校环境以及社会环境进行分析与总结，并在各个要素之间构建新的联系。为切实提升外语教师角色转型质量，加快外语教师的教学效率，外语教师的角色转型需要立足于职业教育改革背景之下。在角色转型的过程中，教师一定要将当前的时代发展背景作为其转型基础，牢牢抓住时代发展方向以及学校发展方向，切实提升外语教师角色转型质量。

第三，在外语教师的角色转型过程中，外语教师要进行一定的自我心理调节。由于转型过程中，教师所接触到的专业知识结构发生了改变，以及教育要素的不同，不可避免会遇到一定的转型困难，对当前外语教师心理造成一定的困惑与冲击，因此，为切实减轻外语教师的心理负担以及困惑，外语教师需要切实根据自身的实际发展需求，对自身心理状态进行调节，对自身的内在潜能进行深挖，维护外语教师的自身心理平衡。在进行角色转型之前，外语教师需要作好一定的心理准备，对任何专业知识学习都要保持一定的信心，并坚定自身进行转型的决心。在面对问题与压力时，要积极主动地寻求外部的帮助，同时教师在进行心理调节的过程中要具有一定的理智，以此来确保外语教师的角色转型更为顺畅。

第四，外语教师要始终明确自身的转型发展目标，在职业教育改革的推动下，外语教师可以在角色转型之前作好转型目标规划，将目标进行划分，分为短期、中期以及长期目标。转型目标确定后，可以帮助教师更好地对目标进行追逐。但是在制定目标时，外语教师一定要具有一定的灵活性，转型目标要根据自身的实际发展情况进行调整，以此来充分地确保外语教师决定转型发展的成功。

2.高校的政策支持

在外语教师角色转型过程中，除了职业教育改革背景的支持外，还需要借助高校的政策支持。在外语教师角色转型中，高校要借助多样化的方式，来引导与帮助教师进行成长，并为其构建完善的转型制度，开展有效的转型培训，以此来促进外语教师角色转型的顺利进行。当前高校进行转型需要借助教师转型来有效地完成，而外语教师角色转型也需要高校的支持与帮助。在外语教师角色转型过程中，高校需要借助一定的政策指引，构建起完善的教师转型制度，以此来有效地促进外语教师的健康可持续发展。

为切实加快外语教师角色转型速度与质量，高校管理人员可以定期地开展专项转型培训，邀请所有参与角色转型的教师参与。并针对培训内容制定出相对应的考核机制，以此来确保所有参与培训的教师都可以掌握与了解培训的内容，并在后续的角色转型中对其加以利用，以此来促进外语教师角色转型的发展速度。同时，可以定期地指派一些综合素质相对较高的教师前往国外，去学习更为先进的角色转型知识，并对当前世界各国的英语教师转型形势进行充分的了解。

高校管理人员需要在校园内部构建起完善的转型评价机制，针对外语教师角色转型进行客观评价，为外语教师职业发展提供一定的导向作用。构建完善的评价机制可以促进教师的职业道德建设以及思想素质建设，进而全面推动外语教师角色转型的发展。构建职业道德评价机制时，外语教师的自身教学水平与职业道德是要平行发展的，对当前正处于转型过渡期的外语教师而言，推行职业道德评价机制可以对其自身的职业道德水平进行有效的检测。在角色转型的过程中，外语教师一定会遇到一些问题。例如，所学的知识与之前大不相同等，而在这一过程中外语教师是否还能不忘初心，仍保持本心，坚守自身的教育事业，还能从一而终地关心自己的学生，还能持之以恒地坚持科研项目的研究，都是需要一定的评价机制来对其进行监督的。

借助开放式的评价机制。外语教师在进行角色转型的过程中，希望能够通过学生的反馈以及其他教师的评价，来认清自身的实际角色转型水平。在相对较为开放的教育环境下，学生可以使用动态化的监督评价机制对外语教师进行评价，教师使用发展的眼光来对外语教师进行点评，以此来帮助教师更好地认清自身的发展缺点，并对其进行及时的改正，做好角色转型调整，促进外语教师角色转型的可持续发展。

除此之外，高校的管理人员需要构建完善的激励机制，以此来充分地调动与激发外语教师的角色转型积极性。并且，学校要对外语教师的心理强化能力进行培养，使其在心理上就认可与接受角色转型，培养与树立好外语教师的共同转型心理。在物质层面对其进行一定的奖励，针对主动参与角色转型的教师，学校可以对其进行一定数量补贴，以此来充分地提升外语教师的转型发展积极性。

3.构建外语教师转型发展路径

第一，外语教师要始终树立自身学习意识，最大限度地提升自身的综合素质水平。站在教师文化观念上而言，教师是学生的领航员以及辅导员，进行终身学习是其所要履行的基本义务。在进行转型发展的过程中，外语教师需要切实加强教育理念优化，对教学方式以及教学心理进行综合的学习，以全新的教学观念来不断地提升自身的教学质量。随着时代的发展，我国社会已经进入到了信息化时代，在信息化时代下成长起来的学生，对每件事物都有着自身独特的看法，而外语教师倘若不及时地更新自身的所学知识，便无法对当前的学生进行有效的教育。所以每一位进行转型发展的外语教师都需要始终保持着一颗永远学习的心，不断地提升自我学习意识，紧跟职业教育改革时代发展的浪潮，勇于面对转型过程中所遇到的困难，以此来充分地提升自身转型发展的质量与效率。

第二，外语教师可以充分地利用好高校内部的教育资源，对当前转型给予一定的支持。在转型工作中，外语教师要积极主动地利用好校内教育资源，并根据自身的转型要求，来对有关的专业课进行学习。并在不耽误专业课程的基础上，向所学专业的教师进行请教，以此来深化自身的学习印象。同时，也可以积极主动地前往企业去进行实践，当前诸多的外语教师都是没有走出过校园的，大都是在毕业之后，直接进入校园进行工作，自身并没有积累过多的实践经验。所以，教师可以积极主动地前往企业进行实践，在实践中对自身的知识体系进行补充与发展，并对转型行业的发展前景进行充分地了解与掌握，在实践过程中，外语教师所接触到的技术、知识等要素都可以成为后续转型过程中的有力支持。

　　因此，当前的外语教师需要切实做好自身角色转型，顺应职业教育改革要求，提升自身教学质量，进而为我国培养出更多更优质的综合性外语人才。

第四章 智慧教育时代外语教师职业能力的新要求

智慧教育时代人机协作、智能高效的教学发展趋势，将再一次提高外语课程的标准，也必将对外语教师提出更高的要求。智慧教育背景下外语教师要紧跟时代发展趋势，意识到外语教学中面临的巨大挑战，转变观念、自我提升、创新融合，以全球视野和科技意识规划本土外语教育。

第一节　智慧课堂教学设计

一、外语智慧教育的原则

（一）精准化原则

精准的背后是大数据的精确决策，运用大数据技术最容易得到的产出就是得到数据，然后用得到的数据进行一个精准的分析、判断和决策。针对某一个科目或者教学对象展开精准教学活动。针对某个具体的学习者，提供更精准的学习服务。教师要精准了解学生的个体需求，精准定位学生个性，精准与学生展开沟通能力，实现精准化教学，既满足了学生的需求又帮助师生共同进步。

精准教学是一种能够满足不同层次的学生学习需求的教学方法，在精准教学活动中，教师根据学生的学习情况，运用大数据进行教学，教学决策活动更加客观、科学和可视化，讲究的是教学活动过程监测的精准性和教学过程评价的精准性，教育的个性化和差异化可以更好地贯彻和实施。精准化教学更优于传统教学，对教师要求更高，教师需要提升自身的能力来达到这一教学要求。

具体而言，设立精准化教学目标，教师要结合社会的人才需求和学生的实际情况，拟定精准的教学目标。教师要搜集学生的兴趣爱好，掌握学生的专业技能、基础能力、学习情况等信息，为每位学生形成可量化、可视化、客观化的信息，体现学生的特长和不足，帮助老师对学生进行定位。同时教师要深入思考所在学校的专业的本质，把学生在实践中的能力的提高作为重要的教学指标，使教学目标更符合学生个体特点，使学生从学校走向岗位更加平顺。

(二) 个性化原则

个性化是指以学习者为中心，最大限度地为学习者提供丰富的学习条件，从而促进个体发展。实际上我国古代教育学家孔子提出的"因材施教"和现在的个性化学习有异曲同工之妙，只不过当时受制于资源和条件的约束没有实现。

个性化基于大数据挖掘、分析和移动通信技术等，尊重和认可每个学习者的个体差异、个性化发展目标，也是更为注重"因材施教""面向人人"的理念。美国研究者表示如果要更好地进行个性化的教学，是根据学生的个性特点，让学生和学习环境建立联系。

个性化体现在五个方面：其一，学习者的学情分析；其二，学习资源；其三，学习环境；其四，学习活动；其五，学习评价。个性化学习是未来趋势，从学习者的学情分析、甄选学习资源、个性化学习环境、学习活动、学习评价五个维度实现学习的个性化。个性化学习需要重视教师对学生的引导，关注学习者个性发展，提高教学质量，从而促进学生各种能力的提升。

(三) 优化性原则

优化指的是学习流程和学校管理的持续优化。相较于传统的教学过程进行优化，包含教育理念的优化、教学资源的优化、教学目标的优化。优化后的目的是把人置于教育的最高关注，教师实施探究式学习，智慧教育教学策略正是考虑到不同学生在学习兴趣、性格特点、学习风格、学习能力等方面的多维度差异。教学资源的优化是使用人工智能、区块链等技术将教学活动由课堂延伸到课外，另外对数据进行接收、保存、使用和分析。教学数据可集成在教学平台完成共享和资源推送。教学目标的达成与否是衡量教学成果的关键指标。

智慧教育中，高校要抓局部和整体管理。以学生的学习为中心，如学生在图书馆如何进行智能化管理？通过技术搜集到学生的借阅图书情况，了解学生当下的关注点，为日后的图书采购提供数据依据。学校自习室借助技术统计使用情况，显示自习室的相关信息，包括是否有空座？方便学生高效选择自习场地，如何智慧化学习？另一方面是生活管理的智慧化，如学生在院校的生活，包括娱乐、社交、食宿、出行、安全等。在智慧化管理下学生在院校可以有充足的时间投入学习和发展兴趣爱好。

总体来说，高校应充分发挥技术优势在校园管理方面的作用，完善学生的学习服务体系，同时提高学生的学习和生活管理智慧化水平。

（四）协同性原则

协同指的是围绕教学活动相关的角色，学生、教师、家长、学校管理者和机器共同完成教学任务和管理活动。在国家的改革号召下，新兴手段不断扩张，推进落实了教育信息化的演进，为开展灵活的教育目标充分发挥技术优势。

教师的职业分工越来越细化，而且人工智能战略规划逐步落实，人工智能将逐步替代人类体力劳动，在教师群体中人工智能能发挥其中一个或某几个环节，教师承担的职业分工越来越回归人的本质。人和机器共同完成教学任务，但人机协同需要遵循一个底线就是知道机器能做什么、人可以做什么、人和机器能共同做什么需要厘清。管理协同，搭建符合高校特征的教学信息化系统，利用信息化手段使学校的教学管理整体趋向于完善。这个信息化平台是将多个部门的工作应用软件、数据库集成在一起，将学校的教职工在同一个信息化教学管理平台划分不同权限，打造集约化和扁平化的管理模式，达成信息化教学管理目标，提高管理效率。教学管理信息化为职业培训学校的教学管理者提供精准的数据信息，是高校的教学管理发展的必经之路。

校企协同体集中体现在智慧学习环境，前期建设造价昂贵，软硬件的更新也有一定的维护费用。在各种资源不足的情况下，与企业协同规划和建设智慧学习环境，这样不仅能够降低学校的资金压力，还能更好地培养学生能力。企业掌握一定的智慧教育学习环境技术标准或者主导标准的制定，同时在软硬件创新和研发方面有优势。在协同过程中，双方各司其职，专注各自擅长的领域建设和实践，创新教学组织形式和活动设计，重塑课堂生态，产生一体化解决方案。校企合作为智能学习环境建设提供了切实可行的有效途径，冲破了校企之间的壁垒，最大限度地凝聚了社会公共资源、专业人士、教育从业人员、资深教师和优秀企业的群体智慧，充分体现了市场在技术研发和资源优化配置中的作用，实现了协同效应。

（五）思维性原则

思维教学的目的是充分发挥学生的潜能，把学生培养成智慧的学习者。智慧学习者的特征：学习有方向且专注，有学习热情并可延续，有学习方式和策略、善于观察、善于协作、善于创造、善于解决问题等。另外还有好奇心和想象力，善于反思。思维教学的主张与智慧教育目标不谋而合。思维教学的基本课堂环境前提是以学生为中心，把主动权交给学生。

关于思维教学的研究，巴里·拜尔认为思维教学应包括两大类：一个是一般思维技能，一个是专门学科的思维技能，两者缺一不可。穆罕默德·艾哈迈德·阿萨夫认为教学是培养大脑的活动，以及大脑对信息的推理、批判和利用。杜威认为，反思性思维是一种很好的思维形式，可以对事物或问题进行反复反思。在他看来，没有思考就没有有意义的体验。学校应该给学生提供激发他们思考经验的情境。

思维教学的宗旨是以学生思想教学为中心，思维教学的重大突破是分科教学的设计局限，思维的培养狭隘化在一定程度上局限了思维的广度，导致知识和技能学习的片段化，让学生在使用知识方面很困难，例如在生活中遇到的问题，很难结合自己在学校中学到的知识去解决。思考无处不在，决定着我们如何看待事物、如何获取信息、如何体验生活和分享智慧，也影响着我们和他人的互动、世界的和谐共处。通过有效的思维教学策略，打破了偏执、僵化和教条主义的学习者，他们能够理解自己的学习特征和能力，成为对人类社会发展作出贡献的人。思维教学需要使用技术来激励学生学习，增强学习机会和提高认知水平。这需要更新教师的教学哲学、方法、策略，使教学思维的实践适应每个学生的差异和风格，发展他们先进的思维能力。

提供有趣的教育活动，通过不同方式发展学生的智力能力，鼓励学生参与思维教学活动。教师提出的问题、课堂任务的设计、教师讲述的故事的影响力、学习资源的趣味性等，都可以促进学生的参与。同样重要的是要记住，学习的挑战也是鼓励学生的参与，学生希望努力解决问题，并在积极的思考过程中加强他们的思维。思维教育逐渐演变为每个学生的不同学习方法，发展自己的思维能力。

（六）创造性原则

创造指的是教育创造，在教育的过程中培养学生的创造意识与能力，因为创造是生命意义的美好体验。同时创造也是生命增值的美好体验，生命的价值在于创造。人对社会的发展作出贡献，无论贡献大小，使生命具有更大意义。斯普朗格说过：教育的最终目标不仅仅是传授知识，而是激发人类的创造力。

传统上，教学过程涉及学生被动地接受知识，缺乏独立思考知识和解决问题的能力。如要转变这样的局面，老师不仅教知识，也要引导学生独立思考和独立解决问题，还要更改传统的教学方式，从灌输式到引导和帮助学生发展个性和创新能力。

创新创造是国家发展进步的力量来源，也是我们国家要坚持的发展方向。虽然在文化水平上的总体竞争力相较于本科生有些差距，但职业教育的学生在专业技能方面较强，成了国家大众创业的主体。职业院校可从生源开始分层培养，如有些学生进行理论培养，有些学生进行实践方面的培养，分层培养是根据学生的特点找到他们各自的发展方向。另一个是分阶段培养，智慧教育是动态的过程，是随着学生的发展特长而适当调整的，学生入学时没有明确的发展方向，对自身的认识也较为模糊，这时不适合灌输给学生创新创造知识，应以思想引导为主，让学生在潜移默化中具备创新思维。

二、外语智慧教育的设计理念

(一) 外语教师创新设计理念

"以学生为中心"的教育理念已经具备一定的框架结构，其系统具有开放性和发展性，这一教育理念主要强调以下五个要素。

1.倡导学生积极参与，激发学习自主性

在智慧教育背景下，学生必须真正参与课堂，才能构建起一个"以学生为中心"的外语课堂，促进真正的学习。这一理念鼓励学生在"做"中学，通过"做"积极参与到课堂中，"做"也包括与他人的积极互动。同时也鼓励学生在课堂内外独立学习，独立制定学习策略。学生的积极参与增加了课堂的互动性与课堂参与感，学生能从教师之外的其他学生身上学到知识，从而意识到学习是学生自己的事，激发学生的学习自主性。此外，教师并不是与课堂无关，教师应组织课堂，引导学生思考，以小组讨论、情景模拟、案例分析、角色扮演、探究性学习等丰富的课堂组织形式，积极引导学生搜集材料、挖掘学习内容，在课堂互动中发现问题、解决问题。

2.满足学生需求，符合社会发展

学习的最终目的是要满足学生的个性化需求，包括情感需求和社会需求。学生学习的内容不再完完全全由教师决定，而是取决于学生的需求。因此，在某种程度上，学习是由学生自己决定的。教师要聆听学生的意见，了解学生对教与学的需求，帮助学生制订合理的学习计划，激发学生的学习潜能和积极性，同时学习的内容也应与社会对人才的需求对接。因此"以学生为中心"的课堂不是机械单调的，而是要建立一个多元立体的课堂，满足不同学生多层次的学习需求。过去的外语教学过多地拘泥于课本和形式，导致很多学生虽然可以在考试中取得好成绩，但是在实际应用中却不敢张口说外语。外语学习更应该将学生的个体需求与社会需求相对接，让学生学到的知识可以应用于日常生活中。

（二）外语教师推进分层建设

近年来，各高校的发展规模不断扩大、招生人数逐年增加，基于生源质量来源的多样性和参差性，外语教学改革迫在眉睫；下面从外语学科建设入手，具体分析目前外语分层教学工作开展的背景和必要性、外语学科分层建设的可行性、分层建设实践以及分层建设成效，探究外语学科分层建设对提升人才培养质量起重要促进作用。

1.坚定学科定位和发展方向，有序推进分层建设

坚持以外语新课标作为指导学科分层建设之根本，在推进学科分层建设过程中，始终体现"因材施教，多层共育"特色。例如，教师可以提前根据学生入学外语成绩，在一定程度上了解他们的学习能力水平，以"基础层外语教学班"（B层）和"提高层外语教学班"（A层）的形式分层组班，各层依据不同评价考核难度，采用不同难度的外语教材，由相关教师施教授课，达到各层相应教学目标。其中基础层外语教学班由大多数外语知识掌握基础差的学生组成，采用《外语·思政》教学资源作为教学内容，由专门教师负责教学授课，目标为端正的学习态度，培养学生能初步结合职场情境，运用外语进行基础交流，使得绝大部分学生能达到高等职业教育专科外语学业质量基本要求；提高层外语教学班由部分学习态度端正，能够完全达到学业质量基本要求，且对外语学习应用能力较强的学生组成，采用《外语·职场》教学资源作为教学内容，由专门教师负责施教授课，学生培养方向分为两类：一是职业提升外语，即教师在实施外语教学育人过程中，培养有相关意向的学生逐渐树立正确的就业意识，使他们具备在职场涉外环境中，运用外语进行有效沟通并妥善处理事务的能力，同时具备能运用外语，有效学习国外专业相关知识经验和先进理念的能力，从而助力自身专业提升，为日后顺利进入职场作准备；二是学业提升外语，即教师在实施外语教学过程中，培养有相关意向的学生，逐渐具备在外语语言知识学习应用中的思辨能力和深入探索的能力，为他们日后升学作准备。

2.强化教师教学科研能力和学历提升

（1）强化教师教学、科研以及竞赛能力，促进外语分层教学育人质量提升

在实施分层教学的过程中，教师应通过阶段性教学总结反思，积累实践经验和改进措施，持续提升改进课堂教学质量；同时还应注重培养，常态化鼓励、组织教师积极参加各级别的教学能力比赛，将收获经验融入教学。同时外语教师更应注重自身科研能力提升，即通过论文撰写、课题申报等，有效形成学科分层教学理论成果；一方面，分层理论成果更科学指导教师有效开展学科分层教学，另一方面，积累的教学经验又进一步丰富分层理论成果，使其更加成熟，促进外语学科分层教学育人质量提升。

（2）优化师资队伍结构，提升部分教师的学历水平

在教师教学年龄、学历水平提升以及教师职称提升方面，进行优化调整，促进教师队伍发展，更加有效地为外语学科分层建设，提供大量理论成果和实践成果支撑，从而有力推进学科分层建设。具体来说，首先加强对其中高学历青年教师的培养指导，帮助他们尽快成为教学骨干；其次对于教龄较长，且学历偏低教师来说，要加强对他们在个人学历、教学科研方面提升的支持和督促；鼓励他们在外语分层建设工作中与时俱进，团结奋进，形成合力。最后是教师职称提升方面，应当进一步鼓励促进高学历青年教师做好外语分层建设工作中相关教学科研相关工作，努力提升自己的职称；同时也要注重加强高职称教师勇于担当、率先垂范的作用，鼓励高职称教师积极承担在外语学科分层建设工作中的相关重点工作，辅助外语分层建设工作有效推进实施。

（3）积极促进外语学科分层建设相关理论成果转化，助力地方产业经济发展

外语分层建设的目的是促进学生学科核心素养的发展，为国家社会培养高素质技术技能人才。所以，外语分层建设工作相关的教学科研理论研究成果，也应体现外延性、辐射性特点。教师通过灵活运用学科优势和分层建设相关理论实践成果，以对社会人员进行外语培训服务，对地区相关单位提供翻译与交流服务等方式，实现外语分层建设理论成果转化，有效助力地方产业经济发展振兴。

（三）外语教师优化外语教学资源

外语课程资源包含外语教材和其他能够提高学生综合语言运用技能的学习材料和教学设施。尽管外语教材是外语教学资源的主要部分和外语教学的主要依据，其内容有限且基本不变，与时代接轨不足。所以，外语教学在合理利用课本教材之外，还要充分开发新的多元化教学资源，以促进学生外语课程素养的提升。

1.外语数字化课程资源建设

随着外语新课程标准的提出，外语教师应该充分发挥现代科技作用，开发多种教学资源，拓展学生学习途径，优化外语教学方式，促进学生外语能力提升。外语数字化课程资源具有信息量大、知识更新快、易于交流沟通、不受时空限制、展示形式丰富多彩等优势，有利于为外语教学提供良好的支撑，因此外语教学中数字化课程资源开发具有必要性。

（1）严格遵守数字化教学资源的建设标准

众所周知，数字化教学资源的建设有利于提升数字教材的作用，促进数字化教学实现，并促使外语资源得到更好地共享与交流，且在各个平台间得到科学合理的利用。[1]同时，由于数字化教学资源的建设标准有利于推动数字化教学资源的合理配置，并有效推动数字课程在学生间实现共享和跨平台运用，进而拓宽其应用范围，增强数字教学资源的竞争力，因此外语教师要主动参加国家相关部门或社会组织开展的各项活动，深入探索数字化教学资源的建设标准，仔细研究外语教学资源的开发状况，并严格遵守相关资源建设标准，进而有效推动外语数字化教学资源的建设。

（2）院校合作提升数字化教学资源的质量

对于当前我国外语数字化教学资源的建设质量偏低现象，各大院校要积极展开合作，着力提升外语数字化课程资源的建设质量。对于当前我国高校

---

[1] 兰梅，彭莉娟.大数据技术背景下数字化商务外语教学模式探讨——评《"互联网+"时代商务外语教学模式研究》[J].教育发展研究，2022，42（18）：85.

数字化外语教育资源的建设不足现象，各大院校要积极交流沟通，在一定程度上将教学资源合理地应用到外语课程中并进行专门开发，提升外语数字化教学在高校的合理性和交流性，并提升外语教育资源的科学性，从而促进高校中外语数字化教学资源质量，还有效减少了资源的更新换代成本，促进外语资源在高校间的共享，为外语教育的改善提供了良好的基础，深入提升高校的数字教育教学效率。

（3）校企合作保障数字化教学资源建设

积极推进校企合作，为数字化教学资源的建设提供保障。对于受到地域影响和经济水平制约，在外语数字化教学资源数字化建设方面不足，难以为部分珍贵教学资料提供坚实的数字化技术保障的部分高校，要以主管部门为核心，促进院校与企业的合作。并且，高校有较好的教育资源，所以高校要在构建自己的教育资源建设标准的基础上，对教材不断进行完善，为高校外语数字化教学资源提供多样化服务，提升数字化教学效率，进而保证外语教师能够及时了解国内外网络中不同方面的新型研究成果，并以此为基础向学生有序地讲授相关知识。

（4）教学资源内容注重实用性和趣味性

外语教师在开展外语教学工作中，应该充分考虑课程内容的有效性和实用性，提升学生的课堂参与度，激发学生的学习兴趣。外语教师要深入研读外语的教学目标和课程内容，并认真分析学生的具体学习情况和外语学习的兴趣特点，选取适合学生的外语课程网络资源，并对其进行科学整合，通过高效的教学让学生深入学习外语文化知识，并深层次地感受外语语言和外语文化的魅力，更加充分地体现外语数字化课程资源在外语实际教学过程中的价值，进而让学生对外语有更高的重视。在具体教学过程中，教师要充分结合当前高校中现有的网络教学平台，对教学内容和学生的学习情况进行分析，建立更加完善的数字化课程资源，并针对不同专业进行具体处理，让学生在学习外语中体会到学习的趣味性。

2.以职业需求为导向开展外语教学资源建设

移动网络技术与外语教学的高效融合是推动教学改革、提升教学质量、满足学习者多元化、个性化学习需求的重要助力。围绕"外语+"教学理念，立足于服务学习者专业发展需要，从目标、内容、应用出发，探索外语教学资源建设的思路和方法，关注教材、视频等资源建设，培养学习者良好的语言素养和专业能力，更契合复合型技术技能人才培养目标的要求。

"外语+"理念为外语教学资源建设提供了更多的选择，拓宽了语用资源的范围。以外语学习必备的知识技能传授为重点，融合专业知识、职业情境和文化素养内容，既丰富资源选材，又对接职场工作用语需要，体现了"语言+技能+素养"的资源设计特色，为复合型人才培养服务。

（1）教材建设

教材是指导课程实施、教学过程设计、教学内容选取及考核评价的最直接资源材料，教材的内容和表现形式对教学实践及学习者自主学习有着极其重要的影响作用。传统教材重设计轻实施、重模仿轻创新、重形式轻架构等问题降低了教材的知识建构功能，虽然在认知层面上实现了知识和技能的呈现和传授，但忽略了对学习者学会学习的指导，降低了教材的功能性。随着信息技术手段的不断发展，新形态教材建设受到广泛重视，教材的内在结构和载体融入现代信息技术，并在内容和形式上有了一定程度的创新，通过在纸介质教材中融入数字化资源，使教材兼具生活化、情景化、动态化等特点，大大丰富了教材的立体性。

①教材内容的设计。基于职业需求的新形态外语教材建设也应考虑教材在专业新知识、新技术、新规范等内容方面的渗透，以满足职业用语的需要。针对专业外语课程，教材的顶层设计应聚焦职场实践，可以由企业和学校双主体合作完成，针对工作领域用语需要构建学习情境，结合工作任务设计语言学习活动，注重语言的输入与输出训练、职业知识传授、职业道德培养和职业技能提升。以针对空乘专业的外语听说训练教材编写为例，一是要根据《民航乘务员国家职业技能标准（2019年版）》相关要求，明确空乘专业岗位技能标准，确定教材的育人目标；二是围绕岗位工作确定学习情境，通过开展行业企业调研，了解乘务员工作职责和工作领域，有针对性地划分和选择学习情境（如起飞准备、客舱服务、应急处理等）；三是结合具体工作创设典型工作任务（如入座引导、餐饮供应、客舱安全管理等），并设计工作交际情景语料，确保学习者能够获得未来职场工作中语言应用的第一手资料，实现学以致用；四是按需拓展教材内容，根据职场工作范例融入服务

案例、岗位职责、文化常识等内容，增强学习者的学习兴趣，使学习者能够更加全面地了解专业领域相关知识，锻炼职业技能。

②教材环节的设计。与教学环节设计类似，教材对知识的呈现方式也需要遵循一定的环节顺序，以引导学习者适应和掌握学习的方法。以空乘专业外语听说训练教材编写为例，外语教材编写在体现完整工作过程时，也可以参考上述工作步骤设计教材环节，以完整呈现工作中的语言应用过程：收集和展示学习或工作所需要的知识（信息）；介绍岗位工作流程，对于即将开展的工作任务进行准备（计划）；针对具体服务工作进行处理方法准备，列出相应的解决方案（决策）；按照要求或岗位任务实施具体工作（实施）；对工作过程进行总结（自测）和考核（自我评价）。教材在呈现上述工作过程时，可以采用知识介绍、问题思考、学习活动设计等多种形式，将语言学习、专业知识积累、岗位职责介绍、工作实操等串联起来，并通过评价设计，增加教材本身与学习者的互动性，学习者通过自评点了解对知识的掌握程度，进而有针对性地进行知识补足。①

外语教材设计在提高可读性和趣味性的同时，基于"学习中心、学用一体、文化交流和关键能力"的教学理念，应重在搭建学习者认知职业、学会工作、拓展技能的平台，才能更好地对接学生职业发展和岗位需求，实现"语言+技能+素养"的人才培养目标。

（2）视频资源建设

视频作为承载知识的直观介质在信息化教学中有着重要的作用，在新形态教材建设、在线课建设中都需要对视频资源进行精加工，以活泼、生动、有感染力的特性吸引学习者的学习兴趣，促进对知识的理解和记忆。

目前，外语课程的视频资源丰富，信息量大，有较多的网络学习平台供学习者在线观看视频资源并参与学习。这些视频资源多以微课为主，是教师对某一知识点的讲解或是对某一工作内容或过程的现场演示。微课视频资源

---

① 王峰，丁金林.基于工作过程导向的实践课程项目化教学改革[J].苏州市职业大学学报，2016，27（1）：82-84.

的建设，尤其是针对某一门课程或对工作过程有针对性需求的教学内容，应形成有效的体系，以提高微课资源的使用率、可持续发展及推广性。在制作之初建立知识的图谱框架，并回归学习者本位，思考资源使用者对知识的认知程度和学习需求，结合具体教学知识点，通过情景录制等方法（讲授、实操、情景模拟等），制作形式多样的微课。特别是基于职业需求的外语教学资源，要精选知识点，以点带面构建工作过程的关键知识和技能点，在对语言知识进行设计的同时，也要将知识学习情境化，创设工作实践场景，通过问题情境引发学习者对工作过程中真实问题的思考，通过案例情境促进学习者对关键知识和技能的掌握，使学习者在获取知识和专业技能的同时，拓展发现问题、思考问题和解决问题的能力。

在教学实践中，工作实践或案例情境类微课更受学习者青睐，微课的呈现方式可以真人出镜演绎工作中语言应用的过程，也可以结合动画制作或引入访谈活动，增加学习过程的"新鲜感"，避免形式上的千篇一律。以空乘专业的外语课程视频资源（微课）设计为例，在顶层设计上预先思考岗位工作中学习者所需的知识、技能和职业素养有哪些，根据工作步骤、职场认知规律、语言学习难易度划分视频（微课）知识树模块，针对服务交流、表达仪态、事件处理等内容设计视频脚本，将工作中应知应会的必备词语、表达、工作流程、注意事项、职业标准等相关内容融入微课制作中，同时结合工作场景案例，在外语应用能力培养的环节设计中，引导学习者了解和提升从事相关岗位工作所应具有的基本品质（如爱岗敬业、礼貌待人、诚信友爱等），借助情景模拟、案例分析、问答思考、方案设计等教学环节或学习任务在视频资源中直观、立体地呈现工作过程，培养学习者的语言表达能力、职场应变能力和服务意识，提升专业素养。视频（微课）资源的制作要构建开放、灵活、多样化的环节步骤，如以工作中交流或服务遇到的难题、困惑作为新知的导入，在认知启发中呈现新知，使学习者建立知识框架；在进行专业词语、语句表达、对话交流、工作要求等相关内容的介绍后，设计问题请学习者回顾所学知识、思考解决方法；进行知识整合，设计案例分析、情景模拟等环节对语言应用、工作流程、问题处理等工作能力进行展示、演练与巩固，并结合视频教学的重点增加测试题，帮助学习者自主考查学习效果。

（3）语料库资源建设

语料库具有强大的检索功能，能够为大学生和大学外语教师提供丰富的学习和教学资源，这对提高学生外语学习的主动性具有良好的促进作用。语料库建设步骤具体如图4-1所示。

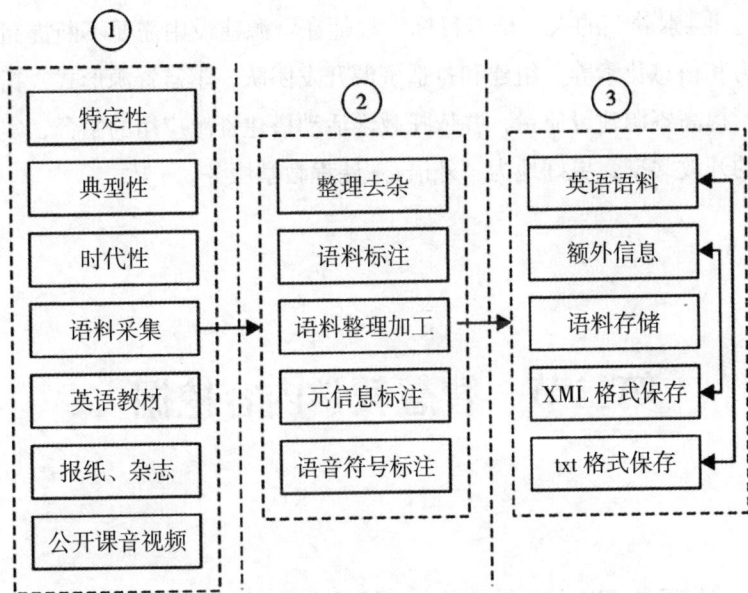

图4-1 语料库建设步骤

由图4-1可知，语料库建设主要分三步：

第一步为语料的采集，这是建设语料库的重要环节。在进行语料库采集的过程中应该遵循特定性、典型性、时代性三个原则，从大学外语教材、报纸、杂志、公开课音视频等角度来采集语料，确保采集的语料内容丰富，能够满足大学外语教学的实际需要。

第二步为语料整理加工，将采集的语料整理去杂变为清洁的文本，去掉不规范的格式、符号等，同时对语料进行标注。语料标注分为元信息标注和语音符号标注。元信息标注是文本背景信息，这有助于在大学外语教学过程中学生借助语料库来快速获得所需的资料信息。

第三步为语料存储，外语语料采用ASCII编码的txt格式来进行保存，额外信息采用XML格式进行保存。

信息技术与外语教学的高效融合是推动教学改革、提升教学质量、满足学习者多元化、个性化学习需求的重要助力。做好外语课程资源建设要有科学的总体设计，以语言学习带动专业认知、以专业实操带动素养提升，拓宽外语学习的深度和广度，并借助资源建设创新人才培养的方法和路径，实现"外语+专业+素养"的人才培养目标。教师在资源建设中需要不断提高教学设计能力和信息化素养，组建和打造资源开发团队，丰富资源形式，拓展资源层次，提高资源建设质量，并依托教学活动搭建资源应用的平台，实现优质资源的开放共享，更好地为"外语+"课程教学服务。

第二节　智慧教学内容挖掘

一、外语教师对于基础知识教学的设计

（一）智慧教育时代外语词汇教学

1.更新智慧学习理念

当今世界，科学技术的发展为社会带来了巨大的改变。为了适应知识科技的发展，当代大学生必须与时俱进，形成一个创新的、适应快速发展的学习观。我们可以从智慧学习在人们的生活中变得越来越普遍的这个现象得出一个结论，那就是非正式学习在社会发展的进程中会有着越来越重要的作用。为了更好地利用碎片化事件，方便学习者提升自我知识储备，智慧学习将学习者的时间极大程度地、合理地整合在一起，方便学习者随时更新补充自己的知识。调查研究显示，大部分大学生面对使用智慧学习来习得外语词

汇这件事的态度是积极的，但是对于智慧学习的学习理念，绝大部分学生还没有树立完整合理的认识。其中一部分学生对智慧学习的功能及用途并没有正确的认识，他们利用智慧学习纯粹是为了获取答案，如在外语课上使用一些 App 完成老师布置的翻译任务、课下使用 App 查阅单词以此来完成作业等等。但上述这些学习方法是不科学的，随着时代的变化，大学生要及时更新自己的学习理念。只有在正确的理念指导下才能在实践的过程中充分利用好智慧学习软件，更好地习得大学外语词汇以及其他学科。

2.应用记忆词汇特色系统，使单词记忆更加简单

传统背单词的方法总是枯燥且乏味的，而也正是由于这个原因，让许多大学生都不愿意记诵单词。现在，智慧学习采用了几种特色的背诵单词的方法，可以提高大学生背诵单词的效率。

第一，情景结合记忆。在日常的生活中，许多学生在记单词的时候都喜欢把外语单词转换成自己的母语来记忆，而在大学外语的学习中，一个单词往往具有多个意思，因此需要将外语词汇放在特定的情境中去记忆。智慧学习在我们学习外语词汇时就提供了这样一个契机，如在利用某些 App 学习时，会给出一些例句以便于大家更好地背诵单词。所以我们在利用智慧学习学的外语词汇时，要学会情景结合。

第二，利用智慧学习坚持记忆词汇，在生活中我们通常需要一次性记许多的单词，但这些单词数量多且难记忆，这会极大地打击同学们的自信心进而产生厌烦的心理，自然也就坚持不下去了。这时候我们就能用智慧学习来记忆，在一些 App 中，大家可以设置自己一天所要记诵的数量，并找到适合自己的记忆方法。此外，我们一天只需要完成相关的内容即可。这样下去，既能坚持记忆，也能学到许多东西。

第三，智慧学习应用记忆。学习的目的是更好地应用，学会正确应用外语词汇也能帮助大学生快速记忆单词。

目前为止，智慧学习软件大多都会提供一些电影或动画片段让学习者进行配音游戏，这样大学生可以通过电影配音学习到更多实用的和新的词汇，也能帮助我们更好地理解记忆单词。

综上所述，智慧学习打破了时间、距离、地域上的限制，在外语词汇的

学习上更加地灵活多变、自主便利。大学生可以把他们的移动端设备当作支持性的教育工具来使用，依据自身的学习特点制定不同的学习方法、学习策略，进行自主化、个性化学习，还可以让学生和老师更加开放地交流，及时得到学习的反馈，以便于老师及时调整和更新教学方法。我们相信，随着互联网的迅猛发展和移动端设备的广泛普及和应用，大学生通过智慧学习大学外语词汇的占比只会越来越高，也能从智慧学习中了解到更多的知识。

（二）智慧教育时代外语语法教学

1.利用翻转课堂，完善课前与课堂教学

翻转课堂是一种有效的教学模式，它的理念与外语语法教学相契合，而且能有效改善外语语法教学的现状，提高外语语法教学的效果。

具体而言，外语语法翻译课堂教学流程主要包含六个阶段：教师课前准备阶段、学生课前学习阶段、教师与学生课前互动阶段、学生课堂检测阶段、学生知识内化阶段和学生知识巩固阶段，如图4-2所示。教师可根据这一流程来开展语法知识教学。①

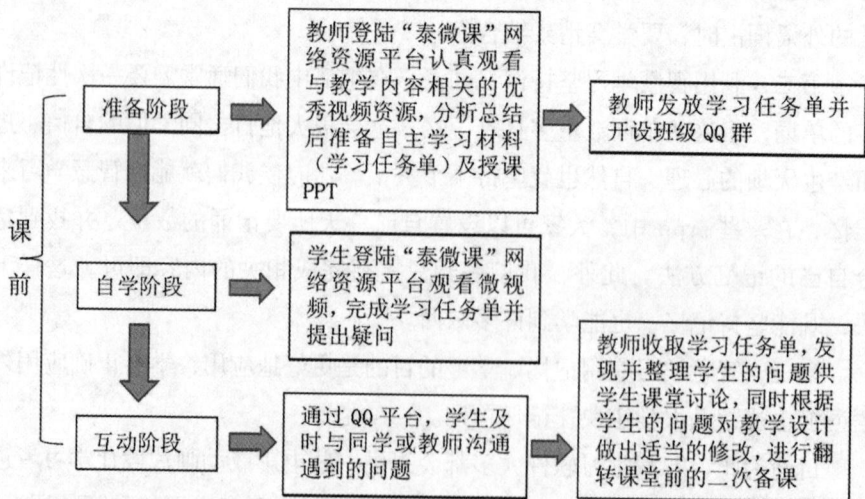

---

① 王冬梅.大学英语教学的跨文化教育探析[M].长春：吉林科学技术出版社，2019.

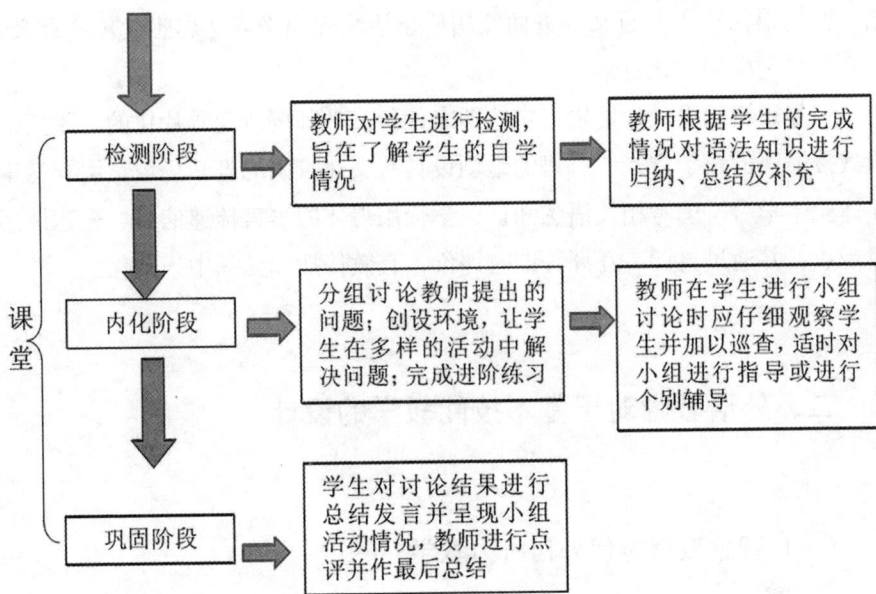

图4-2　外语语法翻转课堂教学流程

（资料来源：毛婷婷，2019）

2.聚焦文化，开展语法教学

聚焦文化意识培养的外语语法教学，不仅能使学生习得相关语法项目，而且可以使学生在拓展文化知识、对比文化差异、理解文化内涵的过程中，提升跨文化交际能力与传播中华文化的能力。在实际教学中，教师应找准语言教学和文化意义培养的结合点，采取导入、渗透、比较等灵活多样的方法施教。具体而言，聚焦文化意识培养的语法教学可以从以下三个方面着手。

一是认真研读教材内容，确定教学主线。教材只是载体，教师要树立用教材教而不是教教材的基本理念。对于学生不熟悉的教材编排内容（如文化知识），教师可以把其作为暗线，引导学生通过比较、体验、赏析、应用所学语法知识来获得文化知识、理解文化内涵。

二是用心搜集教学素材，设计综合活动。"灌输式"的语法教学和"强加式"的文化知识传授容易使学生产生畏难情绪。这就要求教师采用一系列具有综合性、关联性和实践性的外语学习活动，引导学生观察、发现、总结、归纳语法规则和意义，进而使用所学语法知识来表达思想、传递意义，树立并坚定中华文化自信。

三是重视创设教学情境，实施即时评价。教师要改变碎片化的、脱离语境教授语法的教学方式，有目的地创设具有文化氛围的教学场域，引导学生在体验中学习、思考相关语法知识，学会用得体的语言传递信息、表达情感或观点，并通过自评、互评等即时评价，有效传播和弘扬中华文化。

二、外语教师对于基本技能教学的设计

（一）智慧教育时代外语听力教学

1.听前准备

在学生听外语教学材料前，教师要提前与之互动，掌握他们感兴趣的内容，并让学生作好充分的课前准备。在课堂上，教师要根据学生的实际掌握情况提出问题，让学生们通过讨论深入探究教学内容，也能起到锻炼外语听说能力的作用。课堂导入环节可以使学生们大致理解所要听的主题，激发其学习兴趣，使学生在师生互动中提高其外语学习的主动性，使其更好地参与到课堂活动中，提升学生的课堂参与度，增强学习兴趣。在听前准备阶段，师生间的有效交流活动，营造了活泼又轻松的课堂氛围，在这种环境中，学生能够轻松自如地进行沟通交流，口语表达水平也能获得一定的提升。

2.课堂训练

交互式学习模式认为，教育是以学生为本的，应赋予学生学习的权利与义务，以此培养学生的主动性，将被动学习转化为学生主动参与学习，形成独立的学习型人格，在学习探索的过程中不断进步，从而提升外语听说能力。交互式教学模式十分注重师生间的互动，注重改变传统的以老师为中心的教学方式，向以学生为中心的新的教学方式转变。在进行大学外语听说教学之前，教师和学生之间的互动环节，可以锻炼学生的听力能力。课堂训练

中应当注意以下几点：

第一，要保证听力材料的完整性。要让学生对所学的材料有一个大致的了解，这样能够帮助学生更轻松地理解材料内容。

第二，听过材料之后，要让学生们对听力材料进行适当的讨论交流，这样才能引导学生逐步掌握所学知识，并根据所学知识解答问题。

第三，教师要精心设置与听力内容相关的问题，问题的难度应逐步递增，之后通过学生对问题的回答来判断其对学习内容的掌握程度，并根据评估结果进行针对性地答疑解惑。在交互教学的过程中，学生也要根据自己在课堂上的学习情况与学习效果，制定出适合自己的外语学习策略和方法，并在以后的学习过程中加以改进，实现最优化的学习模式，逐渐提升外语听说的能力。

3.听后总结

完成听力活动后，教师要及时反馈学生的完成情况。教师在反馈学生任务完成情况时，可以先让学生对自己的任务完成情况进行自评。在完成反馈活动之后，教师要对听力材料中的基本句型和词汇、习惯性用语以及固定搭配进行总结与教学，有效巩固学生对基础性知识的掌握。教师可结合实际情况，利用听力材料布置分组讨论或角色表演的任务，使学生能更有效地掌握和理解所学外语知识，逐步提高其语言听说运用能力。

在外语听说课堂上，教师要根据课程内容，了解每个阶段学生的不同学习需求，对于基础较好的学生，教师可以适当选择一些有挑战性的听力内容；对于其他学生，教师可以选择基础性听力内容。

在实施听说互动教学过程中，教师是促进学生知识建构和人格发展的动力。因此，互动式教学打破了传统的不平等的师生关系，使教师和学生成为共同的学习伙伴，在课堂上进行平等交流。在进行外语互动时，教师要时常运用激励的教学方式，引导学生大胆地进行外语听说练习，尽量减少学生的挫败感和失落感，从而激发学生学习外语听说的内在动力。

4.评估体系

学生在应用直播平台进行学习时，教师通过平台的教学互动，实时了解学生的学习状况，可以对应用线上课程学生的学习状况进行长期的跟踪记录，系统和教师也能根据学生的实际学习状况进行细致客观的分析，从而得出科学有效的数据，这也有助于学校不断发展科学完善的评估体系。在建立评价机制时，也要重视机制的长效化与动态化，要长期追踪学生的学习情况，让教学效果评价可以及时、准确、客观地反映学生学习的变化情况。例如，教师可以利用微信群、QQ群、U校园、随行课堂、学习通等信息平台对课堂教学进行评价，还可以利用电子档案系统记录学生的成长过程。平时在教学中，教师也可以根据这些评价信息制定更具有针对性的教学计划，能够如实反映出学生的真实表现。根据整体的学生数据，教师能够更好地设计大学外语听说课程的教学方案，优化教学设计，完善教学过程，并激发学生的学习主动性，提高学习效率，提升教学质量，达成教学目标。

（二）智慧教育时代外语口语教学

1.逐步实现口语教学的网络化

新一代的大学生是在网络时代生长起来的大学生，他们熟悉各种网络环境和软件。相比课堂上直接展示任务，录播视频有以下优势。

（1）学生心理较为放松，可多次录制视频直到满意，避免课堂失误带来的尴尬，极大地提高了学生的自信。

（2）学生在视频中加入英文字幕，避免了课堂活动中因展示者发音不标准或声音小而导致许多学生听不懂的现象。课堂展示时没有话筒也使得听众无法听清内容，所以往往展示者尽兴演出，而听众不知所云。

（3）在反馈方面，学生在网络上进行评价时，不论是文字评价或是语音评价都比课堂更为活跃。比起线下口语课堂的点评活动，他们更喜欢在网络上发表观点，畅所欲言。

（4）在访谈或短剧表演中，课堂展示往往受到教室环境影响，学生很难进行不同场景转换。而录制视频时，学生可根据内容选择合适的场景进行录制，适当地化妆，准备合适的道具。

（5）节约课堂时间，提高课堂效率。网络播放视频减少了因课堂表演准备耽误的时间，或因课堂展示失误而耽误的时间，使口语课堂更加有效。

（6）鼓励更多的学生以自愿的形式参与到口语活动中。由于班级人数多，课堂时间有限，每个小组派一个或几个代表展示，时间上已颇为紧张，不可能邀请所有学生参与，而网络展示可将课堂时间延伸至第二课堂，保证更多的学生参与到口语活动当中。

目前，网络软件和硬件的成熟为口语课堂向网络转移提供了便利条件。网络的快速发展，电子设备的平价化为大学外语口语课程的网络化和翻转化提供了便利条件。价格优惠、功能多样的手机和电脑成为许多学生生活的标配，即使没有电脑，手机的功能也足以支撑口语课程任务的完成。网络上视频剪辑软件如爱剪辑、剪映、剪辑、快影等软件简单易掌握，功能强大，不仅可以录制、剪辑视频，还可用于英文影视剧片段配音的练习，特别是一些免费的软件更是深受学生的喜爱。

大学外语口语活动的网络展示平台也百家齐放：微信群、QQ群、雨课堂、超星平台，甚至抖音都可作为展示学生口语任务的平台。教师可根据口语任务形式或课堂实际需求以及学生喜爱程度进行网络平台的选择。除了软件，学校硬件也在不断升级。智慧教室的运用使教师和学生、学生之间的交流更为流畅，信息沟通更为便捷，口语任务的传输和评价更为便利。

2.深化、优化翻转课堂的内容和形式

以上教学手段为新时代的大学生口语课程改革提供了新的途径，那么同时教学方法也需与时俱进，优化、深化翻转课堂，建立将学生的任务放置在课下完成，课堂展示、点评互评，课下重新提交，以便完善口语不足的良性循环。

第一，鉴于大学外语课程大部分都是大班授课，建议根据班级实际情况以5~8人为一小组，每次根据任务不同要求，派出一位或多位同学完成。力争每人至少有一个学期一次课堂展示的机会。小组活动更容易提高学生课堂翻转的参与度，并且让学生感到更多的安全感，减少内向性格的不利影响。

第二，口语任务主题应该具有共性即形式可以多样化，但主题要保持一致。在实验中，教师将课堂主题的口语活动和每次课前五分钟的presentation口语活动进行了对比分析。为学生提供尽可能多的口语展示机会，每次外语课前2~3位同学分别对最近的新闻或生活中感兴趣的话题进行一分钟的播报

或演讲。观察课前口语活动可发现，学生单独完成一个任务积极性不高，任务质量略带敷衍，上台展示时因紧张语速快，急切完成任务。而其他同学因并不提前知道演讲内容，无法跟上节奏，在展示之后的交流环节无法表达自己的观点。所以整个课前5分钟的口语活动效果并不理想。而课堂主题的口语活动以统一主题为前提，学生选择不同形式，则有更好的课堂效果。以《全新版大学英语综合教程第三册》第六单元《最后一片叶子》为例，学生可以个人形式演讲、复述故事或讲述感想，也可以两人一组进行访谈，还可以多人合作短剧。虽然形式不同，但学生在参与自己小组活动时都进行了资料分析整理、口语练习准备，所以在最后的讨论和点评环节，学生显得积极而自信。由此可见只有任务主题一致，有所准备，大部分学生才会参与到此主题中，这样在后续观看任务展示环节才会产生共鸣，在点评环节才会有深刻的感受，课堂翻转才更加成功。相反，如果每次口语任务不作范围规定，只作形式一致的要求，那么就会出现学生观看时没有共鸣，点评时不积极的现象，课堂翻转无法展开。

第三，要将以往教师点评转为教师点评和学生互评相结合的形式，尽最大可能增加学生的口语活动的参与度。课堂翻转就是要把学习的主动权交还给学生，把课堂的舞台转让给学生。教师在讨论和点评环节也应尽量淡化其指导功能。

第四，在评价和反馈过程中，对于我国大学生口语中语音、语调、连读等问题的通病，教师在课堂上进行统一讲解和练习，如辅音t、d、k、g的发音都是由气流产生，而受本土发音习惯的影响，学生经常发成/tə/、/də/、/kə/、/gə/。针对这一通病，教师可设计活动作为课堂翻转任务进行专项练习。对于各个小组中出现的非共性错误，教师可在网络展示平台进行点评。任务完成者在课下对作品作相应的调整，为完成下一个任务打好基础。

第五，完善的口语测评体系为外语口语教学的翻转提供保障。目前流利说外语、扇贝口语、口语易、FIF等口语练习软件能够针对使用者的问题进行评分，以便使用者看到口语中存在的问题，有针对性地练习，从而提高口语水平。除了鼓励学生充分使用网络口语练习软件，在课堂上教师还可以发放口语评价表，让学生评价展示者的语音发音是否标准，语调是否正确，词汇和句型是否正确丰富，表达是否连贯。学生在使用这些标准评价同学时，也以此为鉴，按照标准提升自己的口语能力。

网络日益成熟的新时代为大学外语口语教学的改革提供了新的思路。在大学外语课时不断被挤压、提倡网络自主学习的大环境下，将大学外语教学网络化，使学生通过喜闻乐见的网络形式查找资料、交流心得、拍摄录制、播放探讨、完善修正，将口语教学从寥寥几个学时延伸到更多的课下自主学习，从时间和空间上都给大学生提供了更多的外语口语学习机会。教师精心设计翻转活动，充分利用课堂时间，保障了学生能掌握更多的口语知识和自学能力。通过实验、问卷调查和访谈可以验证大学外语口语课堂通过网络化和翻转化在日益缩减课时的情况下点燃学生口语表达的愿望，有效提高学生课堂学习的效率和学生外语口语水平。

（三）智慧教育时代外语阅读教学

目前，全国各高校基于移动教学模式的大学外语课堂呈现出多元化特点，多数以翻转课堂、微课、慕课或混合式教学为主，也经常配合微信、微博、QQ等社交平台的使用。它们各有所长，如慕课（Massive Open Online Course），它是由国内外知名学者通过互联网对大众授课，没有门槛限制，只要感兴趣的学员都可注册，即可享受在线资源，自主学习；又如微课，即授课教师把课内重、难点录制成教学视频片段，以供学生反复研习、自由复习之用；再如微信、微博、QQ这些社交平台，在促成师生互动模式和学习者与多媒体、移动终端及海量网络资源的主客间互动上亦是优势明显；最后，超星学习通的功能也很多样，如签到、讨论、作业、评分、统计等，有助于实时记录学习过程与学习活动，并开展教学研究。它记录了学习、互动全过程的数据信息，对于任意教学环节的参与情况一目了然，有助于教师进行数据统计。由此可见，上述这些移动教学模式能够在大学外语课堂上赋予其互动性，使阅读环节或者其余教学活动省时增效。各移动平台在大学外语阅读教学的综合实践应用思路具体如下。

1.读前阶段

（1）微信：充分利用微信里有关外语阅读的小程序（如外语阅读lite、

橘子外语阅读等）及优秀的订阅号（如CGTN和China Daily Language Tips）为学生筛选、推送适合其阅读水平的文章。比如即将讲到环保主题，见到类似文章，无论是新闻语篇还是网络文章，只要生词难度适宜，都可预先推送给学生阅读。这一环节只是希望他们通过粗略阅读对相应题材有所涉猎，对环保题材的特殊表达有一定印象即可。这样做一方面保证了学生课外的基本阅读量，另一方面还起到了抛砖引玉的作用——引发学生对某一事件或订阅号的兴趣，引导他们日常自觉阅读。学生对某些小程序或订阅号的持续关注不仅符合他们的日常阅读习惯，更培养了他们持之以恒的阅读精神。

（2）单词软件App：当学生面对一篇生词连篇、晦涩难懂的文章，在没有考试期间真切的阅读压力条件下，很难高效完成课堂阅读任务。因此，可以鼓励学生利用诸如百词斩、扇贝、墨墨这类单词软件来完成日常单词背诵的任务，以扫清单词障碍。同时软件上的打卡功能也有助于促成学生养成单词积累的好习惯，为其顺利阅读奠定基础。课前的两个智慧学习步骤，看似简单，但只要坚持得好，长久来看，无论是广泛涉猎各个阅读题材的订阅号还是各类词汇的不断积累，都一定会对日后课堂上的阅读任务大有助益，从而有效保障课堂阅读教学任务的开展。

2.读中阶段

学习通、雨课堂等移动教学平台：这些综合的教学平台可实现学习、互动等全流程的数据记录、分析，可以实时查看学生任一活动的详细参与情况，从而辅助教师进行数据统计并作出及时的教学调整。在实际教学中，把相应阅读资源从书本挪到手机上的做法也更贴近学生的阅读习惯，提高他们的自主阅读兴趣。课堂上，教师可以先对本次阅读题材简单作一下介绍，因为前期已经有了小程序等的阅读任务作铺垫，学生不会对本课题材过于陌生。其次，根据篇目的具体情况，教师选择好略读、跳读等阅读技巧的典型题型，开放题目后在设定时间内及时回收所有学生的阅读答卷，并且读取分析各个题目的正确率。有了平台的协助，教师可以轻松准确地把握学生的答题情况，从而更有针对性地讲解题目的做题思路和阅读技巧，杜绝课堂上逐题、逐句讲解，浪费时间的拖沓现象。同时，学生们也可以借助移动端，在教师设置好的答题时限内作答，有了一定的时间紧迫感，激发了思考力。学生们在手机上不仅能够看到自己的答题记录，还可以随时标记，记笔记。

　　教师基于移动端的教学设计促使学生更加喜欢参与，大大提高了课堂的参与程度和活跃程度。学生在自己手机上参与互动答题，也能使其更加专注课堂讨论，积极互动，融入其中，成为课堂的真正主人。除此之外，在阅读过程中出现的无论是字词层面还是阅读技巧方面的问题，还都可以时时交流互动，表达自我见解，于无形中积累了阅读经验。不得不说，把阅读任务从传统课本转移到移动平台，教师享受到了科技带来的高效课堂反馈，学生们在每时每刻和教师、同伴的互动过程里，不仅深化了自身对知识的认识，还提高了学习效率。让阅读技巧和文本题材更加鲜活生动，这些从课本里"走出来"的知识基于移动教学平台，师生都能轻松获取，有效利用，一言堂、满堂灌、填鸭式的课堂一去不复返了。

　　3.读后阶段

　　（1）微课：因其短小精悍，这一形式在学生养成自主学习习惯上提供了便利条件。针对课堂反馈情况，教师可以用它来录制本堂课所讲篇目的阅读技巧和方法，还可针对文本分析长难句、讲解生词，之后布置给学生供其在空闲时间里自由复习。学生们可以反复观看微课，不断强化技巧的理论知识，更加牢固地掌握阅读技巧。学生们也只有在实操中才能转变成自身能力，为提升阅读能力打好基础。

　　（2）超星：其客户端拥有超过百万册电子图书、海量报纸文章以及中外文献元数据，可以让学生们尽享无边界的智慧学习服务。同时，教师还可建议学生将其感兴趣的内容订阅到自己空间，这便大大拓展了从课内到课外的阅读空间维度——超星在阅读数量的积累上可以说功不可没。

　　（3）QQ群、微信群、微博等社交平台：教师可以按照小组为单位建立学习群，要求学生定时发送延伸性阅读的打卡记录，形成良好的学习氛围，促进阅读习惯的养成；还可轻松地发放课后阅读任务，设置答题时长，及时查看他们的阅读反馈。当然，关于热门话题，还可发起话题讨论，让每个学生都能发声，表达自己的所想所感，提高外语的输出能力。利用我们熟悉的社交媒体，学生们能够自由畅谈，与教师、朋辈之间随时沟通，使其在阅读中遇见的问题能够及时被发现、被解决，逐步克服他们在各类外语语篇中的阅读障碍，提升阅读自信。

无论哪一种课后移动平台，都可看出它们在外语阅读方面的推进作用。用学生喜闻乐见的方式让外语学习无时不在，无处不在。练就阅读能力非一日之功，有了课后移动教学环节的助力，阅读的数量增长了，阅读的维度拓展了，阅读的技巧活泛了，阅读的问题消除了，阅读的信心增强了。

总之，在大学外语阅读教学中要想整合各类移动教学模式的优点，使其最大化地发挥作用、为我们所用，还需每位教师进一步细化阅读教学目标，发现更多问题，才能逐渐找出课前、课中以及课后最佳的移动教学模式组合。大学外语这门公共课在提升非专业学生外语水平方面责任日渐重大。有着较之传统课堂更加便捷的优势，让网络时代的"原住民"在日常利用碎片化时间就可以随时随地学习，移动教学模式势必是现代高校教学研究的重中之重。当然，移动教学模式对教师、学生以及校方都有着不同层面的新要求，教师们务必要在今后的教学中多实践，勤思索，整合各类移动教学模式的优势，扬长避短。让移动教学模式不仅在阅读环节让课堂增效，更要在听、说、写、译等方面让它发挥助力作用，使学生们在大学外语的课内课外收获更多。

（四）智慧教育时代外语写作教学

1.转变教学观念

满足当前学生学习外语的现实要求，迎合素质教育的改革浪潮，教师必须转变教学观点，注入新鲜元素，以更好适应当代教育事业的发展。在各大院校中，教师应主动使用互联网技术，发挥其特有优势，提升教学质量，改善教学效果。通过教师引导选择学生感兴趣的写作题材，帮助学生选择合适范文，在日常生活中帮助学生积累词汇量，掌握写作规范，避免出现模板式教学。教师可借助批改网等写作平台引导学生多多练笔，通过多次修改不断完善写作过程。教师也应利用手机软件等新型方式及时与学生进行沟通，掌握学生不足之处，有针对性地进行优化。学校应从培养教师写作能力开始，利用信息技术展开写作教学培训，以教师带动学生提高写作能力，借助讲座、交流会等活动形式丰富教师对互联网教学的认知，将线上线下教育相互融合完美完成教学任务。

2.提升教师素质

为保证完成教学任务，教师应当具备专业的写作素养，丰富自身专业知识储备，以线上线下相结合的方式开展高效教学方法。各大院校的外语教师应当提高对自身的要求，多选择符合时代特点的写作主题，多阅读优秀文章并将其传达给学生，利用信息化方式提高学生写作能力，结合应用文与学生自身实际情况有针对性地制定教学计划，满足学生差异化要求，注重因材施教达到事半功倍的效果。

互联网与传统教育相结合是当前大势所趋，为使自身教学呈现多元化特点必须进行完美融合，在当前信息更迭速度加快的时代背景下必须突出自身专业优势，更好地应对各种不同写作标准，不断提升自身教学技术，丰富教学经验，熟练掌握教材内容的同时进行延伸，分析重难点，充分发挥互联网技术的优势。

总之，外语写作作为应用型课程，其重要目标是提升学生写作能力。因此，需要在教学中提供丰富的素材，创新教育方式，调动学生的写作兴趣。在线教育的应用能够使课堂教学更加新颖，为学生提供充足的思考、想象空间，可以使学生接受系统化写作训练，满足学生的个性化学习需求，符合大学生的心理特点，也满足大外语写作教学特征，能够与线下教学实现有效互补，提高教学质量。

（五）智慧教育时代外语翻译教学

1.利用多媒体展开翻译课堂教学，增加外语习得

在进行翻译教学活动之前，教师可以利用声音、图片、动画等多模态教学辅助手段来刺激学生的学习兴趣，使学生在学习过程中始终保持较好的兴趣，将枯燥的翻译理论变得生动、有趣。针对具体的教学过程，教师在其中不仅要教授学生英汉互译的技巧，而且还需要补充中西方文化背景知识，让学生对翻译理论形成系统的理解。

2.注重文化对比分析

语言的语意和语境会因为地区的历史文化不同、地域文化差别而发生变化，如果对相关的文化背景不了解，在理解单词或者语段含义上就容易出现错误。历史文化是民族或者国家经历长期的历史发展而形成的，民族和国家的发展经历不同，文明境遇存在差异，这也会导致语言背后积累的文化存在差异。例如，在歌曲 *Viva La Vida* 中，One minute I held the key一句中的key一般是指"钥匙"，而词组hold the key有"掌握关键"的含义，结合歌曲的创作目的是描述和展现法国国王路易十六的一生，这句歌词通常被翻译为"我曾经手握大权"，但考虑到历史上的路易十六本身是一名喜欢制作锁具的国君，此处的key显然就是指"钥匙"这一本意，是对路易十六爱好的描述，而非对"政权"或者"权柄"的暗喻。这种翻译的失误就是因为历史文化的差异，让翻译者对词句的理解出错，最终造成了翻译错误。不同的国家与民族都有自己的特殊历史环境，这些特殊历史环境又催生了独具特色的文化现象和历史典故，如果不能正确理解这些典故，那么翻译就无法诠释语言背后的历史含义，甚至可能造成对词义本身的错误理解。

另一种地域文化是基于地域环境和自然条件所形成的文化见解，因为生活环境和经历的自然生态差异，即使在相同事物上，各民族或者国家的群众也会有不同的见解，这种见解上的差异便是由地域文化造成的文化差异。例如，我国一般将"东风"理解为"春日之风"，在中文语境下"东风"一般象征着万物的复苏和生机的焕发，如"江南二月春，东风转绿苹""东风驱冻去，万品破阳辉"，这些诗句中的东风象征着新生。在英国等外语国家，由于地域和气候环境的不同，在这些国家的语境中"东风"一般指代冰冷的风，在作品中象征着肃杀和凄凉，如狄更斯的作品就写过How many winter days have I seen him standing blue-nosed in the snow and east wind，此处的east wind显然并非和中文语境中一样，象征希望和新生，而是对冬日凄冷环境的描绘和映衬。不同的历史和地域造成了不同语言的文化差异，在外语翻译中，翻译者必须理解和重视这层差异，才能准确传达出语句的含义，完成文化上的交流。

三、外语教师对于跨文化交际教学的设计

(一) 设计文化主题活动，引导学生在文化熏陶中探究思考

在新的形势下，教师应该勇于尝试新的教学模式，真正落实"以学生为中心"，发挥学生的主观能动性。外语教师应该挣脱教材的束缚，善于借助各种线上资源与线下教学相结合，突破时空的限制，根据学生的年龄与特点巧妙地运用各种教学方式丰富学习环境，大力探索与开展各种文化主题活动，创设真实的文化交际活动，使学生沉浸式地在模拟的教学情境中感受与探索。

例如，在教授"节日与习俗"时，教师可以采取合作学习法。在课前让学生通过上网查阅关于西方节日的资料，同时查阅每一个西方节日有无对应的中国节日，比如西方的情人节对应中国的七夕情人节，在课堂中教师可以邀请同学利用五六分钟的时间来进行角色扮演，七夕情人节可以组织学生在班级里用外语准确地来表演牛郎织女的美妙故事，并配有生动的表情和动作，让学生在表演过程中感受七夕的节日文化。

(二) 第一课堂与第二课堂有机结合，积极开展文化实践活动

大学外语教学的课堂是第一课堂，是学生接收语言知识，训练语言技能的基础，也是教师培养学生跨文化意识和交际能力，传授中华优秀传统文化的主要阵地。而各种文化实践活动、特色选修课、慕课平台则为第二外语课堂，可以进一步加深学生对中华优秀传统文化的理解，拓宽学生的视野。在第一课堂中，教师应积极准备授课内容，加强文化知识与语言知识的结合，而不是单纯地输入文化内容。另外，教师可以积极引导学生进行中西方文化的对比，培养学生的辩证思维，尊重文化的差异。例如，教师可以设置教学情境，让学生从字词句、对话、语篇中发现文化差异现象，学生也可以分析、讨论、辩论文化差异。鼓励学生积极开展交流活动，自己搜集相关资料，深入讨论文化内涵，辩证看待文化差异，既可以加深对本国文化的理

解，也可以学习优秀的外国文化。高校的外语课堂不仅要在课上积极融入文化元素，课后可以积极开展各种实践活动、选修课等第二课堂。将第一课堂与第二课堂相结合，可以尝试改变传统的教学模式，增加学生的学习兴趣。

四、外语教师对学生批判性思维培养的设计

批判性思维是为决定相信什么而进行合理反省的思维。批判性包括发现错误、查找问题等否定性含义，同样也包括关注优点和长处等肯定性含义。外语教师在教学过程中应注重对学生批判性思维的培养，具体而言，设计思路如下所述。

（一）更新教育理念

人才由人与才组成。但人的培养是第一位的，然后才谈得上具体专业领域之才的造就。所谓人，就是一个具有独立思考能力、具有良好的人文素质、人格健全的人，是一个合格的社会公民。我们首先要为学生打下扎实的人的基础。而思维能力是培养人的重要内容。因此，在教育理念上要高度重视批判性思维能力的培养。

另外，在教育理念上要准确定位外语专业的学科属性，摈弃"外语工具观"。外语教学语言技能的强调不能成为将其定位为工具的理由，其核心或本质特征是具有创新思维能力，致力于培养具有扎实的外语基础、跨文化交际能力较强、人文素养深厚的通用型人才。在这一前提下，它可以与有关专业复合，培养具有一定专业能力的复合型人才，如物理、化学类专门人才等。

（二）改革教学内容

与其他专业相比，外语教学基本技能训练需要花费大量的时间和精力，这一过程艰苦、机械、枯燥，但又必不可少，否则会对后续的学习造成很大

的影响，用很多专家的话说，就是"基础不牢，地动山摇"。在基础阶段，表达内容的简单是外语学习的内在要求，但这种简单的内容应该通过其他形式得到弥补，也就是将语言技能的学习与专业知识的学习结合起来。基本技能课程教学内容的设置不仅要考虑语言技能和语言知识的全面性和系统性，也要考虑语言负载的知识内容具有一定的深度和广度。比如从题材上除日常生活的话题外，还可选择与专业学科知识相关的话题。

（三）改进教学方法

要改变灌输式教学方法，向启发式研讨式教学转变。《国家中长期教育改革和发展规划纲要（2010—2020）》明确要求："注重学思结合，倡导启发式、探究式、讨论式、参与式教学，帮助学生学会学习，激发学生的好奇心，培养学生的兴趣爱好，营造独立思考、勇于探索的良好环境。"在外语教学中，即便是模仿、复述、背诵等机械性的语言技能训练，也同样可以通过启发提高训练效果。要改变以教师、教材和教室为中心的授课模式，把课堂的主动权交给学生，使学生成为课堂的主角中心以主动积极的姿态参与课堂教学中。教师在课堂上的角色是引导者，是参与者。

启发式教学的一个重要内容是培养学生问题意识。发现问题的过程就是积极思考的过程，就是学习的过程。由于发现问题涉及理解、综合、归纳、演绎、对比等多种能力，因此它往往比解决问题更困难、更重要，对思维能力的锻炼程度更高，学习效率也更高。要鼓励学生在课堂上积极提出问题，对讲课内容发表看法、提出质疑、开展讨论。

对于学生提出的问题，教师不应大包大揽，一一详细解答，而应组织讨论，鼓励学生独立思考、提出自己的见解、开展讨论和争辩。没有不同观点之间的激烈碰撞，学生的思维能力就不可能得到真正的磨炼和提高。总之，要把过去课堂上教师提问、学生被动回答的状况，转变为学生提出问题、学生回答问题、学生自己找到答案。问题意识是批判精神的体现。问题意识强的学生往往具有比较强的批判精神，而这一精神是培养创新人才和创新思维能力的重要基础。

（四）创新考核方法

不断改革创新课程考核办法，在注重对学生基本技能和基础知识考查的基础上，加大对学生分析推理能力的考察。

首先，对考试的项目进行调整，减少客观题目的数量，增加主观题类型。改变一些考试只要学生画圈或打钩或不需要写几个字的情况，多让学生分析和论述。

其次，丰富考核手段和类型。在考试之外，可以增加课堂陈述、课程讨论等检验形式。这些形式不仅可以检查学生课内学习情况，也可以检查他们课外学习的效果，不仅可以考察他们对固定的知识点的掌握，更能考察他们对知识和技能的实际运用情况，因此更为客观和全面。

第三节　智慧课堂组织管理

在我国，外语教学是学生进行外语知识学习的主要途径，教师的教学是影响学生学习效果的重要因素。从这个意义上说，课堂教师会话分析也与教学效果有着直接的联系。

一、外语教师话轮转换

（一）外语教师教学话轮转换

话轮转换（turn-taking）是会话分析（conversational analysis）中的重要

研究内容。随着外语教学改革的推进，进行外语教学话轮转换的研究对于建立以学生为中心的教学模式大有裨益，同时还能够促进学生学习主动性和积极性的建立。学者埃利斯（Ellis，1990）认为在师生话语交际过程中保证学生有足够机会参与信息交换是有效发展外语能力的路径。①

在外语教学尤其是口语教学过程中，话轮转换是进行课堂教学开展与互动的基本表现形式，话轮转换的频率与广度对学生学习的积极性与有效性影响深远。因此，对外语教学话轮转换进行研究有助于师生之间进行有效的交际，对于课堂互动教学模式的形成也有着积极的促进作用。

从通俗的角度考虑，外语课堂话轮转换研究也就是对课堂教学中师生轮流说话现象的研究。在研究过程中，应该注意在外语课堂上师生话轮的数量与比例，以及教师分配话轮和学生获得话轮的途径。

我国传统外语教学模式注重对学生基础知识的传授，因此学生在课堂的大部分时间都是在被动地接受知识。这种教学模式使得教师掌握话轮的支配权，学生不能通过自由竞争获取发言，因而失去了参与课堂活动的积极性。②但是口语教学和学习对学生主动性要求很高，学生需要集中注意力，积极配合教师教学。在这种情况下，了解课堂教学话轮转换就显得更加重要。

研究外语课堂话轮转换，对于师生的课堂话语行为能够有所了解，从而对课堂活动的交际潜能及学生参与度进行更深入研究。③大体上说，外语教师话轮转换可以通过以下几个方式进行。

（1）增强话轮转换意识

在外语教学过程中，教师对课堂的掌控权在很大程度上影响着其话轮转换。为了提高外语教学效果，教师首先应该改变传统的一言堂教学模式，增强自身话轮转换意识，多给学生进行课堂交际的机会，这一点在外语口语教

---

① 徐红梅.基于话轮转换视角的大学外语课堂互动策略实证研究[J].语文学刊（外语教育教学），2013
（6）：159.

② 颜晓华，胡心红.话轮转换类型分析与外语课堂教学[J].安徽工业大学学报（社会科学版），2007
（5）：79.

③ 同上，第80页.

学中尤为重要。

（2）增加学生话轮数量

随着外语教学改革的推进，学生在教学和学习中的中心和主体地位被很多教学工作者重视。因此增加学生话轮数量，加强教师在教学中的指导作用成了提高教学和学习效果的一大举措。

增加学生话轮数量可以通过小组活动或结对子等活动进行。通过学生集体讨论、教师引导的形式，课堂学习氛围上升，教学效果自然也得到提高。

需要注意的是，教师在教学中的引导作用对于学生话轮的有效性有着重要影响，因此教师可以采用一定的方式增加学生话轮。

（1）改变提问类型。教师在口语教学中可以增加开放性问题的数量，从而引起师生之间的探讨，学生对问题的参与度提高，其语言交际能力也会得到发展。

（2）增加有意义协商的反馈。教师对学生的反馈是学生了解自身学习情况和学习进度的重要方式。通过增加有意义协商的反馈，学生可以提高自身话轮转换的频度与广度，使学生能够根据具体的环境和交际主体调整自己的话轮。

（3）创设真实话轮环境

外语教学的目的是提高学生的交际能力，以使学生能够使用语言进行正常的语言交际。因此，在教学中教师需要通过真实的语料为学生创设真实的话轮环境，有意识地创造机会，使学生在真实的会话语境中掌握话轮转换的规则和策略。[①]

（4）关注学生话轮状态

在课堂教学过程中，学生的话轮状态能够在一定程度上反映学生的学习状态。因此，教师需要关注学生话轮状态，抓住不同形式的学生反馈信息，评定学生此时的学习情况，从而灵活调整教学进度和活动，最大程度提高外语教学效果。

---

① 徐红梅.基于话轮转换视角的大学外语课堂互动策略实证研究[J].语文学刊（外语教育教学），2013（6）：160.

（二）外语教师教学话轮分配

学者艾米（Amy B. M. Tsui，1995）指出，"课堂话轮分配是指教师通过指定某人接替话轮或把话轮公开出让给全班的方式把话轮分配给学生。"[1]从一般意义上说，课堂话轮分配主要包括个人话轮分配和全体话轮分配两种形式。

（1）个人话轮分配指的是教师指定某一具体学生接替下一个话轮。这种话轮分配主要可以通过指定具体学生姓名和利用手势指出的方式进行。在具体课堂教学过程中，教师还可以通过眼神示意某位学生接替自己的话轮。

（2）全体话轮分配指的是教师将话轮公开让给全班学生，班级内的所有学生或任何一个学生都可以接替下一话轮。在这种话轮分配模式中，教师可以通过明晰的语言或者通过环顾全班以问题的形式进行。

随着外语课堂活动形式的多样化，小组讨论的形式在话轮分配中也时常出现。教师可以将话轮分配给具体的学生小组，这种形式更加具体、灵活，能够活跃课堂氛围，对于学生集体责任感和合作意识的形成也大有裨益。

外语教学是培养学生语言能力和交际能力的重要场所，在课堂中组织学生参与各种类型的语言交际活动是促进语言习得的有效手段。[2]教师在教学实践过程中应该让学生有接替话轮的机会，从而变被动教学为主动学习，增加学生学习的积极性和主人翁意识。

二、外语教师提问

课堂提问是外语教学的重要环节，需要教学者采用一定的会话技巧来调动学生的积极性。下面就对外语教师提问会话序列进行研究。

---

[1] 赖定来.外语课堂的话轮分配分析[J].基础教育外语教学研究，2003（9）：37.

[2] 洪文静.课堂话轮分配对学生参与的影响[J].湘潭师范学院学报（社会科学版），2007（7）：173.

（一）课堂提问的类型

课堂教师提问根据不同的划分方式可以有不同的分类标准。

学者巴恩斯（Barnes，1969）最早提出了教师提问的四大类型。

（1）事实性提问，通常以what，when，who，where开头。

（2）推理性提问，通常以how，why等开头。

（3）封闭性提问。

（4）开放性提问。

从提问的功能上进行划分，可以分为回应性提问和认知性提问。其中回应性提问，指的是教师通过不断重复从而保证学习者的理解，主要包括澄清类问题、确认性问题两种。认知性提问指的是用于习得信息的问题，其又包括未知信息类问题、已知信息类问题、表达类问题和修辞类问题。

理查德和纽南（Richard & Nunan，2000）认为，提问可以分为低水平问题和高水平问题。低水平问题只需要回顾知识点，而高水平问题要求进行高层次的思维活动。[1]

我国学者鲁艳芳和吕道利（2011）根据对课文的理解，指出提问可以分为课文显性问题、课文隐性问题和超越课文问题。

（二）课堂提问的策略

课堂提问的进行并不是随意的，而是需要教师以教学目标为原则进行科学的教学设计，同时加之以自身的教学经验，结合学生实际进行。我国学者吴德芳和夏玉兰（2002）认为，在教师提问过程中可以使用以下几种策略。[2]

（1）问题要多样，加大高认知水平的问题。

（2）问题要少而精。

---

[1] 赵妮莎.基于"支架"视角的外语专业课堂中教师提问的探讨[J].外国语文，2012（5）：134.

[2] 吴德芳，夏玉兰. 教师提问的八大策略[J]. 教学与管理，2002（7）：50-51.

（3）教师需要适当延长问题回答的时间。

（4）科学采用非语言行为。

（5）发挥集体教育的力量。

（6）进行试探性提问。

（7）延缓对学生的评判。

（8）利用学生的观点。

（三）外语教师课堂提问的现状

在外语教学过程中，进行课堂提问通常存在以下几个问题。对这些问题的分析有助于后续提问会话序列的研究。

（1）问题类型缺乏吸引力。我国外语教学通常为大班教学，教师在教学进度等的压力下，将课堂大部分时间用于知识教学，给学生的语言训练留的时间较少。为了带动课堂气氛，教师会通过提问引起学生注意。但是这些问题大都是单一的教师问学生答的类型，很多问题都相对简单，学生利用常识或者查找课文便可轻易答出。在这种教学环境下，学生的外语思维能力得不到全面发展，语言使用能力和交际能力也得不到训练。

（2）提问对象不均衡。在大班教学制度下，很多外语教师采用随机点名的方式进行提问，或者根据学生名单进行顺序点名，更有甚者，很多教师喜欢提问上课积极的学生。这种提问对象不均衡的现象，容易拉大班级学生差异，学习不好的学生容易感到挫败感，丧失对学习的自信心。

（3）课堂提问等待时间不足。由于我国外语课时相对紧张，而教学内容却十分繁杂，因此教师在提问过程中，不能给学生留足提问思考的时间。当教师提出问题后，就要求学生快速作答。这样的提问方式非但没有提高教学效率，还容易造成紧张气氛，加大学生对教师的依赖，不能培养学生独立思考的能力。

（四）外语教师课堂提问会话分析

针对上述外语课堂提问的问题，有必要进行课堂提问的会话序列研究，从而提高课堂提问的科学性和合理性。

1.会话序列的不对称

上述外语课堂提问问题，主要是由于会话序列的不对称。这种不对称包含以下几个方面。

（1）信息序列不对称

在日常的提问过程中，一般都是提问者不明白所以需要进行提问，这时提问者的信息掌握量要低于回答者。但是在外语课堂提问中，教师的提问是基于对学生的引导与刺激，其信息掌握量要高于学生。这种信息的不对称性构成了一种特殊的提问方式，很可能造成学生的沉默和茫然，在一定程度上影响了提问的效果。

（2）权势序列不对称

在课堂提问过程中，由于信息占有量的不同，因此问答者双方的权势序列是不对称的。外语教学中，教师占有较多的信息量，因其是高权势，在提问过程中一般不会使用礼貌用语，而采用直接性问答的方式。这种问答方式会加重学生的低权势地位，使一些害怕出错的学生感到畏惧，或者不愿意轻易开口回答。

（3）会话结构不对称

在外语课堂提问中，提问双方会根据信息占有量和权势进行问题回应。当回答者的信息量或者权势都大于或者一方大于提问者时，其会选择以语言的形式进行回应。而在实际教学过程中，学生无论是信息量还是权势都低于教师，那么学生很可能通过沉默来回避教师提问，从而影响正常教学活动的展开。

2.提问现状的启示性

通过对会话序列不对称性的分析，需要对信息与权势所演变来的教学提问现状进行更深层次的分析。学者李庆生、孙志勇指出，教学提问中信息与权势的出现有其深层次的原因——文化传统、教学现状及对互动式教学的认识。①

第一，文化传统对课堂教学提问的影响。我国受传统儒家思想的影响，注重礼仪教化，有着尊师重道的优良传统。在这种社会背景下，人们多将教师看作知识的传授者以及道义的楷模，因此会加重教师在信息量和权势两方面的权重，形成学生的心理压力。

教师在课堂提问中，学生会认为这是对自己知识和能力的挑战，从而心生畏惧。除此之外，中国人有着谦虚的品格和处世哲学，因此在教学互动过程中会有所保留。这也对教学提问的展开有所影响。

第二，应试教育对课堂提问的影响。虽然我们现在积极推进教学改革，但是还未彻底摆脱应试教育的模式。例如，在教学比重安排上，口语比例较低，同时口语课程的开放性也未得到全面重视。这些问题也都直接影响着课堂提问的进行，有些学生甚至认为，考试中不考口语，因此在口语上付出的主动性和积极性较低。

第三，互动式教学对课堂提问的影响。在我国传统教学的影响下，很多学生在课堂上不敢主动发言，不敢挑战教师权威，致使课堂气氛沉闷，不能起到提高自身交际能力的目的。现代外语课堂应该是开放的、互动的，师生之间地位平等，权势平衡，不存在教师高高在上的现象。

外语教学是一门学问，需要考虑教师和学生的不同身份与时代特点。对课堂提问的会话序列研究，应该在平衡信息和权势的基础上进行，从而让课堂提问在外语教学中发挥最大的作用。②

---

① 李庆生，孙志勇.课堂提问：是获取信息还是挑战——对大学外语课堂中教师提问功能的会话分析[J].中国外语，2011（1）：247.

② 王念婷.信息与权势——对大学外语教学中课堂提问的会话分析[J].赤峰学院学报（科学教育版），2011（12）：247.

三、外语教师反馈

受我国传统教学环境、社会环境的影响，我国学生在外语学习中的积极性和开放性并不是特别高。教师作为重要的教学引导者应该及时关注学生学习特点，对学生学习状态进行积极反馈，从而调整自身教学计划，最终提高教学效果。

大体上说，我国教师在教学中反馈的形式主要是通过重复。重复的话语虽然能够使师生之间的教学互动得以研究，起到引起学生注意力的效果，却对学生语言输出的质量没有根本性的改变。经常性地重复原生的话语还会在一定程度上阻碍学生语言能力的发展，减少了学生语言输出与联系的机会。

中国教师较常使用的另一反馈策略是澄清。[1]通过语言澄清，教师指出学生语言中的错误之处。相对于重复来说，这种会话形式更容易使学生了解自己的语言不当之处，从而进行注意与改正。但需要注意的是，教师要注意自己语言澄清的频率，不能逢错必纠，造成学生的心理压力。

外语教师反馈模式对学生语言学习的质量与效率有着重要的影响，但是在具体教学中应该避免过多使用重复的反馈形式，多鼓励学生，减轻学生口语学习上的压力，使学生能够积极参与课堂互动。

四、外语教师纠偏

教师课堂会话是语言语用的重要内容，因此基于语用学中的礼貌原则对教师进行会话分析研究能够提高外语教师课堂用语的科学性与合理性。在教学中，教师的纠偏模式会影响学生的学习态度与学习效率，下面就基于礼貌原则对外语教师纠偏模式进行会话分析研究。

---

[1] 张奕.中外教师言语反馈的会话分析[J].郑州大学学报（哲学社会科学版），2010（2）：126.

（一）礼貌原则概述

1.莱考夫的礼貌原则

行为主义心理学主张，礼貌的使用对交际对象的心理产生一定的影响作用。换句话说，行为主义心理专家认为，礼貌的言谈举止往往让对方感到心里舒服，而不礼貌的言谈举止则常常让对方很不高兴。因此，礼貌原则的使用对人际交往的质量有着重要的影响。针对这种现象，莱考夫（1973）指出了礼貌研究的基本范畴，同时提出了交际中说话人要遵守的三个礼貌准则。下面对莱考夫的礼貌原则进行列举和分析。

①不强加原则：所谓"不强加"原则指的是，在交际中说话者要对受话者的意愿进行尊重，同时不能将自己的意愿强加于他人。

②留余地原则："留余地"原则指的是在交际过程中为交际对方和自己都留有一定的回旋余地。因为现实的交际环境是十分复杂的，所以说话人的意见和请求有可能不被接受，这时说话人的语言就需要把握好度，从而给自己留有一定的余地，保证交际的顺利展开。

③增进友情原则：增进友情原则指的是在交际中，交际双方的交流要以促进交际目的的顺利进行为导向进行语言的选择与运用。在交际过程中，切不能以自我为中心，忽视交际对方的感受。增进友情的原则适用于社会距离较亲近的交际双方，如好友、恋人之间。

2.利奇的礼貌原则

利奇（Leech，1983）认为，在交际中使用礼貌原则不仅是说话者教养程度的表现，同时也是增进交际距离的重要手段。在他看来，"人类的话语交际更多时候表现出一种社会属性，每个人的社会交际必须有一定的社会规约"[①]。据此，利奇提出了礼貌原则。

需要注意的是，利奇的礼貌原则的提出是合作原则的补充，但是这并不代表礼貌原则是合作原则的次则。利奇的礼貌原则是对格赖斯（Grice）合

[①] 何自然.语用学十二讲[M].上海：上海华东师范大学出版社，2010.

作原则进行反思和批判的结果。

（二）基于礼貌原则的外语教师课堂纠偏模式

在外语教学过程中，教师及时地纠偏对于学习者语言能力的提高有着重要的指导作用。需要注意的是，纠偏模式带有一定的科学性，教师需要根据具体的理论进行。下面就从礼貌原则的角度就教师的课堂纠偏模式进行分析。

1.级别性纠偏

在教学过程中，师生的地位是平等的，教师是教学的指导者，学生是学习的主体，教师应该遵循礼貌原则进行科学性纠偏，切不可进行级别性纠偏，对学生使用强制性、不礼貌的语言。

2.合适性纠偏

根据交际内容确定礼貌方式。日常交际中，如果交际内容是请听话人做一件小事，说话人通常不太注重礼貌，也不管听话人的身份与所处的场合，使用一些比较随便的话语（如简单的祈使句）。根据这个原则，在教学纠偏过程中，对于一些需要学生严肃对待的问题，教师需要使用更加礼貌且正式的表达方式引起学生的重视。如果不注意纠偏语言选择与其礼貌级别之间的关系，使用了礼貌级别不合适的语言，往往会导致交际失败。

3.强加性纠偏

在课堂纠偏过程中，教师还需要注重不要使用强加性纠偏。这点也符合礼貌原则中的不强加原则。

交际过程中，不强加原则的使用可以通过多种方式进行，如改变说话语气、征求对方意见、道歉等。通过这些语言形式的使用，说话人的说话方式得到了缓和，从而其表达便更加委婉，受话人也更加容易接受说话人的观点。需要注意的是，不强加原则有一定的适用范围，其主要用于交际双方的地位、权势存在一定差异的社交场合，如上级和下级之间、教师和学生之间等。

第四节　智慧教育信息处理

21世纪，信息化发展突飞猛进，信息技术在各个方面都影响着社会生活，作为富国强民关键所在的教育，也同样受信息技术的影响。一个国家的国力和现代化水平成为目前衡量的重要标准，我国在信息化改革的方向上非常重视。现代化的教育可以体现出国家具有较高的教育发展水平，它是对现存的传统教育方式的一种挑战和超越。

教育的现代化，就是要通过各种不同的教育方法来实现人的现代化。教育的信息化应该以先进的理念为指导，采用现代化先进的信息技术，培育出高素质的综合人才来为国家的长远发展提供动力。世界上许多国家都将教师的信息化培训作为一种提高教师教学水平的重要方法。例如，美国提出，教师授课前需要进行相关的信息化培训，需要在教学时熟练使用计算机，如同熟练使用粉笔一样；澳大利亚则对新入职的教师有明确要求，需要教师能够对计算机进行一定操作。

目前，在我国大部分地区已基本覆盖了信息化的教育，但是在西部的一些地区还尚且不足，尤其是中国农村地区，教师的信息化能力还较薄弱，信息化课程覆盖不够全面。

一、教师信息化教学设计能力现状及影响因素

(一) 教师信息化教学设计能力研究现状

1.国内教师信息化教学能力的研究现状

近些年来，各专家、学者的关注，让此方向的研究变得深入。国内对教师信息化教学能力的研究，从最初"信息教育"和"教育信息化"开始，较

为全面地提出了"信息化教学设计",随着发展,我国主要对教育技术的能力相关项目实现予以支持,通过项目的培养,提高教师在信息化教学设计方面的能力。近年来,我国在信息化教学能力研究方面有以下几点表现。

首先,信息化教学设计推行的面积广,包括了模式、内涵、概念等,对信息化教学设计实践起到了非常有利的引导作用,但是与另外的学科联合研究的深度仍不足,理论仍显得薄弱。

其次,在建设资源方面没有给予足够的重视,所开发的资源远远不够用,而只有在理论的指引下,研发出信息化教学的一系列资源,才能让信息化教学得到实际应用。

再次,信息化教学的标准未统一,在这种情况下,信息化教学没有发展的依据,在分析、提出发展对策时显得盲目,没有找到改进的方向。

最后,培养的方式多元化,重视程度越来越高。

2.国外教师信息化教学能力的研究现状

在国外的发展中,与我国的"信息化教学设计"研究不同,而是提出了"教育信息化"和"信息技术"等说法,信息技术的不断发展,引发了教学设计版块的很大变化,而这些进步在国外一些领域的研究中已经产生了良好的效果。例如,在英国,高等教育资助委员会建立的"高质量促进中心",利用信息技术开发的教学体系提高教学成果,形成了学习者学习的重要平台;在信息化教学板块,美国是走在最前沿的国家,在美国国家政策的支持下,很早就开展过中小学信息化教育的项目,如"明星学校",就是由教育部发起的计划,开发了许多全面的信息化教育的课程。而法国的教育部也创建了"知识数字空间",这是包含了丰富基础知识的一个全面的中小学信息网,在安全化的访问方式下,实现了对教育资源的分享。日本也提出了教育信息化的方案,将信息化教育列入了国家的中长期发展规划中,目标为"授课变化""儿童变化""学校变化",依据目前中小学教育的信息化状况及未来发展的方向,准备将中小学教材数字化,减轻纸质版教材的重量,逐渐增加电子教材的比重,将电子教材的发展作为中小学教育信息化的方向和趋势。

（二）教师信息化教学能力的不足

1.教师对技术设备的使用不熟悉

在学校软件和硬件设备配置齐全的条件下，教师对学校这些设备和软件的应用有了一定的了解，但是只会一些基本的操作。而教龄比较长的教师对这些信息化手段的使用感觉到较大的压力，对在实际应用中遇到的信息化软件使用问题更是比较费力，这样就造成了教师在实际教学中，虽然能够利用这些软件，却难以将其功能更好地展现出来，教师在信息化技术的应用能力上难以进一步提高，也浪费了一部分教学资源。当前我国很多学校都有这样的难点，这也成为这些学校不能更好地实现信息化技术教育的原因之一。

2.教学信息的呈现能力不足

学校完全设置了网络教学，学生可以利用学校的硬件设施和软件与教师进行互动学习。教师在课堂上通过信息技术将要教授的课堂内容呈现出来，以便更好地和学生交流。当前，很多教师在课前能够做好简单的课件，但是在制作动画软件和网页制作工具等高级软件的应用方面掌握得并不熟练。在录制课堂的过程中，教师对录制课堂的制作技术也有待提高，录课的内容往往只是简单地讲课。教师是否能够将多媒体课件制作完善，课件的好坏如何，都对实际课堂中的教学有非常大的影响。只有在教师能够熟练应用各种多媒体课件的制作工具后，才能将课件的内容体现得生动丰富，这样才能抓住学生的注意力，充分调动学生学习的积极性。

3.信息技术的评价能力不够

教师在实际教学中，虽然已经利用了信息技术来评价教学成果和学生的学习情况，但是未能进行有效、科学的评价。教师十分重视学生学习情况的评价，但是如何用好信息化技术有较大的难处，因此要搭建信息化评价体系，对学生的情况实行信息化管理、评价。在教学的评价板块，大部分的教师都很好地掌握了成熟、科学的教学评价观点，都认为在实际的教学中，需要采取多元化的评价框架和评价方式。但是教师在对学生进行实际学习评价时，很多时候将重点放在了学习成果的评价上，对学生在学习过程中的信息收集步骤缺乏重视，忽略了对学生学习过程的评价。

4.其他问题

教师在操作教学设备的过程中，如遇到问题，并不能及时地解决，利用信息化技术教学的课堂很难达到预期的教学效果，且教学中要用到的软件工具未得到及时的更新，导致软件使用的效果受到影响，教师没有掌握好新技术，部分教师站在信息化技术的运用方面未能实现其常态化学习，导致教师对信息化技术热点的问题了解不够，这对教师的心理造成了一定的压力，并且有部分教师没有系统详细地进行信息技术培训，这就使教师在使用信息化技术来教学时更不知所措。对一些不受重视的学科，信息化技术的运用也存在一些问题。教师没有将信息技术培训进行到位，导致一些教师对这些软件使用不熟悉，学校也缺乏这些学科相关的信息化教学资源。同时，这些学科的信息比较闭塞，没有与外界进行有效的学习交流。因此，学校也需要关注这些学科教师的信息技术应用能力的培养，在信息化的发展过程中，这些成为不能忽略的问题。

（三）教师信息化教学设计能力问题的解决方案

1.打造信息化技术的校园文化

当前，部分教师对信息化教学存在畏难情绪，对新技术、新软件的学习不积极，更加倾向于传统的教学模式，导致信息化教学难以全面覆盖。在这种情况下，学校可以在学校宣传信息化的理念，学校的领导阶层要在课堂和教学的信息化素质方向起到引领作用。学校可以组织专家到校园举办讲座，让教师可以学习信息化技术下的优秀课程，提高教师对信息化技术的喜爱。学校还可以组织多样化的信息技术比拼活动，积极动员教师参加活动，提高教师在这方面的成就感和荣誉感。教师可以积极地展示作品，由此影响不积极的教师，让他们也进入主动学习的队列。

2.搭建相关信息化技术的监测和评价体系

在信息化教学的发展中，离不开对其的监测和评价，只有搭建了完善的监测和评价的体系后，才能对教学中运用信息化技术的效果进行有效的评估，以更好地发展信息化教学模式。教师在运用信息化工具进行实践教学的过程中，每节课教授的课程内容不同，学生每堂课的状态和表现也不一样，如果想利用一些技术工具对学生进行评价，但授课教师没有健全的可参考的信息化技术监测和评价的体系，就难以作出公正、客观的评价。因此，构建健全的、多元化的信息化技术监测和评价的体系，既可以监测学生的学习过程，并在结束后形成总结评价，教师也可以利用监测和评价体系来对课堂教学的效果进行审评，并在后续的课堂中改进和发展。所以，开发出一套合理、多元、精准的监测和评估机制，能够全面、科学地分析出教师在信息技术应用方面的能力，并以此为提示，为教师提升个人的信息化能力指明方向，从而提升课程的质量。

3.针对性地解决重难点

在每个学科的具体教授内容中，课堂内容不是一成不变的，而是由不同的内容组合而成的。当然，并不是每门学科的所有内容都可以信息化，反而有一部分内容不方便甚至难以信息化，这就导致教师在教授这些部分内容时对信息化技术的利用有了畏难情绪，没有总结并针对性地开发这方面的课程内容。

针对教师在教学过程中遇到的重难点进行总结，并按照这些重难点的侧重来开发一系列信息化教学内容，既丰富了信息化课程，还可以加大教师对信息化技术手段的全面学习。而在教师个人方面，可以提高教师对信息化技术的学习积极性，让教师在平常的教学工作中，能够解决遇到的一系列问题，开发出更适合自己讲课风格的信息化课程，使信息化教学全面化。

在基础建设方面，要争取全面地铺设好基础硬件建设和软件升级，只有基础全面建设到位，才能让信息化教学有用武之地。而从教师的个人层面来说，需要教师认清自身在信息化教育中的熟练程度，并且针对教学中的重难点和尚未学习的方法进行学习和改进。在教师的整个教学过程中，教师应该明确自身所存在的问题，并按照一定的教学规范，全面提升信息化教学意识和能力。在学校方面，应该针对教师在教学过程中遇到的问题，提供更好的保障。除了全面完善和提高基础建设，为教师提供全面的硬件条件，还可以采取各种激励措施，学校可以通过自身和其他学校的比较，分析本校与其他学校在信息化技术利用等方面的不同之处，明白自身的优点和自身问题来对症下药，从根本上提升教师利用信息化教学的能力，并采用信息化监测和评价体系，对整个教学过程进行监测，对学生的学习成果进行评价，从而不断改进自身的教学课程，更好地建设好信息化教学课程。

目前，我国的信息技术教育也进入了高速发展和良性循环的良好状态。在过去几年时间内，我国一直努力规划和发展信息化技术教育，在政策的支持、资源平台的搭建、基础设施的铺设、教师学习信息技术的能力和学生学习信息化的技能等方面取得了不凡的成效。随着信息化教育改革，各学校需要继续深入地开展我国信息化教育，还要关注各个不同地区和不同层面的学校和教师，全面铺设好信息化教育的道路，让信息化教学更好地为教师的教学工作提供条件，为学生的知识学习提供更便捷的服务。

二、慕课背景下外语教师的专业素质提升

在慕课背景下，外语的研究大多致力于教育教学，然而对教师专业素质提升的研究较少。通过应用慕课，外语教师可以学习专业技能，针对性地弥补自身不足。针对当下慕课背景下外语发展所面临的境遇进行分析，并对外语教师专业素质的提升提出了具体的方法。

（一）我国慕课发展的基本情况分析

慕课充分应用了互联网技术，将外语教学知识点以短视频的方式呈现出来，学习者可以根据自己的需求展开学习。我国在 2013 年开始采用慕课这一教学模式，虽然发展时间较短，却受到了热烈的追捧。我国最早是由清华大学创建了第一个慕课平台，为世界开展在线课程。随着时间的推进，越来越多的平台开始推出了慕课，慕课开始在中国迅速发展。我国建设的慕课平台在世界中占据前沿的位置。对于慕课的发展，国家也提出了明确的发展目

标，旨在提出更多的精品课程，使更多的学生和教师受益。慕课的发展使得教育发展也有了契机和挑战，学生的学习资源更加丰富，学生总会找到适合自己的精品课程，对于学生学习兴趣的提升有着重要的作用。同时对教师专业素质的提升也有着非常大的帮助，教师可以通过学习在线课程弥补自身的不足，提升自身的专业素质。慕课的发展也启发教师在教学中不断创新完善教学方法和教学设计等相关内容，使学生在课堂学习中能够集中注意力，提升课堂教学效果，使学生接受到良好的教育。

（二）慕课背景下外语教师专业素质提升面临的挑战

慕课使教师和学生从枯燥的课堂中脱离出来，教师的教学模式以及学生的学习方式都有了新的变化。慕课的发展使教育教学不得不进行改革，以为教育发展注入新的活力。但这同时给外语教师专业素质的提升也带来了新的挑战。

1.教育资源更具开放性

在慕课背景下，学习资源十分丰富，学生学习的成本也比较低廉，学生可以依据自身的需求选择适合自己的在线课程开展学习，从而使得优质资源的分配更加平衡，一些优秀的教学成果可以实现共享。学习者可以打破时空的束缚，结合自身的需求在任何时间、任何地点开展学习。慕课的发展使得学习更具平民性、碎片性和开放性。慕课在线资源一般由专业的团队打造而成，质量较高，这使得外语教师的教学遇到了新的挑战，有了新的压力。因此，为了不被淘汰，外语教师应该下大力度提升自身的专业素质，探索一条专业发展的新路径，提升自身的教学水平。

2.学习方式由单一到混合

传统的课堂教学方式大多较单一，课堂缺乏灵气，不够灵活。而慕课背景下的教学缺乏对真实情境的了解，教师不能发现学生在学习中存在的不足，也难以把握学生的学习效果，这也就决定了慕课学习方式需要同传统的课堂学习方式相结合。在课余的时间，教师通过慕课为学生布置预习任务，学生根据自己的实际情况开展学习。在课堂上，教师和学生进行面对面的沟通和交流，就学习的重难点以及学生的疑问进行讨论，解决学生在学习中遇到的阻碍。课下教师可以布置在线作业，可以很快地获悉作业完成情况。此外，教师还可以在线上开设讨论平台，允许教师和学生进行讨论。这种混合式学习模式的应用对于推进教育教学发展有着重要的作用，大幅提升了教学的效果。这种学习方式还可以使传统课堂学习模式的优点得以保留，同时发挥了慕课学习的优势。

3.教学呈现动态性

慕课背景下使得课堂发展也有了新的形式。先前的课堂学习以教师的教为主导，新的课堂则以学生的学为主导。新课堂的学习主要是学生在课下通过在线课程完成，课堂中教师的教学比较多样化，可以通过将一些人工智能、虚拟实验等引入课堂。学生学习成果的检验方式也更具多样性，如可以以报告、演讲、小组呈现等方式进行成果检验。学生可以利用一切可以利用的时间开展学习，还可以实时地进行讨论交流。此种学习更具动态性，教师可以随时接收到学生的反馈，学生也可以随时接收到教师的反馈，二者都可以依据实际调整教学和学习，教师随之完善教学设计和教学目标，学生调整学习方式，二者最终都有所发展。

4.教师角色多样性

在慕课背景下，课堂学习方式发生了变化，教师的角色也发生了变化，教师的角色呈现多样性。在上课前，教师需要针对学习内容和学生的学习特点选择合适的在线课程，发送给学生学习，并且为学生安排一定的任务，教师此时扮演的是信息传递者的角色。在课堂中，教师作为教学的传播者，解答学生在学习过程中产生的疑问，并且发现学生在学习中存在的漏洞并及时予以补充。课后，教师通过学生在线完成作业的情况以及课堂学习的状态对学生的学习展开评价，并就学生在学习中需要改进的地方进行指导，同时反思自身的教学，不断完善自身的学习。因此，在慕课背景下，教师的角色具有多样性，教师需要依据不同时间段转换不同的角色，才能更好地帮助学生学习，提升学生的学习效果。这也就要求外语教师应当完善自身的专业素养，才能获得良好的教学效果。

(三) 慕课背景下外语教师专业素质包含的内容

外语教师需要完善自身的专业素养，唯有掌握扎实的专业技能，提升教学效果，才能适应当下社会发展的要求以及外语发展的新形势。外语教师专业素质包含以下内容。

1.系统的外语语言理论知识

外语教师在教学中主要是为了培养学生使用语言的能力，使学生掌握基础的语言知识，并且可以进行口头交流。语言知识和语言技能是应用语言的开端，语言不是一成不变的。所以，外语教师应当学习当下先进的语言理论知识，了解外语语言知识的前沿内容，以这些内容来指导教学，完善自身的综合素养，提升实际教学水平。

2.掌握扎实的外语基本功

外语基本功内容包含听、说、读、写、译等内容，要求教师不仅要熟练掌握外语语法，还能熟练应用外语知识。只有教师基本功扎实，才能在教学中使学生获得全方位的发展。外语教师在教学中应当注重情境的创设，使学生在实际的情形中应用学到的语言知识，使学生学到的知识有用武之地。同时，贯彻"学用结合"的原则，从而帮助学生内化所学的语言知识，熟练地运用所学的语言知识，巩固所学内容，提升学习效率。

3.精通中外语言文化知识

语言是一种特殊的文化，要想使学生能够更加地道地用外语语言去交流，就需要帮助学生了解外国文化。因此，外语教师不仅要精通本国语言文化知识，还需要精通外语语言知识，并且涉猎广泛。在外语教材中，每一单元都有对应的文化背景，这就要求教师在开展教学时，要结合当地的文化背景进行教学，从而帮助学生深入了解当地的语言文化背景，提升文化涵养，从而在开展实际交流时能够更加得体。所以，外语教师应当不断努力学习，丰富自身的文化知识，从而在教学中能够游刃有余。

4.掌握同职业相关的语言知识

外语作为语言课程是服务于其他专业课程，因此教师的教学应当有一定的针对性，使得学生能够获得更多与本专业相关的外语语言知识，从而使学生在开展实际工作时能够得到有效应用。行业外语是为了满足学生工作的需求而设置的，其具有更强的应用性，也展现了教育的特色。行业外语是外语学科发展的必然趋势。所以，要求教师具有丰富的外语语言知识的同时，还应当具备丰富的职业知识，从而使得实际教学的开展更加有针对性。

（四）慕课背景下外语教师专业素质提升的具体方法

1.通过完善考评机制提升外语教师专业素质

慕课背景下外语教师专业素养的提升依赖于建立和完善教师的考评激励机制，以稳定科学的制度来推动外语教师专业素质的提升。外语教师传统的评价侧重于学生考级通过率和教师的论文发表情况，但在实际教学中，这两项指标并不能很好反映出外语教师专业素养。因为根据吴一安教授的看法，现代教育理论外语教师的基本素养要从外语教师的教学能力、外语教师的职业道德素养、外语教师的教学观和外语教师的学习发展观多个方面、多个维度进行综合评价。综合来看，不仅需要外语教师具备过硬的教学本领，还需要教师有高尚的职业操守和职业发展能力。因此，在慕课背景下外语教师专业素养的提升应当综合多个方面，从多角度完善考评激励机制。具体来说，一是根据慕课背景下考察外语教师，是否对于新的教学理念和教学方法能够熟练地掌握和应用。二是通过慕课交流平台反馈信息，让学生对听课效果作出真实的评价，对于能够熟练应用慕课完成师生互动的，要及时给予鼓励。三是通过外语教师内部之间的听课评课记录，要求教师自评，同行互评，实现互相学习、互相进步。

2.建立更加高效的慕课平台

慕课背景下外语教师专业素养的提升需要专业的设备辅助，首先要建设高效的慕课平台。慕课平台的建设主要是依靠现代互联网技术完成的，慕课平台建设需要及时更新设备，包括教室的白板建设、辅助设施建设，提供慕课制作设备。其次还需要互联网端的支持，利用云端智库，一方面引进相应的培训课程，使外语教师能够自学应用；另一方面，完善资源库建设让教师有足够的互联网资源扩充慕课。

此外，慕课学习还需要线上的应用程序与相应的网络学习平台支持，为师生创设慕课与传统教学相结合的模式和环境，不断提升外语教师专业技能。慕课平台建设后，在开始应用和运营后，还需要相匹配的合作平台来支撑。例如，"微课""私慕课"的开发应用和升级，由于现代社会是信息大爆炸的社会，慕课的资源也要紧跟时代潮流不断地更新，要走在时代进步的前方，只有这样外语教师的才不会被时代淘汰。

3.教师作好角色转换准备

在慕课背景下，教师的角色具有多样性，所以教师应当具备随时转换自身角色的能力。外语教师是慕课资源的学习者和挑选者。当下慕课资源十分丰富，外语教师首先需要从中选取优秀顶尖的学习资源，通过学习弥补自身的不足，丰富自身的知识。此外，外语教师还需要为学生选择具有针对性的在线课程，从而使学生学习更加高效。其次，外语教师还应当扮演教学的组织者角色，适时地根据学生的学习进度指导学生学习。最后，教师还应当是评价者角色，教师应当依据学生的在线反馈和课堂反馈，对学生的学习作出评价，从而帮助学生认识到学习中需要改进的地方。在慕课背景下，大量的学习资源充斥着我们，但是为了选择更加优质的资源，外语教师需要通过学习提升自身制作慕课的能力。教师应当有一定的信息筛选能力，依据自己的需求和学生的实际发展情况迅速地完成资源的搜索任务。另外，外语教师还应当学习当下新兴的技术，具备一定的制作慕课的能力，如当下经常使用的录课、三维微课视频制作等。教师还需要加强同其他教师的合作交流，共同探讨，创新交流，通过共同交流学习，完善相关的资源建设。

在慕课背景下，外语教师专业素质的提升是一个长期的过程，也是一项非常重要的任务。随着信息技术的快速发展，外语教师应当充分应用互联网，利用在线课程，不断地深入学习专业知识，同时丰富自身的知识涵养，拓展自己的知识面，创新教学方式，提升自身的专业素养，从而更加高效地开展外语教学活动。慕课是外语教师提升自我的重要途径，也逐渐成为教师提升自我的一种主要方式。

三、外语教师信息化教学能力提升策略

（一）外语信息化趋势及教学能力提升的意义

1.外语信息化趋势

在教育信息化由 1.0 升级到 2.0 过程中，未来教学会将 AI技术与网络技术作为核心内容的信息化模式会得到深入、广泛应用。为此。外语教师须主动承担新时代信息化教育责任，这在推动教育改革和信息化发展等方面具有重要作用。但是教师习惯于传统教学模式，难以将信息技术充分融入外语教学活动中。若要改变此类情况，外语教师需要积极面对教育信息化带来的挑战。为实现教育的现代化，教师需要与时俱进，创新教学方法和教学模式，不断提升信息化教学能力和水平，在课堂教学中充分应用信息技术和网络资源，让外语课堂教学模式更具信息化特征。对于教育而言，在教学中实施信息化教学是今后主要发展趋势。

2.外语信息化教学能力提升的意义

信息化教学能力就是教师在现代教育理论的指导下，通过运用现代信息技术开展课堂教学，完成一定的教学任务和教学内容的能力。它需要教师不断创新教学设计以及教学课堂组织形式等方面，改革课堂教学模式，激发学生学习兴趣，充分体现学生在课堂教学中的主体地位。教师在实际教学过程中，要以学科专业知识为基础，以传授学生知识与技能为目标，借助信息化教学手段，完成有信息化特色的教学设计和教学任务，对学生进行科学合理管理和评价。教师信息化教学能力的培养和提高是实施教学信息化建设的基础，是培养创新型人才的关键，是时代发展的要求。因此，要重视提升外语

教师的信息化教学能力，教师需将现代信息技术充分应用到课堂教学中，培养学生外语学习综合技能，从而提高教育教学效果和教学质量。

（二）外语教师信息化教学能力现状

1.信息技术与课程进行融合的能力不足

由于教师信息化教学理论知识掌握较弱，对外语教学资源进行信息化加工的能力欠缺，因此外语教师在信息化教学设计和信息化教学理论的知识方面相对较弱。很多教师对 PPT、音视频制作剪辑等软件不熟悉，在备课时会遇到很多问题难以解决，大大影响备课的效率。多数教师因为并不精通 PPT 制作，上课的 PPT 课件出现文字较多，不能做到图文并茂，内容版式不新颖，播放方式单一。在教育教学实践过程中，缺乏利用网络平台获取信息并进行整合加工技能。教师对信息技术与课程进行融合能力欠缺，是信息化环境下外语教师应当重视和着力培养的关键。

2.信息化教学培训专业性不强

目前，虽然大多数教师参加的信息化教学培训的机会较多，但是培训面较广，培训内容大众化，针对专业的外语信息化教学培训力度不足。外语教师参与外语信息化教学培训机会较少，使外语教师在教学中遇到的信息化教学问题得不到及时解决，久而久之，会使信息化教学能力提升缓慢。

3.信息化教学设施设备不齐

只有各项基础设施得到优化和完善，才能使信息化教学得到真正的实现。然而从实践中来看，依然存在多媒体设备相对简单的问题。有些音响效果极差，有的显示屏不清晰，电脑运行缓慢，软件更新不及时，部分学校没有语音室和录播系统，硬件和软件方面的配备不齐全。虽然部分学校已投入一定的财力物力支持学院的信息化基础建设，但是仍然滞后了信息技术的快速发展，使教师的信息化教学能力受到很大限制。

（三）制约教师信息化能力提升的原因分析

1.教师自身原因

外语教师对于信息化教学虽然具有较高的认同度，然而因为教师私人时间不足、教学负担重等原因，教师在信息化教学方面投入时间以及精力较少，对信息化教学研究较少，无法充分提升教师信息化水平。另外，不同外语教师在信息化教学方面接受能力存在差异，一些教龄长、年龄大的外语教师在信息化技能训练方面出现一定困难，对外语教师的信息化能力提升产生影响。部分外语教师认为他们所学专业与计算机专业跨度大，造成对音视频剪辑软件的学习难度大，课件制作未能熟练掌握，虽然能运用信息化教学平台开展教学活动，但也存在操作不熟练的现象，甚至有些教师在教学活动中使用信息化技术频率不高。这些教师为了实现教学目标还是会选择传统教学方法，这不利于信息化能力的提升。

2.教育部门原因

（1）信息化教学普及力度不够大。对信息化教学重视程度不足，主要原因就是教育主管部门并未充分宣传信息化教学，使得学校无法全面认识信息化教学，无法广泛覆盖信息化培训工作，进而在校园内部未形成良好的信息化教学氛围，无法引导教师对信息化模式产生良好认同感，也很难有效促进不同教师在信息化模式方面形成互相交流、互帮互助的氛围。学校内部没有广泛开展线下活动、讲座以及宣传工作，难以全面普及信息化知识。教育部门需要提高外语教师信息化教学的重视程度，引导教师在教学实践中积极应用信息技术、主动学习信息技术，引导教师持续提升信息化意识以及素养，强化外语教师在课堂教学中落实信息化模式的主观能动性，进而充分提升教师的信息化水平。

（2）信息化能力标准体系不完善。未构建健全的信息化能力体系，也是造成外语教师信息化能力不足的因素之一。没有符合教育具体情况、可行性良好的教师信息化能力体系，进而难以为提升教师信息化能力提供正确标准与规范，难以提升教师信息化能力的指向性和目的性。标准体系既应该根据教学信息化实际发展情况进行优化以及提升，又应该将信息化社会习性特点充分体现出来，同时应该对外语教师具体状况进行充分考虑。只有对信息化能力体系进行精准确立，才可以帮助外语教师持续提升自身信息化能力，在教学实践中充分融合信息化技术。

3.学校原因

（1）信息化能力考核机制缺乏完善性。在外语教师信息化能力评价方面并未制定准确考核标准，虽然进行信息化技术培训活动，然而培训效果不理想。因此，院校应该积极进行信息化能力培训活动，不定期组织教师开展信息化能力考评活动，基于外语教师具体状况持续优化信息化能力考评机制，将教师参与培训活动的主动性与积极性充分调动起来。健全的考评机制能够充分强化教师信息化能力培训质量，提升教师参与度，进而帮助教师强化信息化能力。

（2）缺乏完善的信息化教学激励体系。当前，并未构建健全相应激励机制，未将信息化能力作为教师职称评定的重要标准之一。教师绩效奖金、工资收入以及其他福利待遇未和信息化教学产生紧密关联，导致教师在信息化技术应用方面的积极性以及主动性不足。教师认为信息化教学并不会帮助自己提升物质水平，甚至认为参加信息化能力学习与培训活动需要占用自身私人时间，在长期发展过程中，在课堂教学中融入信息化技术的教师数量不容乐观。另外，学校进行信息化能力培训活动时，对参与信息化教学能力比赛的教师进行的重点培训未能做到全覆盖。没有完善的激励体系很难充分调动教师在信息化能力培训方面的响应度与积极性，应当充分提升信息化培训覆盖面与参与度，进而充分促进教师有效学习信息化知识，提升培训效果。所以，学校还应该构建健全激励机制。

（四）外语教师教学能力提升的策略

1.建立外语教师信息化能力标准体系

外语教师虽然想要提升自身信息化水平，然而由于缺乏具体标准，导致信息能力提升停留于口头阶段，难以全面落地。所以，构建符合学校的信息化教学具体状况的实用性高、针对性强的信息标准体系是重要环节。在评定工作中需要通过相应标准提供保障，然而标准并非一成不变，需要结合具体情况进行合理调整，进而充分提升标准的实用性以及操作性。应该构建涵盖信息化基本能力、合作能力、教学设计能力、教学评价能力以及研究能力的标准体系。此种体系能够为教师强化信息能力提供良好标准，后续体系持续更新优化能够充分切合外语教师信息化水平，充分提升标准实操性以及可靠性。

2.优化外语教师信息化能力提升体系

校园不仅是发挥外语教师信息化能力的主要地点与平台，也是促进教师信息化能力的外部因素。

第一，高校需要构建包含信息化能力强化维度的考评体系，并将其作为教师教学考核标准。从学校规则与制度等方面提高重视程度，不仅可以提升教师信息化教学方面的认可度与心理紧迫感，同时也可以从根本角度提升教师信息化能力。另外，学校应该开展未入职教师考核工作。例如，在开展招聘活动时，应考核教师的信息技术应用能力，基于同等条件下优先聘用技术能力突出的教师。此种方式可以提高教师招聘质量，同时能够激发教师利用信息技术开展教学活动的积极性，进而增加信息技术使用频率。

第二，学校应该构建激励机制。比如，对教师具备的信息化能力和其所得进行紧密关联，以激励层面为切入点让教师投入足够精力开展信息化教学活动，提升其信息化能力。

第三，学校还需要为信息化教学提供服务，对基础设施进行优化，有序开展教学活动。借助校园共享平台与网络平台，分享信息化资源、丰富信息化教学方法、拓展教学渠道，组织外语教师互帮互助，充分实现信息化资源共享，共同提升信息化能力。另外，应该有效维护与管理信息化平台与资源，进而及时更新信息化资源。

第四，构建符合具体情况的培训体系。因为学校信息化技术培训效果不佳，教师不够重视信息化教学，所以应该构建相应培训体系，加大外语教师信息化培训力度。培训方法以及培训模式应该选择线下培训以及线上培训结合方式、短期培训和长期培训结合方式等，培训内容方面应该结合教师个性化发展和共同基础，主要提升教师信息化能力、素养与意识。

3.加大信息化教学设施设备的投入力度

应该加大资金投入力度，配置硬件资源和软件资源，全力满足教师信息化教学需求。院校应积极举办信息化教学能力竞赛，开展信息化模式讲座，邀请知名学者、专家提供现场辅导以及教学，通过讲座以及其他方式，与高职外语教师日常工作进行有机融合，促进各个教师之间交流以及互动，充分提升教师的信息化素养与意识，鼓励教师积极应用信息化技术。另外，也应积极宣传信息化创新教学典范，并借助信息技术共建信息化知识库用以共享知识，鼓励教师不断进行信息化知识学习，不断提供优质教学服务，推动信息化技术在外语教学活动中的应用，进而充分提升教师信息化能力。

4.强化外语教师信息化综合素养

外语教师是信息化教学模式的践行者。教师不仅应该在心理方面对信息化模式形成良好认同感，也应在课堂上主动应用信息技术，进而才可以在源头上提升教师信息化能力，这就对教师提出了如下要求。

第一，不断提高教师信息化教学设计和操作能力。学校应建立完善的激励机制，加大教师信息化能力培养的重视程度，鼓励教师参加信息化教学能力比赛。采用集体备课和观摩课的形式，促进教师相互学习。教师需要积极探索线上与线下混合式教学，利用超新学习通、蓝墨云班课等教学平台实施翻转课堂教学模式，为学生创造真实语用环境，帮助学生深入感知外语，强化其外语语言综合技能的培养。这要求教师在教学过程中要熟练操作微课、PPT 制作技术，熟练运用录屏、趣配音、思维导图以及词云图制作等软件并制作出精美、内容清晰以及图文并茂的课件。结合场所需求，合理设置有趣生动的动画、视频背景与图片背景，为微课、PPT 课件增色，从而提高学生学习兴趣和教学效果。

第二，提升外语教师的培训参与度。外语教师应该主动参加信息化学习与培训活动，对现代教学和传统教学方式进行有机结合，对自身教学成果、水平和信息化教学进行评估，进而充分优化教学质量。

第三，创新信息化教学模式。当前互联网技术快速发展，外语教师作为学生在学习活动中的引导者，应该主动学习、掌握前沿知识，刻苦钻研，转变教育教学理念。在信息化能力方面，不仅需要掌握基本技能，同时还应该进行充分创新以及突破，促使信息技术转变为外语教学的关键技能。

综上所述，国内外在外语教师信息化能力方面的研究内容较为丰富，然而研究层面主要集中在汉族地区院校，对于我国外语教师信息化能力研究处于探索研究状态，缺乏足够的借鉴成果。结合外语教师信息化能力现状，探究其信息化能力的不足的原因，提出建立外语教师信息化能力标准体系，优化民族地区外语教师信息化能力提升体系，加大信息化教学设施设备的投入力度，强化外语教师信息化综合素养等策略。希望在教育部门和教师的共同努力下，不断提升外语教师的信息化教学能力，推动外语教育进一步发展。

第五章　外语教师职业能力发展的
实践策略

　　教师职业能力发展不是一个自然的成长过程，而是一个连续不断的过程，其除了通过教师个人的努力，还需要其他教育措施给予教师发展相应的保障。而构建有效的教师专业发展模式显得非常必要，其是教师专业成长的关键。另外，随着时代的发展，教育不断变革，教师专业发展模式也发生了改变。本章重点分析外语教师职业能力发展的实践策略。

第一节　实施职前职后教育

一、职前培养：探究教师职前教育

（一）外语教师职前教育的取向

1.实践取向

自20世纪80年代起，人们就意识到，外语教师职业的专业性最终体现在其专业实践之中，脱离实践的做法只会使外语教师教育的路越走越窄。只有经过高质量的教育实践洗礼的师范生，才可能在教育教学工作的价值观和方法上表现出专业性，才可能在高深的教育理论和日常教学间建立联系。具备实践性知识和教学实践能力已经成为外语教师专业素质中极其重要的一部分。可以说，"回归实践"已经成为国际外语教师教育的潮流。[①]

有学者指出，现代高校外语教师培养的重要环节就在于师范生的教育教学实践。而对于师范生们来说，在实习阶段，他们可以增强实践性知识，逐步形成职业品性、职业情感、职业态度。因此，这一阶段是他们作为准外语教师入职的重要和必备阶段，是外语教师教育中至关重要的环节。

2.实习发展取向

在历经了几十年的外语教师教育改革后，外语教师的教育实习应从"行为主义"理念下的"示范模仿型实习模式"转向"认知心理学"理念下的"交互自省型实习模式"。在这种模式中，实习外语教师和实习指导外语教师之间由被动关系转向交互关系，在这种关系中外语教师通过自身的反思来实现专业成长。在美国形成、发展并趋向成熟的这种实习模式对法国、加拿大

---

① 骆玎.中美教师教育实践课程比较研究[M].北京：中国社会科学出版社，2012.

等发达国家的外语教师教育和教育实习产生了较大的影响。

（二）外语教师职前教育的问题

1.外语教师实习工作趋于"表面化、走过场"

教育专业师范生的实习阶段本就是外语教师培养培训的实质阶段。但在实际的教育实习过程中，实习准外语教师们由于"非生非师、亦生亦师、半生半师"的尴尬角色定位，由于教育实习在课程设置中仍然处于较为"弱势"的地位，导致在教育实践中，高校的外语教师和师范生们对目前学校的实际现状无所适从，来自所在学校的指导外语教师和师范生们关系也呈现出机械化、模式化的特点。教育实习阶段本应是高校和所在学校之间深度交流的重要阶段，但二者之间的合作呈现出一种表面化、走过场的状态。

2.实习工作随意性大，缺乏正规化和系统化

我们首先能够了解到，师范生对实习过程和实习效果是充满期待的。并且，师范生会主观上认为自己对实习有所准备，但由于实际经验的欠缺，实际上准备并不充分。目前，准外语教师实习工作的随机、随意性仍然很大，缺乏正规性和系统性。所以，准外语教师的实习工作应该逐步正规化、系统化，以满足实习外语教师的需求，让他们对这个职业建立更加良好的认知和认同。

3.实习工作的指导性有待加强

外语教师实习工作效率提升项目中的外语教师不仅指准外语教师们，还包括参与指导一线外语教师们。也就是说，对于实习工作的指导，不仅是针对师范生们和即将踏入工作岗位的准外语教师们，还要对参与实习指导的一线的外语教师们进行"怎样对实习外语教师进行实习指导"方面的指导和培训。下面针对师范生们和即将踏入工作岗位的准外语教师们进行分析。

对师范生的实习指导应该从准备开始实习阶段开始，一直持续到实习的最后阶段。指导的内容包括这个过程中的方方面面。就拿实习之前的培训和指导来说，如果不对教育专业的师范生进行实习前的培训和指导，当师范生真正进入实习场域后，会出现角色定位模糊、实习目标不清晰、实习任务不明确、实习效果不明显等问题。就会"往往一片茫然、毫无准备地进入教育真实情境中。不少师范生会因此提出'我究竟是谁？''我该做什么？''我能做什么？''我怎么去做'的疑问"。因此，在实习前就应该进行有针对性的培训和指导，并且这个指导过程应该一直持续到实习结束之后。要提升外语教师教育实习的质量，对师范生这个准外语教师群体进行指导。

总体来说，在外语教师教育实习的过程中，涉及的主要人员都应该明确自己的职责、分工和具体任务等，尤其是实习外语教师和实习指导老师。在外语教师培养培训模式中，高校的教育专业应该和实践基地联手，制定、编写指南、细则等，并由各自的主管单位纳入各自的考核评价体系之中。

（三）外语教师职前教育的价值追求

1.以实习外语教师能力的提升促进高校的人才培养质量

外语教师实习工作效率提升项目的一个核心价值追求就是提升实习外语教师的教育实践知识和实践能力。实践方面作为教育专业师范生素质的一个重要方面，它的提升无疑会大大提高师范生们的整体素质，使得师范生们在走上工作岗位后更容易获得工作单位的肯定及其他利益相关共同体的认可，从而也就提升了高校的人才培养质量。

2.以实习指导外语教师能力的提升促进所在学校的发展

外语教师实习工作效率提升项目中受益的另外一方就是来自一线的实习指导外语教师们。指导实习外语教师的过程会促进实习指导外语教师们积极反思、总结自身的经验，有助于他们将自身隐性的教育经验性知识向显性的教育理论性知识转变。实习指导外语教师作为外语教师队伍的中坚力量，这样一种经验的升华和能力的提升会直接推动所在学校的发展。

3.以外语教师教育实习工作长效机制的建立保障实习工作的高效开展

外语教师实习工作效率提升项目的探索和实施无疑是开发了一种高校和实践基地之间的外语教师教育实习的长效机制，这种长效机制的建立会从根本上保障实习工作的高效开展。

（四）外语教师职前培养培训模式建构的基本步骤

一般高校鉴于自身实践与应用型人才培养的教育取向与特点，都会有自己的实训基地。除了校内建设的实训、实践基地外，也会寻求与外部企业的合作。高校的教育专业往往也都有固定的学校作为其教育师范生的实践基地。而教育机构，为了自身专业人才的持续供给，为了教育质量的提高，也会积极寻求或乐于接受与职业院校的联合。在外语教师培养培训体系构建过程中，合作的高校与实习学校双方有可能之前就是联合关系，彼此相对"熟悉"，也可能是基于发展需要"刚刚接触"，彼此相对"陌生"。但无论是哪一种关系，也不可能在实现外语教师培养培训模式的构建中一蹴而就。

外语教师培养培训模式要求高校与实习学校之间实现非常深度的合作与融合，因此建构一体化的建构过程需要循序渐进地进行。

卡根（Kagan）提出的高校教育学院和中小学校之间合作的六阶段，这六个阶段具体如下。

第一，形成阶段。在这个阶段，来自高校和中小学实践的人员开始意识到教学实践中出现的问题，并通过合作这一途径来对这些问题进行回应。那些与问题直接相关或者受到直接影响的人们被吸收到合作中来，开始讨论一些理论。

第二，概念化阶段。该阶段的特征是界定合作的任务和具体目标。在合作团体中，各位成员们界定自身在解决实际问题中所承担的任务和担负的角色、责任。

第三，发展阶段。在这个阶段，合作的任务不再只停留在理论层面，而开始向实践层面转向。团体成员开始进行活动的调整，改组行政管理组织，提供政府政策参考，建立正式的传播系统等。

第四，实施阶段。实施阶段是实现合作、达成合作目标的关键阶段。在这个阶段，团体内所有成员都为了目标的实现而努力。

第五，评价阶段。这一阶段包括对合作进程的评估。在贯彻的各个阶段和各个水平上都要进行评估，最后进行综合。

第六，结束或者改进阶段。这个阶段是对前面五个阶段的总结，团体成员要回顾整个过程，找出问题和不足，然后着手改进计划的制订，进入改进阶段。

需要注意的是，卡根提出的这六个阶段并不是线性的、戛然而止的，而是一个循环往复、更好地提升教育教学质量的螺旋式上升过程。

本书在进行外语教师培养培训模式构建的过程中，借鉴上述相关理论，摸索出了循序渐进、按梯度上升的三个阶段：找问题，共选项目；寻契机，共同进步；互融合，共谋发展。

1.第一阶段：找问题，共选项目

这一阶段是处在一体化模式构建的初始阶段。可以说，由于合作基础薄弱，可以从小问题入手进行项目的遴选与确定。根据外语教师培养培训体系的特点，高校可以追踪调查进入学校工作的毕业生的后续职业适应；学校可以总结发现外语教师入职后的职业发展情况。通过追踪"校"毕业生在实际工作中的情况，发现问题，共选项目。

很多初任外语教师有时纵有一身本领，却缺乏实践教学的技能、方法和能力。高校的专任外语教师们可以据此反思自身的课堂教学，高校教育专业可以据此调整自己的课程体系。可以说，怎样提升师范生的实践应用能力既是高校非常关心的问题，也是外语教师队伍建设层面亟待解决的问题。实习学校的领导们也非常希望这些师范生在入职后能尽快适应、尽快提升、尽快解决这些遇到的问题。

2.第二阶段，寻契机，共同进步

在有了第一阶段通过问题转化成项目合作的基础上，高校与实习学校双方寻找合适的契机，继续更加深入地合作与融合，共同进步。

当前，外语教师队伍存在的一个大问题就是人才严重流失。而放弃外语教师这一职业的根本原因在于职业认同度不高。怎样进行高校与实习学校一体化的外语教师职业认同培养培训，正是当前需要思考的问题。通过外语教师培养培训，加强加固外语教师对自身职业的职业认同度，才能有效防止外语教师队伍人才的流失。比如，在高校教育专业的师范生们入学之初，就请一线外语教师进驻学校，分享做一名外语教师的职业幸福，提升师范生们对这个职业的兴趣和认同，帮助师范生们建立职业学习和规划的意识，强化指导师范生的学习与成才目标规划。这样可以让这些师范生们、未来的准外语教师们有强烈的意愿、幸福的憧憬和合理的规划去成长为一名优秀的外语教师。

3.第三阶段，互融合，共谋发展

在上述两个阶段完成后，高校和实习学校之间的文化冲突会趋于和谐与融合。在此基础上，可以通过共建双导师制等方式实现更加深入的互相融合，共谋发展。

双导师制并不是一个新鲜的事物，而是由来已久。外语教师培养培训模式实行的双导师制既符合一般意义上双导师制的做法，也具备自身的特点。也就是说，在外语教师培养培训模式中，以高校这一方的理论专家为理论学习导师，以实习学校这一方的骨干外语教师为实践教学导师。就职前培养来说，每一位师范生都配有理论和实践导师各一人。

高校的师范生们从入学开始就选择一名专任外语教师作为职业指导导师，选择一名骨干外语教师建立师徒关系，均对自己进行个性化的指导。一线外语教师在选择骨干外语教师为自己的"师父"，进行师徒结对的同时，也可以选择高校的一名外语教师作为自己的专业发展外语教师，对自己的职业发展进行跟进指导。

在外语教师培养培训体系中，这种双导师制有其自身的特点和创新之处：高校的导师在师范生毕业后会继续追踪指导，实践导师不会等到实习，在师范生入学之初便会提前渗透。

在外语教师培养培训体系中，师范生的毕业并不意味着高校对他们培养工作的结束，而是一个新的起点，是他们职业发展支持的开端。在教育专业认证标准中，有着非常重要但又容易被忽视的一项内容就是"持续支持"。这一点要求高校教育专业对"毕业生进行跟踪指导服务，了解毕业生专业发展需求，为毕业生提供持续学习的机会和平台"。

（五）外语教师职前培养培训模式建构的经验做法

在外语教师职前培养培训模式实践探索的过程中，高校与实习学校双方都在彼此配合、彼此融入的过程中总结出了一些有效的经验做法，具体的经验做法如下。

1.突出实践取向，强化实践育人

（1）实践教学贯穿师范生培养的全过程

首先通过实践教学贯穿师范生在校学习全过程的方式突出实践育人取向。以实习教学为例，教育专业学生实践教学包括职业认知实习、岗位认知实习和顶岗实习三个环节。

（2）校内实训仿真化、职场化

教育专业校内实训基地具有较高的职场情境和职场氛围，由高校与实习学校共同编制校内实训教学方案，共同开发一系列仿真性、真实性的岗位任务训练项目，让学生在完成实训任务过程中掌握外语教师职业技能。

（3）引导学生积极参加社会实践

高校和实习学校共同设计学生社会实践内容，让学生利用每个寒暑假去参加社会实践活动。通过社区服务、职场调查等社会实践活动，培养学生的职业意识、职业态度和职业精神。

2.深化培养方式改革，推行任务驱动项目导向课程

（1）培养方式改革制度化

制定《教育专业课程教学模式改革意见》，以课程教学模式改革为突破口，推动人才培养方式改革。

（2）大力推行任务驱动、项目导向课程改革

将相关课程的学习内容分解、设计为一系列与实训相结合的任务，以任务驱动来达成学习的良好效果，实现项目导向的课程改革。

3.加强项目管理、经费管理

高校高度重视外语教师培养培训项目的建设与管理，为保证项目能够按

照专业建设发展方案执行，采取了以下三方面举措。

（1）健全项目建设组织机构

一些学校成立了"高校提升专业服务产业发展能力"项目和"高校和实习学校一体化外语教师培养培训"项目建设领导小组，成立了由主管校长督办、相应职能部门组成的项目建设管理督查组和项目资金使用管理组。

（2）建立配套规章制度

学校制订并出台了项目建设相关的管理办法，对从落实任务分解、组织实施到过程监控及项目验收的全过程进行规范管理。实行项目责任人负责制，学校相关管理职能部门进行过程监控和进度跟踪，对项目建设如期按进度完成起到了监督和控制作用。

（3）规范资金管理

学校制订并出台了"项目专项资金使用暂行规定"，对项目建设资金的使用从开支范围到报销程序、从项目招标到合同管理等均进行了规范管理。

4.给予有专业引领的"纵向式"同伴互助

20世纪末，国外学者们在检验、反思一系列校内、校外的培训效果时，通过研究发现，并非在资金充足的保证下，通过培训者不断完善和改进培训内容，再通过外语教师的认真参与和学习，这些培训就会起到相应的改进外语教师教育教学行为、改善和提升教育效果的作用。

例如，美国的一项实验研究的结果就出乎人们的意料：外语教师在接受培训后，能将学习到的新知识转化到自身教育教学实践中的比例不足20%。这项研究继续将参与一个为期三个月的在职培训课程的外语教师分成两组。

第一组外语教师不只是参加培训课程，而且会被引领着在校内进行同伴间的互助指导。

第二组则只是进行了课程的学习。

将两组外语教师进行比较研究后发现，在日常教育教学中能有效运用课程中学到的技能方面，第一组外语教师的比例达到了75%，远远高于第二组外语教师的15%。

此外，还有相当一部分的研究也证实了类似的结论。例如，同事间的互助指导要比单元式的工作坊效果明显。再比如，外语教师间的互助观摩和指导能够促进外语教师的专业发展等。因此，在高校和实习学校一体化外语教师培养培训项目的进程中要对外语教师给予有专业引领的"纵向式"同伴互助。

5.联合进行案例教学，最大化发挥其作用

众所周知，外语教师培养和培训中的一个难点就是理论和实践的脱节。因此，教育实习十分重要。除实习外，案例教学是有效连接理论和实践的桥梁。

案例教学法由来已久。早在古希腊、古罗马时代，著名哲学家、教育家苏格拉底所采用的"问答法"就是一种案例教学的雏形。而苏格拉底的学生，同样为希腊著名哲学家的柏拉图将这些问答整理为书中的例子，这些例子就可以看作是案例的雏形。案例教学有许多的优势。例如，案例教学克服了传统的、单一的知识讲授的弊端，能够帮助外语教师理解案例中蕴含的教育知识和原理。也正因为如此，案例教学法反映的学习观是反对只满足于理论知识灌输的被动式学习，而突出实践能力本位。案例教学法的主要目的在于让学习者能够运用自身所学的教育理论知识去解决实际教育教学过程中遇到的问题。

在外语教师的培养培训中，案例教学法是经常被采用的教学方法之一。但在真正的外语教师培养培训中，案例教学的优势并未发挥到极致。从外语教师培养的职前教育来说，采用案例教学法的过程中，外语教师自身缺乏对案例"身临其境"的体验，却要让师范生们根据传递的这种"想象中的体验"去"想象和获得自身的体验"，而这会让案例的效果大打折扣。

从外语教师培训的职后教育来说，采用案例教学法的过程中，虽然体验是鲜活的、丰富的，但外语教师们往往只是就着案例说案例，结果依然停留在案例的本身，没有理论上的高度，致使案例的效果就像听说了一个引起自身共鸣的故事一样，也使案例的效果大打折扣。也就是说，案例教学法同时需要理论的提升和行动的跟进才能取得较为理想的效果。但在高校和实习学校一体化外语教师培养培训模式中，通过高校理论型外语教师和实习学校层面经验丰富的骨干外语教师的结合，可以使得案例教学既有实践层面深层次的体验，又可以从案例中收获一定的理论。因此，在高校和实习学校一体化外语教师培养培训模式中，要充分利用案例教学法，并通过合理的人员配置、有效的资源利用、适宜的共同体建构来使得案例教学法的作用得到最大化发挥。

（六）多元化现代信息技术的职前外语教师教育教学方法

现代信息技术是支撑各行各业发展的关键，在教育领域同样可以利用多元化现代信息技术来实现教育教学优化，职前外语教师作为我国未来外语教师队伍的主力群体，更是应该利用信息技术来实现对职前教师教育能力的全方位培养，以此来让职前外语教师在正式步入岗位后充分发挥自身应有的能力。因此，有必要对基于多元化现代信息技术的职前外语教师教育教学方法展开分析。

1.多元化现代信息技术在职前教师教育中的价值

在我国，职前教师即师范生，作为我国未来教师群体的预备役，一般会由各大师范学院来进行培养，由于师范学院对职前教师的教育方法已经形成了一套切实可行的人才培养体系，因此职前教师教育逐渐进入了僵局，很难在教育教学中打破传统教育模式所带来的桎梏。而在如今的社会体系下，无论是教育行业还是其他行业，都必须迎合社会发展趋势来实现持续性优化，因此传统职前教师教育模式必然会逐渐难以满足职前教师的教育教学需求。在这种时代大背景之下，为了实现对职前教师教育教学方法的优化，就必须结合多元化现代信息技术来改变传统教育教学思想，以此来让职前教师的教育教学工作发挥出应有的价值。相较于传统教育而言，多元化现代信息技术在教育中的核心价值便是海量的教学资源、丰富的教育手段，只要能够结合职前教师群体的实际需求，找出适合的现代信息教育教学方法，就能够实现对职前教师教育教学的全方位优化，进而让职前教师人才的培养效果变得更好。

2.多元化现代信息技术在各国职前教师教育中的经验分析
（1）美国职前教师现代信息化教育
作为教育事业最为发达的国家之一，美国对于职前教师的现代信息化培养极为重视。在利用现代信息技术对职前教师进行教育教学时，要求职前教师能够在现代信息教育中不仅要获得良好的学习效果，还需要掌握各种信息化教育技术。美国教育部在教学理念改革中提出了PT3项目，该项目不仅要改善职前教师的传统培训项目，还需要整合更多信息技术在教育教学环节，以此来保证职前教师能够在正式进入课堂时具备使用现代信息技术的能力。亚利桑那州大学针对职前教师的教育能力提出了评价方式，并通过资源整合进一步拓宽了职前教师的培养渠道。除此之外，美国教育部还针对职前教师教育积极推动了大学以及其他教育机构之间的合作教育，通过打造具有更高教育水平的教育机构，能够为更多职前教师提供实习机会，进而让借助现代信息技术培养出的职前教师能够第一时间适应学习工作的开展。

（2）英国职前教师现代信息化教育

在英国的教育信息化体系中，职前教师能力培养非常关键，英国职前教师信息化教育所采用的核心技术为教师信息与通信技术，培养职前教师时的核心目标就是让所有教师都能在课堂中熟练自如地通过ICT来提高教学质量。在ICT培训阶段，英国在现代信息技术的支持下，其教育重点并不是传统教学中的操作、使用方法教学，而是针对ICT与各个学科之间的整合教学，即帮助职前教师掌握更多科学有效的信息化教学方法。对于职前教师培训而言，英国在国家课程中专门设置有ICT课程，通过ICT课堂能够让教师了解在不同学科中ICT的使用方法。而且在ICT课程教学期间，还会帮助教师掌握审视学科教育的能力，让教师能够通过科学规划ICT课程来获得最佳课堂效果。除此之外，因为很多学校都有ICT公共资源平台，所以职前教师完全能够在公共资源平台中吸收更多解决教育问题的经验，这种ICT课程体系能够最大限度提高职前教师群体对ICT技能的应用能力。

3.多元化现代信息技术在职前外语教师教育教学中的应用现状分析

为了让多元化现代信息技术在职前外语教师培训中发挥出应有的价值，就需要从应用现状入手，以此来明确职前外语教师的信息化培养发展方向，进而让职前外语教师教育教学效果得到进一步提高。

从职前外语教师群体的视角出发，外语师范生能够认可现代信息化教学的价值，但是却对信息化教学没有足够的认知。在面对"是否有必要利用现代信息技术开展职前外语教师教育"的问题时，全部师范生都认为有必要，而在面对"是否理解现代信息化技术教育的内涵"时，70%的师范生回答为了解有限，即师范生群体都知道现代信息化教学非常重要，却并不知道哪里重要，所以为了让多元化现代信息技术发挥出应有的教育作用，不仅需要找出切实可行的教育教学方法，还需要从理念思维的层面让师范生群体对现代信息化教育有充分的认知。单从教学效果的角度出发，50%的学生认为现代信息技术教育具有良好的教育效果，而40%的学生则认为现代信息技术带来的教育效果没有达到预期，其他学生则认为基于现代信息技术的职前外语教师教育，与传统教育方式带来的教育效果基本一致，因此可以发现多元化现代信息技术在职前外语教师培养过程中，虽然有着较好的教育教学效果，但是以多元化现代信息技术为核心的教育教学方法却具备相对较高的上升空间，只要能够结合职前外语教师的实际需求选择适合的教育教学方法，就能够让职前外语教师培养工作的开展变得更加顺利。

4.以多元化现代信息技术为核心的职前外语教师教育教学方法分析

职前外语教师是未来外语教师群体的储备人才，通过利用多元化现代信息技术来加强对职前外语教师的教育教学，可以为职前外语教师的未来发展提供更多帮助。

（1）以多元化现代信息技术为核心的职前外语教师教育思路

在职前外语教师现代信息化教育中，教育工作开展的核心思路就是加强多元化现代信息技术与教学课堂之间的深度融合。从教育理念的视角出发，多元化现代信息技术只是帮助教育工作达成教育目标的一环，即在教育阶段使用信息技术只是达成教育最终目标的一种方式，信息技术并不是开展职前外语教师教育工作的唯一选择。在将信息技术与课堂教育融合的过程中，可以借助TPACK框架来进一步优化教育工作的规范性。①

从TPACK的知识框架出发，职前外语教师教育可以从非技术知识与有关技术知识两个角度来进行深入分析。其中非技术知识为学科内容知识、教

---

① 张琳.指向核心素养的师范生信息化教学能力研究[M].上海：上海交通大学出版社，2021.

学法知识与学科教学法知识，这部分知识虽然本身并不在教师能力标准的相关体系要求中，却使职前外语教师未来迈入教学课堂，并开展教学活动的基础性知识，只有借助多元化现代信息技术不断强化职前外语教师的基础能力，才能让职前外语教师成为具有足够教学能力的优秀外语教师。有关技术知识指的是技术知识与整合技术学科、教学法知识的总和。因为这一类知识包括了技术知识元素，所以员工技术知识是每一名职前外语教师都必须掌握的重要能力，这也是在现代信息技术的支持下必须重点提高的能力。职前外语教师的能力标准可以从五个维度来分析职前外语教师所需要具备的能力，如技术素养、组织与管理等能力便属于教师开展教育教学的核心能力，而现代信息技术能力则是发展专业能力，从不同的维度对职前外语教师教育教学进行研究，可以让教育教学工作的开展变得更加顺利。因此，在TPACK的框架中，应该从非技术知识与有关技术知识两个维度来全面强化职前外语教师的个人能力，以此来让职前外语教师在正式步入职业环境后及时挖掘出自己的教育潜能。

（2）现代信息技术下的非技术知识培养

在职前外语教师教育教学期间，借助现代信息技术可以从多个角度实现多元化教学，非技术知识作为职前外语教师必备基础能力，可以在现代信息技术的助力下进一步优化教学模式。对于职前外语教师而言，在现有的教育体系下，外语水平虽然是开展各种教育活动的基础，但是现代信息技术的利用同样是必须掌握的重要技能，因此在教育阶段，可以借助现代信息技术在网络平台中，打造基于职前外语教师的学科知识库。学科知识库可以为职前外语教师提供更多丰富自身知识储备的机会。诸如数据库技术、人工智能等技术都可以视为开展"互联网+教育"时的基础性知识。在多元化现代信息技术的支持下，传统教育模式将会逐渐过渡成为综合线上、线下教育的教学模式。所以，在培养职前外语教师的过程中，需要让职前外语教师逐渐适应现代信息技术与外语教育之间的融合。需要注意的是，由于外语教师的培养关键在于实践，理论知识如何才能转化为实践能力是教学中的关键，因此为了让职前外语教师的培养变得更加顺利，还应该借助微格教学课来进一步提高教育质量。

（3）现代信息技术下的有关技术知识培养

有关技术知识是职前外语教师必须具备的重要知识体系，所以在现代信息技术的支持下，为了进一步提高教学效果，就应该针对有关技术知识进行重点培养。各大师范学院在培养职前外语教师时，应该从公共课程出发，通过调整并优化课程内容，加强对师范生信息技术应用能力以及信息技术与外语教育融合能力的培养，只有着重加强对核心技术知识的学习并始终坚持理论与实践并行发展，才能让职前外语教师教育教学工作变得更好。

在此期间，因为现代信息技术的多元化优势，还可以帮助师范生掌握快速制作开展外语教育的音视频的能力，只有职前外语教师具备运用多媒体课件以及其他信息技术进行教学的能力，才能让职前外语教师的教学水平得到保障。与此同时，可以通过在职前外语教师培养期间适当增设微课制作环节，让职前外语教师自行将所学到信息技术知识活用在外语微课制作中，通过不断积累微课素材，还能在提高实践能力的同时强化课程整合能力，这能够让职前外语教师在今后步入正式教育工作时，及时适应不同年级外语教师的角色，进而让职前外语教师的整体教育水平得到质的飞跃。

（4）自主学习能力培养

在多元化现代信息技术的支持下，职前外语教师不仅可以在教育教学阶段强化自身的各项能力，还可以将现代信息技术视为提升个人能力的根本途径，以自学的方式增强自身的各项能力，丰富自身现有的知识结构体系。在对自主学习能力进行培养时，应该让职前外语教师养成利用信息技术打造思维导图的习惯，在思维导图的帮助下，职前外语教师可以针对自己所学习的各种知识点进行梳理，进而在深层次的思考过程中逐渐提高思维能力。

对于现代信息技术而言，海量网络教学资源是开展自主学习的关键，因此师范院校应该帮助师范生打造教学资源平台，以此来让师范生能够借助网络资料来不断强化自身的知识体系，必要时还可以在校园内部组织开展外语教学竞赛，以竞赛的方式激发师范生主动提高个人能力的动力，并让师范生在竞赛中充分了解自己的优缺点，以便于针对不足之处进行强化练习。

（5）优化教学模式

微格教学作为培养师范生的传统教学方法，可以从多个角度增强师范生的个人能力，但是由于时代发展速度非常快，因此为了让教学效果得到进一步提高，就应该以拓展传统教学的方式优化教学模式。例如，传统微格教学一般会利用多媒体计算机来开展教学活动，诸如交互式电子白板等设备都是教学中的重要组成部分，因此为了打造更好的现代信息化教学环境，就应该在专科内部完善多功能教室以及教学实验室。除此之外，还可以完善线上、线下互动教学中的师生互动，来强化师生之间在教育过程中的教学反馈，这样有利于教师针对师范生的实际情况来进行针对性教学。

总而言之，职前外语教师作为以师范院校为核心的教育对象，可以借助多元化现代信息技术来进一步优化教学模式，通过从TPACK框架以及自主学习能力培养等多个维度加强职前外语教师教育教学，可以让职前外语教师在师范院校的学习过程中最大限度挖掘出自己的个人潜力。

二、入职训练：完善外语教师入职教育

（一）外语教师入职培训

早期的外语教师教育只包含职前培养的阶段。随着社会发展速度越来越快，职前培养的内容已经不足以贯穿外语教师们的整个职业生涯。在职的外语教师们急需在岗位中继续根据社会的发展和教育的发展提升自身。于是，外语教师继续教育、在职培训等事务才应运而生。在中华人民共和国成立的初期，随着教育事业的逐步恢复，就出现了师资不足的情况，急需补充人才进入外语教师队伍。为了解决这一难题，教育部提出通过开展师资短期培训来补充师资力量，这是外语教师在职培训在我国发展的雏形。

（二）外语教师入职培训的内容

入职外语教师包括五大项内容："提前了解""积极沟通""示范引领""指导反馈""及时总结"五大项内容。

1.提前了解

了解自己将要指导的实习外语教师，不仅帮助实习外语教师们提前认识自己的指导外语教师，同时实习指导外语教师也借此机会提前认识和熟悉自己接下来将要指导的实习外语教师。实习指导外语教师作为指导者，对于双方互留联系方式等其他沟通途径的建立应该更加积极和主动。

实习外语教师们更好地了解实习工作的具体目标、内容和任务，并据此制订自身详细的教育实习指导工作计划。相对应地，实习指导外语教师在业务层面领导组织的相关说明会议中也要明确自己的实习指导岗位职责，明确实习指导工作的具体目标、内容和任务，并不简简单单就是传统意义上认为的安排实习外语教师帮助班级做做环境创设等工作，双方都做到"有准备"，才能互惠互利，彼此有较大的收获。

2.积极沟通

积极沟通是实习外语教师们融入人职学校这个新场域，并与新场域中的实习指导外语教师、实习学校领导、在职外语教师与家长等人物建立良好关系的有效途径，积极沟通还是指导外语教师有效完成指导的一个关键。通过沟通，指导外语教师能够了解到自己需要指导的这位实习外语教师目前的能力和水平及其自身的想法、需求等。这样有利于双方协商，共同制定一个实习的总体计划。

同时，沟通能力在《外语教师专业标准（试行）》等文件中被反复强调。沟通能力是外语教师能力中非常重要的一个方面，实习指导外语教师们要在日常的工作中展示自己积极沟通的一面，如与自己学生的积极沟通、和学生家长的积极沟通、和同事之间的积极沟通、和领导之间的积极沟通等。当然，最重要的是和实习外语教师之间的积极沟通，让实习外语教师们感知沟通的重要性，这样也非常有利于准外语教师们提升沟通这项基本技能。

3.示范引领

既然要求实习外语教师们通过在学校这个实习场域中认真观察分分秒秒发生的事情，以提升实践知识的获得和实践能力，因此实习指导外语教师们就要进行示范引领。这种示范和引领同样要把握住自身所在学校一日活动各个流程的开展，集中教育教学和游戏等活动的组织等，同时还要注意，对实习外语教师的这种专业引领要有计划性并体现专业水准。

4.指导反馈

实习指导外语教师要对实习外语教师的各项工作进行积极的反馈和指导。最好的做法是首先明晰实习外语教师们在实习工作阶段规定的相关任务，如组织五大领域集中教育活动等，然后针对这些任务对实习外语教师进行指导，并在其完成后反馈并再次指导，形成一个实践知识和能力提升的螺旋式循环上升系统。

5.及时总结

实习指导外语教师和实习外语教师们一样需要及时地反思与总结。通过高校和实践基地共同开展"欢送仪式""总结大会"等形式的总结仪式和工作会议，实习指导外语教师首先要对自身的实习指导工作进行认真梳理、反思与总结，还要引导实习外语教师回顾整个实习过程，帮助实习外语教师梳理自己的收获。

（三）外语教师入职培训的"三大需求"

外语教师入职培训体系模式构建必须符合以下几个需求，并实现这几个需求之间的有机统一。

1.从需求主体来说

外语教师入职培养培训模式的需求主体包括高校、入职学校和其他利益相关共同体。从需求主体来分析，外语教师入职培养培训模式的构建，一是要符合并满足高校自身的发展需求，包括高校专任外语教师的工作、学习与发展需求，高校教育专业课程设置改革的需求，高校提升人才培养质量的需求，高校教育专业提升专业培养质量、提升专业品牌知名度、提升就业率的需求。二是要符合入职学校发展的需求，尤其是新外语教师专业发展需求、外语教师队伍建设需求，其他还包括入职学校教育质量提升与发展的需求。

三是要符合社会或者当地对教育人才的需求。

2.从外语教师教育转变趋势来说

现在我国的外语教师培养和培训不再由师范院校单独承担，而是呈现出一种多元开放的格局。这种多元开放正体现出了以下三个转变。

第一个转变，从外语教师总体上的供求关系来说，已经逐步从数量满足向结构调整转变。

第二个转变，对外语教师的学历要求已经从学历达标向学历提升转变。

第三个转变，对外语教师素质的要求已经从单一的技能型人才向研究型、专家型外语教师转变。

以上这三个转变主要针对中小学外语教师，但这些转变趋势对不同阶段的外语教师同样适用，这三大转变带来的需求也是外语教师入职培养培训模式应当追求的。

3.实现机构一体化

造成职前和职后教育分化、孤立、各说各话的根本原因在于，就目前我国外语教师教育来说，职前教育机构和职后教育机构是分立的，而这种分立是造成职前、职后脱节的主要原因之一。师范院校、高校等负责职前教育部分，地区性教育学院和外语教师进修学校负责职后培训。为了扭转这种局面，必须以政府为牵动，实现这些机构的一体化。这里的一体化并非指高校和教育学院、进修学校、入职学校的完全合并，而是必须达成一种深度的联合状态。

管理体制一体化。在这个问题上，有学者建议，要建立以高校为本位的外语教师职前教育和外语教师职后培训一体化的管理体制。类似于上述的机构一体化，对于两个机构，要实现管理体制完全的一体化也是不太现实的。但是最起码最基础性的要求是要达成在外语教师培养培训和专业化发展支持方面的一体化，如一体化的外语教师成长档案建立等。这样才能使两者能够协调配合、紧密合作。

师资队伍一体化。师资队伍一体化是指为合理配置和有效利用资源，高校师资和教育学院、外语教师进修学校师资及其入职学校的实践层面师资互相分享的方式。

课程内容一体化。根据外语教师专业发展的整体进程合理设置各个阶段的课程，实现课程内容上的一体化，让外语教师的成长和专业化更加高效，不走弯路。

（四）外语教师入职培训的策略

1.增强保障性

（1）平等、信任的文化建设

有效的外语教师入职培养培训模式，首先要建设平等、信任、分享的合作文化氛围。以往高校和入职学校之间合作趋于表面化的一个重要原因就是来自两种机构文化的格格不入，也提到了来自一线的外语教师由于感受到了地位上的不平等而消极参与合作项目甚至拒绝参与等。只有信任、平等文化的建设，才能促使双方真正实现坦诚相待、真诚分享，才能实现双方资源利用的最大化。在外语教师入职培养培训模式中，只有所有成员互相信任、互相尊重，每位参与成员感受到自己被信任、被尊重，才能确保每个人真诚地奉献自身的经验和智慧，在工作的过程中才能感受到身心的愉悦。否则，成员将不乐意或拒绝分享，而使得外语教师入职培养培训模式的作用被大大抑制，事倍功半，达不到预期的效果。

（2）各项保障机制建立

要进行持续的、长期的合作，还要充分考虑高校和入职学校属于不同的管理体制，分别要面临不同的具体情况，因此需要建立必要的保障机制，以确保在不可预期的问题出现时，合作能够继续进行。在这些保障机制的作用下，高校和入职学校联手才能打造出不断研究与学习的氛围，不仅加强了高校教育专业师范生和经验丰富的骨干外语教师之间的联系和交流，也加强了一线外语教师与学术人员之间的联系与交流，使两个分别的场域和场域连接之间都形成一种开放的、不断吸收与学习的共同体。

（3）领导者的核心领导力提升

卓越的领导力是一个项目是否能够成功实施的关键。在外语教师入职培养培训模式中，启动构建双方合作关系的人往往都是高校和入职学校的核心领导人。领导者必须具备卓越的领导力，了解并熟悉双方在外语教师培养培训方面存在的基本问题；同时具有高效的决策力，能够提出合作的可行方案和遇到问题时的合理解决方案；还应具备良好的组织力，在合作方案实施的过程中，不断通过良好的组织，促进高校和入职学校之间合作关系不断趋于成熟，使两个组织部门不断发展出凝聚力。

鉴于卓越的领导力在外语教师入职培养培训模式建构中的重要作用，核心领导者们还应该具备先进的教育理念、迎难而上的勇气和决心、坚韧不拔的优良品质等。卓越的领导者自身还必须首先坚信并秉持互信、互惠、互利、平等的合作原则，并渗透给外语教师们和参与者们，这样才能促成高校和入职学校之间持续的、深入的合作，才能最终形成外语教师入职培养培训模式。

2.促进深入性

（1）知己知彼策略运用

外语教师入职培养培训模式中，高校与入职学校双方要从割裂到衔接再到融合，需要双方充分了解和熟悉彼此。只有经过充分的熟悉和深入的把握，双方才能真正做到"你中有我、我中有你"的融合。要做到深入熟悉，有两个方面的具体做法。一是高校的专业外语教师通过在入职学校的挂职、驻园、开展培训和教研等形式充分理解和体验外语教师教育教学的现状及其具体的专业发展需求。二是入职学校的骨干力量走进高校进行交流甚至任课，通过与高校外语教师的交流和对师范生学习现状的把握，清晰掌握外语教师的具体从业要求，有助于加强在职教育的规范性。

（2）反思性经验生成

在外语教师入职培养培训模式中，要及时反思问题，总结经验。以某一段时间为节点，如每个学期末，引领外语教师重新回顾整体目标，总结在这个合作的过程中，哪些内容在教育实践的改进中发挥了重要的作用。通过对合作经验的回顾与讨论，可以帮助外语教师充分认识到合作的作用、自身参与的价值。这样有利于外语教师持续积极参与合作，参与外语教师入职培养培训的相关项目，并通过贡献自己的智慧获得自身的专业发展。

三、职后培养：发展外语教师职后教育

（一）导师制与双导师制

双导师制一般指的是高校校内导师与一线企业、医院、中小学等校外导师共同指导本科生或研究生。但在学术界和政策实践层面，对双导师制定义中导师数量的解读尚存争议。一种理解即是政策中规定的两位导师，另一种理解则认为双导师制不仅指数量上的两位导师，也可以依据具体情况扩展形成数量不等的导师组负责制。例如，在英国巴斯高校教育学院，实习师范生的导师分为两组四位：一组是学科教学外语教师，包括巴斯高校的学科教学法导师和实习学校的学科指导外语教师，这两位导师共同负责实习生的学科教学工作；另一组是教育与专业学习外语教师，包括巴斯高校的教育与专业导师和实习学校的教育专业指导外语教师，这两位导师共同负责实习生的教育与专业学习课程。这两组四位导师彼此协作，共同对实习生负责。

也正因为对双导师制的理解不统一，才导致双导师制实施起来因地制宜、因校制宜，可谓百花齐放、百家争鸣。借鉴双导师制在不同专业领域、不同高校的具体做法，总结一套长效的实施机制，确保双导师制有效推行，这便是本书的研究目的。

（二）导师制的历史渊源

名义上的导师制有着漫长而悠久的历史，最早可能出自荷马史诗《奥德赛》。故事中的智慧女神雅典娜（Athena）可被视为导师的原型。她为奥德修斯（Odyseus）的儿子忒勒玛科斯（Telemachus）提供保护、教导和指引，教给他智慧。雅典娜身上具备导师的基本品质，表现出导师的多重角色，包括教练、外语教师、监护人、保护者以及父母等。这些角色和品质依旧被现代导师制沿用。

如果再往源头追溯，有学者认为牛津高校导师制的基础可溯至苏格拉底（Socrates）的"产婆术"，而苏格拉底的教学风格又是继承于古希腊并且发扬、贯穿整个西方教育传统。从历史上看，苏格拉底通过产婆术的教学方法，培养了一大批具有独立思考意识和批判性思维能力的公民。从现代视角来看，苏格拉底的产婆术在教学实践中事实上就是某种导师制形式，只不过苏格拉底的这种形式是非正式的导师制。而牛津高校的导师制则把苏格拉底的非正式导师制进行了课程化、职业化、制度化、正式化，在形式上越来越成熟，逐步传承演变为近现代高等教育领域的一项重要制度。

因此，可以认为，产婆术启发了导师制，牛津高校导师制也继承了产婆术的这种核心思想，其优点也在于培养学生批判性思维，教会学生独立思考和探究，而非简单地进行"传道授业解惑"等知识传授。导师制的重点在于导师培养学生质疑、分析、比较和探究能力，而非通过导师权威的独断自上而下来运行。相关实证研究采用访谈法和观察法，结果也表明牛津高校导师制确实提升了本科生批判性思维能力的各个方面。

肇始于牛津高校的导师制是基于精英教育背景下培养精英人才的一种教学模式，然而时过境迁，在高等教育逐步走向大众化的今天，这种模式本身也在逐渐发生变迁，如导师制利益相关者的双方都在剧烈变化。尤其是在我国，高校录取率逐年递增，一方面，本科生日益增多，导师带学生的数量也不免急剧增长，生师比过大导致一对一的导师指导几近不可能，一对多的团体指导等小规模教学在现实中越来越常见；另一方面，作为导师制的另一方利益相关者，由于外部科研压力过大或对导师指导工作态度不端正等主客观原因，导师花在指导学生上边的时间和精力都在锐减。因此，本书探讨导师制在新时代的长效机制便具有了时代价值和现实意义。

（三）外语教师教育中的双导师制

外语教师教育导师制具有不同于医学教育、工商教育、法律教育等其他职业的独特之处，皆因学校教室情境和课堂文化是外语教师教育的常见场域，因此导致师范生的教育实践和专业教学实习的起止时间等组织安排与其他职业教育存在差异（图5-1）。

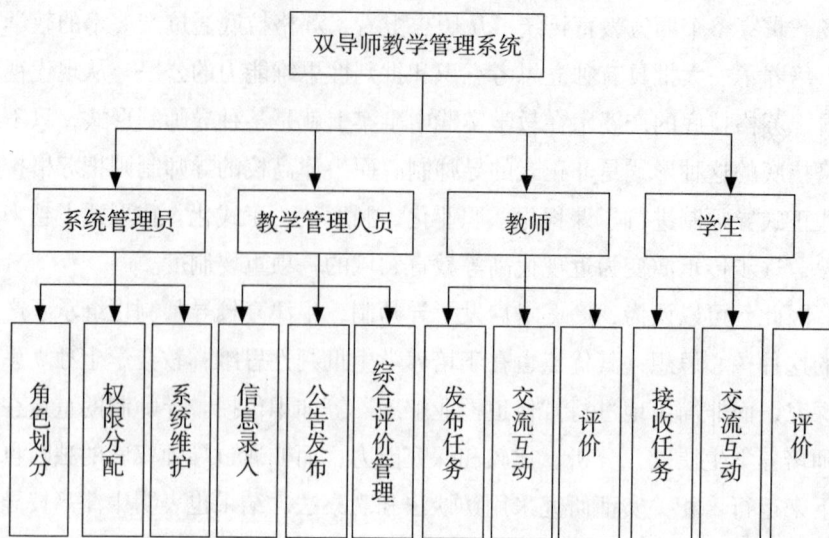

图5-1　双导师制Web系统功能模块结构图[①]

事实上，现代师徒制或导师制也在外语教师培养和培训中应用了较长时间，并日益发挥重要作用。需注意的是，外语教师教育中双导师制的应用与实施不仅限于职前外语教师培养，还在刚毕业工作的新外语教师等入职培训及职后培训上发挥着重要作用，有助于解决新外语教师招聘和留任问题。有研究发现导师制的有效指导是影响新外语教师留任的一个重要因素，也是激发有经验外语教师追寻完整的教学职业生涯的重要手段。只不过本书研究主题聚焦在外语教师教育中的职前外语教师培养问题上，较少涉猎职后外语教师培训领域的双导师制。

（四）外语教师教育导师制模式细分

双导师制最常用的模式是一名学生配两名导师：一名校内导师，负责指导学生的理论知识，又称"学术导师"或"专业导师"；一名校外导师，负

---

① 龚晓珺，刘林.高校师范生教育实习的"低效困境"及其有效破解[J].教育观察，2021，10（47）：51-54.

责指导学生的教学实践，又称为"实践导师"或"职业导师"。

外语教师教育导师制没有一个全球通用、全国一致的统一模式，各国、各省、各校也是因地制宜、因校制宜、因材施教。导师制的模式种类多样，并不是单一的，从不同视角可分为许多不同模式。

1.单导师与双导师、三导师

根据导师数量多少，我们简单地可把导师制分为单导师制、双导师制与三导师制，甚至多导师制。传统的导师制是一对一的单导师制，由该领域中经验丰富的外语教师为师范生提供指导。外语教师教育领域的双导师制，一般指的是高校导师与中小学合作导师协同合作培养职前教师。除了高校导师、中小学合作导师之外，若再进一步将辅导员、班主任、中小学校长、各级教育行政部门的教研员及相关专家，甚至高校导师所在课题组内的博士研究生助研或助教等角色逐一纳入导师制，便形成了三导师以及多导师制的情境。

2.全程一贯导师制与实习期导师制

根据导师指导活动集中在师范生培养的某一培养环节还是培养全过程，可分为实习期导师制和全程一贯导师制。外语教师教育领域传统的导师制一般指实习期等教育实践环节的指导活动，而随着卓越外语教师培养计划的全面实施，为贯彻政策要求，贯穿实习前、中、后全部培养环节的全过程导师制，越来越深入人心。

3.一对一导师制、一对二导师制、同伴导师制与团体导师制

一对一导师制是传统的导师制模式，一位导师配一位师范生；随着导师制研究与实践的不断深入，导师身份和角色也不断发生变化，出现了较多导师制变式，如一位导师带两位师范生的一对二导师制；师范生及其同学也能彼此互相指导、互相帮助的同伴导师制；多位导师指导多名师范生一起完成指导任务，或言之，一组导师指导一群师范生便构成一个指导团体。

4.专家导师制与同伴导师制

传统的导师制一般是指由经验丰富、德艺双馨的专家承担导师角色和职责指导。但也有例外，导师制并不总是需要高超的技术专长才能成功。在许多情况下，导师的个人素质会产生很大的不同：成为一个好的倾听者至关重要，能够鼓励和创造机会来实现隐藏的天赋，并希望帮助人们发展和成功。此时，一个善于倾听并提供帮助的好同学通常也会被邀请成为导师，形成同伴导师制，甚至师范生彼此之间相互指导。

5.正式导师制与非正式导师制

根据是否有意设计导师制，可分为正式导师制与非正式导师制。非正式导师制可以被看作是一种自发地、非正式地、随机地建立起来的关系，没有任何计划、结构或管理。比如，基于特殊兴趣和共同目标，在专业和个人方面建立合作的师徒关系。导师和学徒之间的讨论往往超越专业问题，更倾向于分享当前的个人问题和兴趣。与之相反，正式导师制涉及一些正式的行政结构，以最大限度地发挥其干预力量，从而提高教育环境中的教学效果。一般正式导师制具有明确的设计意图、具体的时间表，会进行导师匹配或导师指导技能培训来促进建立和维持富有成效的指导关系。比如，职前外语教师教育领域中常见的实习期导师制。

在每种模式中，导师指导、导师反馈以及师范生的反思性实践，对于学科教学技能训练都具有重要作用。值得注意的是，对导师制的这些二分法、三分法甚至多分法，有可能会使曾经连贯、连续的外语教师教育实践彼此脱节。但笔者认为，从知识生产的角度而言，这些对导师制模式的细分，在理论上对于深入理解导师制的概念仍是有益的。

（五）外语教师教育导师制的优势

外语教师教育导师制一方面具备了本科生导师制的共同优势，有助于导师全方位了解师范生的学情，如在教学方式上重视个别指导、因材施教、言传身教、循循善诱，在导生关系上善于营造平等、合作、宽松、自由、和谐的人际关系，在教学内容上理论与实践并重，德智融合。

另一方面，也具有外语教师教育学科独特优势，能够实现用一线卓越外语教师造就未来卓越外语教师。例如，导师制有助于将学科教学的知识和技能、理论和实践整合起来，将教育教学理论付诸行动，在行动中检验所学理论。

指导好师范生掌握有效教学的理论与实践知识，是外语教师教育者长期面临的困难和挑战之一。外语教师教育导师制的一大优点恰好就在于授人以渔，不是授人以鱼，即通过导师言传身教来传授技能、讲解教学技巧，而非仅仅教会学科教学的知识，不仅限于传道授业解惑，从而培养师范生对外语教师职业的自信心、自我效能感、归属感、获得感。导师制，尤其是双导师制，便成为这一"技能传授"理念实现的核心环节。

外语教师教育导师制优势还在于提升师范生教学能力，其能训练师范生的教学反思能力，提高师范生的反思深度和反思层级，实习工作效果显著。教学反思是外语教师专业发展的重要指标，双导师制在培养师生教学反思方面颇有成效。新时代卓越外语教师培养应聚焦在师范生教学技能习得和发展上。

除了知识与能力这些智力因素的提升，导师制还能提升师范生的自信心和自我效能感，督促师范生更努力，对减少职前外语教师的焦虑以及提高他们的个人和专业知识、信心和技能至关重要，因为导师通过差异化教学和评估技术来满足不同能力的学生的需求。

外语教师教育导师制实施期间，导师指导经历、导师对师范生的支持，与外语教师职业认同、职业承诺、职业信念和职业满意度密切相关。导师制能为师范生在乡村小学任教做好准备，实现"下得去、留得住、教得好"的目标。可见，导师制对于师范生的身份建构具有关键作用。

上述篇幅重点探讨了导师制对职前外语教师的优势，但对于新任外语教师的职后培训和培养而言，导师制同样具有积极作用，主要表现在：提升了新外语教师的外语教师职业认同和留任率、改进了新外语教师的课堂教学实践、提高了新外语教师所在班级学生的学业成绩。

四、面向智慧教育的教师数据素养

智慧教育是在当前物联网、云计算、无线通信等新一代信息技术支撑下形成的新型教育形态和教育模式。目前，我国的智慧教育正处于起步阶段。祝智庭、杨现民、彭红超、陈琳、陈耀华等研究者对智慧教育理论与实践进行了不同程度的研究，为我国的智慧教育发展奠定了理论及实践基础。[①]2020年初，突如其来的新冠疫情更加凸显了智慧教育的作用。疫情期间的线上教学实践证明，应用智慧教育平台，教师不仅可以在疫情期间实施在线备课、直播教学、随堂测试等在线教学活动，而且可以在学生返校后继续通过平台完成后续教学任务，进而提高教学成效。

随着智慧教育的深入应用，海量的学习行为大数据及教学行为大数据时时刻刻都在产生，教育大数据逐步受到重视。我国发布的《促进大数据发展行动纲要》明确指出，教育大数据是国家的核心数据之一，教育大数据已成为智慧教育建设、实施的基础。一线教师作为教育大数据的重要产生者和应用者，其数据素养必将成为我国智慧教育建设的重要基础。因此，智慧教育时代背景下，教师不仅要提升教育信息化能力，而且要提升数据素养，从而挖掘教育大数据的丰富价值，既为教学决策提供依据，又能转化为促进教学实践优化的知识。

（一）基于教育大数据的教师数据素养的内涵

2019年5月召开全省数字资源暨基础教育大数据应用培训会，探讨全省基础教育"数字资源的应用及推广模式、可持续发展的教育数字化资源服务模式、大数据时代下数据资源的蓄积和开发利用"。具体来说，教育大数据是指各类型教育活动过程中所产生的，能够被技术手段采集到的，一切可以

---

① 马媛媛，孙全党.面向智慧教育的教师数据素养的内涵界定及培养模式构建[J].河南教育（高等教育），2021（11）：26-28.

用于教育发展并可创造巨大潜在价值的数据集合，是智慧教育建设、应用、发展的核心基础。

（二）面向智慧教育的教师数据素养培养模式构建

在我国智慧教育建设与应用的大环境下，下面基于对教师数据素养内涵的深入分析，从师范生及教师两个分支出发，设计师范生及教师三级递进数据素养培养模式，以及职前职后一体化衔接的教师数据素养培养方案，实现教师职前职后一体化衔接的数据素养培养。

1.职前教师即师范生三级递进数据素养培养模式构建

在教育信息化2.0时代，随着信息技术与教育的深度融合，智慧校园的建设与应用逐步成为智慧教育建设与发展的重要举措。笔者以师范院校数字校园建设为研究基地，基于教育大数据的应用实际，根据信息化时代师范生能力培养需求，基于深度践行《教育信息化2.0行动计划》国家战略要求，积极推进我国教育现代化建设，积极构建师范生的三级递进数据素养培养模式，展开师范生数据素养培养，具体模式设计如下。

（1）基础层

面向大一学生开设教育大数据概论课程。课程内容包含教育大数据定义、特征分析，教育大数据的采集、存储、整合、呈现和使用、分析和应用、归档和销毁等关键技术，教育大数据应用伦理等，为师范生数据素养奠定基础。

（2）提升层

面向本科高年级师范生开展讲座、研讨、科研课题等数据素养培养相关活动，激发师范生的数据意识，内化其数据知识，锻炼其数据应用技能，提升其数据思维，将师范生数据素养培养具体化、落到实处。

（3）应用层

面向教育技术、信息技术、教育管理等专业学生开设一门教育大数据应用的专业课，提升相关专业师范生的数据挖掘、分析能力。

2.教师三级递进数据素养培养模式构建

目前，我国"宽带网络校校通、优质资源班班通、网络学习空间人人通，建设教育资源公共服务平台、教育管理公共服务平台"的"三通两平台"建设的实施，积极推进了智慧教育建设进程。各级各类学校是教育大数据产生的主要场所。当代教师面临着应用教育大数据分析促进教育教学改革的巨大挑战，教师数据素养培养迫在眉睫。根据我国智慧校园建设现状，笔者设计教师数据素养的三级递进培养模式，具体模式设计如下。

（1）基础层

在各级各类教师培训中增加"教育大数据及其应用"核心模块，面向一线教师介绍教育大数据基础知识及应用技巧，使教师能够立足于数据思维分析教育教学实践问题，进行精准教学，提升教学绩效。

（2）提升层

以"教师共同体""教师工坊"等一线教师教研团体为基础，积极展开教育大数据相关教研活动，深化基于数据技术的教育信息化建设，促进教学与技术的有效整合，提升教育信息化发展质量。

（3）应用层

中小学教师与高校教师协同，面向教学一线，展开教育大数据挖掘及应用专项研究，与智慧教育形成相互作用力———教育大数据促进智慧教育建设优化，智慧教育促进教育大数据研究深化，从而不断提升教师数据素养。

3.职前职后一体化衔接的教师数据素养培养方案

教学技能培养是师范生和教师能力培养的重要部分，我国师范院校在培养方案中依次安排教育见习、微格教学、教育实习等教学技能实践活动，面向一线教师也设计由各级各类骨干教师培训，以提升教师的教学技能。结合这一实际，笔者设计职前职后一体化衔接的教师数据素养培养方案，具体方案设计如下。

（1）实训衔接

将数据素养培养与师范生微格教学等教学技能实训活动衔接，引导学生进行相关课程的教育大数据分析，深入认识所授课程的特色，在数据分析的基础上进行微格教学设计，做到有的放矢。

（2）实习衔接

将数据素养培养与师范生教学实习活动衔接，在中小学积极开展考试数据、小测数据、作业数据、课堂数据等一线教学数据的数据分析，及时调整教学策略，推进教学实践改革，与中小学教师互帮互助，将数据素养培养和应用具象化。

（3）培训衔接

教师数据素养是时代向一线教师提出的新要求，在一线教师新老迭代的进程中，将数据素养培养衔接到各级各类教师培训的具体活动中，一方面可以提升老教师的数据素养能力，另一方面可以实现教师数据素养培养职前职后一体化衔接。

基于我国智慧教育建设大背景，笔者深入分析了教师数据素养培养的重要性及必要性，借鉴国内外数据素养定义，依据大数据生命周期理论，对教师数据素养进行内涵分析，并在此基础上，以《促进大数据发展行动纲要》《教育信息化2.0行动计划》等国家政策为指引，基于智慧教育环境，构建"双分支+三层级"教师数据素养培养模式，设计职前职后一体化衔接数据素养培养方案，整体架构契合一线教育教学需求，能够有效提高师范生及教师数据素养，将教师数据素养培养落到实处。当然，"应用促数据、数据促教育、教育促能力"的教师数据素养培养生态闭环构建是一个长期的过程，基于教育大数据的"双分支+三层级"以及职前职后一体化衔接数据素养模式及方案，将师范生、师范院校教师、中小学一线教师、基础教育信息化教研员等全线纳入教师数据素养培养的生态体系中，这样才能更有利于教师数据培养模式的生态系统构成及循环。

五、基于智慧教育生态的卓越教师职前成长范式研究

教育伴随人类社会发展的始终，是永远的时代主题，任何一个国家、一个民族都需要优良的教育来支撑。随着时代的不断发展，中国的教育事业也逐渐实现了平稳转型，智慧教育与卓越教师职前成长的融合越来越密切，这

在很大程度上提高了教学质量，特别是学生的知识体系有了明显的改善。[①]
卓越教师的培养是当前教师教育的重点，卓越教师是教师教育发展的核心
力量。

（一）基于智慧教育生态的卓越教师发展主要问题

1.教师职业空间的智慧化程度有待提高

智慧教育要求教师充分利用现在的信息技术，传统的教师职业空间的智
慧化程度普遍不高。现今随着教育改革的不断深入，教室中多媒体功能越来
越完善，设备也越来越充足，教学课件可以以图片、动画、视频等不同的形
式展现出来，不仅可以逼真地还原教材中涉及的情景，还可以加深学生对知
识的理解。多媒体把抽象和难以理解的知识点以另一种形式展现出来，对于
学生的理解能力和思维能力的提升都有很大的益处。

新时代发展格局下，信息化产业不断向前，科学技术的创新改变了原有
的生产关系，新的生产关系逐渐出现，并形成了新的社会形态，信息技术以
一种全新的形态出现在人们的眼前，为学校各学科教学的发展塑造了全新的
形态。在目前的教学背景下，教师作为教学的主体，其功能和作用都发生了
巨大改变，教师已经由教学主体变为教学主导，教师是学生学习的引导者，
是学生的好榜样，教师要尽最大可能地提高课堂智慧化程度，让信息技术更
好地融入课堂教学。现阶段，学校教师要紧跟时代步伐，努力提升教学水
平，尽全力追求人生的自我价值。

2.教育信息化引入课堂缓慢

随着信息技术的高速发展，多媒体技术已经成了学校教学的重要工具。
教师在备课时，要尽可能选择既适合学生又适合教师的多媒体教学资源。对
于教学过程中一些较为抽象的知识，可以通过多媒体使其具体化、简单化，

[①] 韩灵芝，陈新亮，徐现珍.基于智慧教育生态的卓越教师职前成长范式研究[J].教师，2021（22）：
82-83.

更有利于学生接受。在全球化、信息化、机械化的大背景下，把多媒体技术引入学校课堂教学，不仅是对原有教学体系的升华，而且也使得教学方式独具特色。从实践的层面上看，将多媒体技术引入课堂，改变了原先单调的教学方式，使得课堂教学呈现出了一种信息化的立体新模式，有效提高了教学效率，增加了学生获得知识的渠道。从理论层面上看，多媒体教学环境对师生关系也有很大的影响，并且多媒体教学环境下教师讲授知识的广度也拓宽了。可以说，多媒体技术的普及，对学生、对教师、对学校都是有益的，它是对传统教育的一种改革。

3.高质量教育技术人才严重缺失

高质量教育技术人才的严重缺失是现今教育事业中较为严重的问题，教育部已经正式实施了高层次创造性人才计划，这项计划为高校引进高质量教育技术人才提供了保障，为学校建设高质量师资队伍提供了很好的机会。各学校要正确运用高层次人才引进平台，积极创造条件，发挥学校自身的优势，积极引进学科急需的高端人才。首先，学校要充分利用现有资源，通过平台与高端人才进行实时沟通。其次，学校也要积极收集高端人才的资料，主动去访问高端人才，以此来更好地引进高端人才。最后，学校要改善自身的现有条件，以此来吸引学科急需的高端人才。

（二）基于智慧教育生态的卓越教师职前成长范式变迁

长时间以来，我国教师的观念还停留在向学生灌输知识的层面，教师成了灌输知识的有效载体，这种教学方式始终有一定的局限性。现如今，随着我国信息化水平的不断提升，我国的教育教学方式也有了很大程度的改进，把信息技术有效引入课堂教学已经变得刻不容缓，这是一种全新的卓越教师职前成长范式。因此，现阶段，学校必须提高职前教师培养质量，把这种全新的范式有效融入实际教学环境中。在传统的教学中，课上和课下的节奏完全由教师把控，随着互动反馈技术引入课堂，这种情况逐渐减少，这对教师来说是一个巨大的挑战，教师不仅要对课堂教学做好充分的准备，还要能根据课堂情况实时地进行调整，做到及时反馈。在课堂教学过程中，教师要尽全力创造出高效互动的课堂，有针对性地选择合适的教学内容，并及时进行调整。互动反馈教学模式下有针对性地对学生的潜力进行挖掘，让学生有身临其境的感觉，尽情地感受信息技术融入学科教育的精髓。这样不仅可以在很大程度上提高学生学习的热情，还可以让学生对信息技术有更充分的认识，学生的信息技术水平提高了，综合能力也会相应提高。

（三）基于智慧教育生态的卓越教师职前成长范式的构建

1.以基层组织建设为依靠

之前的学校教师职前组织建设之所以难以收到令人满意的效果，是因为缺乏完善的管理制度，导致很多基层组织建设活动流于形式，不仅浪费了资源，也没有充分地发挥出基层组织建设的职能，所以在推进学校教师职前基层组织建设和管理工作的实践过程中，一定要加强体系建设，明确规定各项建设的目标、经费使用、人才配备、职务岗位责任等方面的内容，从而保证学校教师职前基层组织建设和管理工作能够有章可循、有据可依，增强学校教师职前基层组织建设工作的效果，从而有效推动教师职前成长。

学校要认真履行自己的职责，教育和管理好组织内部的教师，作好引导工作。新形势下，要想方设法让学校教师的主体作用充分发挥出来，完善学校教师队伍的阵地建设。要有效建成基层组织，首先，要有选择性地打破原有的保守模式，对落后的模式进行创新，使得模式与模式之间能有效联系起来，这对教育服务、教育工作平稳进行等都有着很好的促进作用。其次，学校要加强卓越教师队伍建设，建立合理的分工体系，让队伍中的卓越教师全都参与进来，形成全体卓越教师共同建设的新体系。对卓越教师的选择，要改变原有的选择标准，选择有责任、有能力和有担当的教师。最后，要让财政真正向基层组织倾斜，并相对应地加大投入力度。这样不仅使学校教师没有了后顾之忧，而且还能有效调动全体教师的积极性，使全体教师时刻明确自己的职责。

2.加强学校卓越教师的师德师风建设

学生是高校中最为灵活的群体，而教师可以说是教书育人的主导者，是高校的宝贵财富。加强学校卓越教师的师德师风建设对教师和学生都是非常有益的。学校作为师德师风建设的主体，要实时对教师的生活和学习进行关心，加大对教师科研和教学经费的支持力度，提供必要的保障。另外，学校要多一些人性的关怀，对于传统刻板的规定，要尽可能地废除，要经常给予教师情感上的激励，以此来更好地培育学校的师德师风文化。

学校卓越教师队伍建设的大主体是学校教师，教师是学校培养人才的核心力量，是教书育人的主力军。新时代，要把学校的师德师风建设放在更加重要的位置，加强学校教育管理工作。第一，学校要建立完善的学校师德师风建设机制，将师德师风建设真正地融入卓越教师职前教育工作，并建立相关的激励机制，使学校师德师风建设与教育管理工作有机结合起来。第二，学校要建立科学合理的评价机制，对卓越教师的师德师风进行准确的评价。通过这些方法让学校教师教育管理与师德师风建设真正地联系起来。

3.创新实践教学方法

在当前新经济发展的理念下，只有加大力度对学校教师教学实践的工作方式方法进行创新，才能使得基于智慧教育生态的卓越教师职前成长工作顺利推进。创新是一个永恒的话题，在学校教师职前成长工作的创新过程中，学校要充分激发学校教师的创新意识，提供充足的资源，政府部门要给予学校教师正确的引导，让学校教师有计划、有目的地进行创新。现如今，学校教师教育管理工作向前推进，学校教师只有积极创造条件，把握机会，才能更好地完成学校教师教育管理工作的任务，创新实践教学方法。

第一，对于学校教师教育活动要科学合理地进行创新，丢弃原有单一、老套的方式，在保证学校教师学习、生活正常的前提下，积极地探索新的道路，并创造性地对教师进行教育，增强教师的创新意识。第二，要对教师教育管理渠道进行科学合理的创新，有针对性地利用信息化渠道开展教师教育培训工作，充分利用现今的互联网对教学的方式方法进行创新，以此来开阔学校教师的视野，丰富教师教育的内容。第三，要对学校教师教育管理的工作方式进行创新，在加强管理的同时，要进行适当的激励，让学校教师时刻牢记自己的使命，永远保持一颗奋斗的心。另外，也要注重加强对学校教师的关怀工作，必要的时候进行适当的心理辅导。

随着我国教育事业的不断发展，学校必须把职前教师教育放在更加重要的位置，教师必须努力提升自身的教学水平，充分理解和构建知识体系。智慧教育生态是一个庞大的系统，需要依托信息技术来完善，信息技术能直观地反映这个时代，能够更好地体现时代的价值观和个人的人生追求。信息技术在学校学科教学中应用的重要性在于不仅可以增强学生的独立思考意识，提高学生学习成绩，而且还可以有效提升教师的执教能力。因此，在今后的教学中，学校教师应该合理地把信息技术引入课堂，从而有效促进卓越教师职前成长。

第二节　构建教师学习共同体

一、实施校本教师培训

（一）强调教师自主学习

教师专业发展实质上是其进行自我定向、自主学习、自主发展的动态过程。因此，要实现教师自身专业的发展，需要促进其形成实现自身专业发展的自觉意识。在进行校本培训的时候，要尊重教师的自主性理念，促进教师自主发展，并为教师的自主发展提供有利的资源、条件和引导。

（二）加强教师间的互助合作

在校本培训中，改变了传统培训中培训者高高在上、受训者被动接受培训的局面。校本培训建立在对校内培训资源的充分利用的基础上，而且每位教师都有自身独特而又宝贵的教学经验。为此，通过搭建教师间合作互助的平台，促进教师间交流，分享教育教学经验，整合和重建各自的经验背景，促进自身专业的发展。

（三）重视同行专家的指引作用

虽然校本教师培训的核心理念在于倡导自主学习、推动合作互助，但是专家的支持和引导同样具有重要作用。为此，要大力倡导以老带新的"导师制"，对新教师实行"一帮一"的指导活动，从而极大地促进教师专业发展。重视专家的引领作用，还应该重视发挥专家的"教学督导"作用，对上起到"参谋""反馈"的作用，对下进行"监督""指导"。

（四）注重组织制度保障机制建设

高校应该积极建立"教学发展中心"，对教育资源进行整合，为教师提供教学支持，提升教师的教学质量，推动校本教师培训的开展；将有关教育教学、教师培训的标准、要求等规范化、制度化，对教师专业自我发展进行严格管理等，实现其专业成长。

二、实施发展性教师评价

（一）体现教师评价的学术标准

要实现这一要求，应该做到以下几点。[①]

---

① 张典兵，马衍.教师专业成长研究引论[M].北京：光明日报出版社，2013.

第一，学校应该着力构建具有学术性的发展性教师评价制度。建立发展性评价制度，将发展性教师评价纳入制度建设的轨道；重视评价过程的民主化，强调学术自由，避免过多的约束。

第二，建立科学有效的奖惩评价机制。发展性教师评价与奖惩性教师评价应该相互结合，更好地促进教师专业发展。

第三，构建职责分明的三级评价体系。

（二）建立适应性教师评价指标体系

教育教学活动的复杂性和评价参与者的复杂性，决定了教师评价标准指标体系的多层次、多维度和灵活性。为此，在对教师进行发展性评价时，重视评价者与被评价者之间的对话，在协商的基础上达成一定的共识，重视评价指标的构建性意义，从而使评价的结果更具有客观性，使被评价者获得正确的反馈信息，实现自身的不断改进和完善。

（三）提供必要的评价物质基础

高校发展性教师评价的制度、组织机构、规章制度、人才队伍、评价标准等的制定和实施，需要投入一定的时间和人力、物力，并且工作具有长期性。为保证评价工作的顺利进行，需要在教育教学经费划拨中纳入这一内容。

三、实施教育行动研究

教师专业自主发展最重要的一条途径在于"使教师成为研究者"，开展教育行动研究，无疑能够大大提高教师的理论述评和实践能力，提高教师的科研能力。在开展相关的教育行动研究中，应该注意以下几个方面。

（一）健全行动研究的外部机制

建立良好的高校管理制度和评价制度等外部机制，能够有效调动教师进行教育行动研究的积极性和主动性。应该为教师提供理想的职业环境，发挥教师自身的专业潜能和创新能力。高校应激励教师开展教育行动研究，要重视为教师提供制度保障。

（二）提供相关的研究资源

教师通过教育行动研究进行学习、促进自身专业发展过程中，必然会受到一系列主客观因素的限制。[①]此时，需要加强科学管理，发挥自身在人力、物力、财力、时间、空间和信息等方面的作用，以不断培养高素质的研究型教师队伍。学校要为教师创造实现其知识更新的有效途径和有利平台，使教师能够在一个宽松、民主的研究氛围中，围绕着日常教育教学问题进行教育行动研究，不断实现自身专业的发展。

四、智慧学习环境下教师学习共同体的构建路径研究

（一）智慧学习环境下建立教师学习共同体的必要性

1.为教师提供丰富的数字化学习资源

智慧学习环境是一个全面基于智慧感知的环境，在综合信息服务平台，提供了校园与外部空间的泛在、互动接口，教师可以在校园内外使用移动设备实现资源的无缝对接，随时随地进行学习。智慧学习环境中的数字化学习资源包括音频、视频、多媒体课件、在线学习平台、在线讨论、智慧学习平

---

① 张宁.高校教师专业发展论[M].长春：吉林大学出版社，2012.

台等。这些数字化学习资源更加丰富，获取更加方便，有利于教师的自主学习。

2.提升教师的媒介素养

媒介与人们的生活学习息息相关，教师充分利用传播媒介的优势，有选择地筛选信息、挖掘个人智慧，利用现代媒介提升教师的科研以及教学水平。但由于地域经济发展水平和教育发展水平的差异，教师的媒介素养水平也大不相同，大部分教师对新媒体的依赖程度较高，而判断能力较低。在智慧学习环境下，通过参与多种媒体的互动，教师可以增强对有效信息的鉴别、选择及利用，激发教师的学习热情，提升教师的媒介素养。

3.促进教师专业知识和教学能力的提升

教师一般学历都很高，具有较扎实的专业知识，但是工作以后由于继续深造的机会很少，专业知识得不到系统更新与发展，专业水平提升较慢。在教学过程中，教师不断总结经验，但是遇到有困惑的问题仅在教研会上进行交流，与其他学校同专业的教师交流的机会不是很多。而在智慧学习环境中，通过建立教师学习共同体，可以为教师之间提供一个信息化的交流环境，能有效促进教师科研能力和教学能力的提升。

（二）智慧学习环境下的教师学习共同体建构

智慧学习环境为教师提供了智慧的学习平台，为教师提升个人专业知识水平提供了良好的条件，构建教师学习共同体可以激发教师的归属感，实现知识共享，因此构建教师学习共同体是提升教师专业发展的有效途径。[①]

---

① 周洋.智慧学习环境下教师学习共同体的构建路径研究[J].湖南工业职业技术学院学报，2021，21（05）：116-119.

1.显性层次

一般的学习共同体包括学习者、助学者和专家，这三方面要素之间的关系及互动直接影响着学习共同体的构建。智慧学习环境下，构建教师学习共同体可以从技术层面、制度层面和专家层面来探讨。

（1）技术层面

技术层面包括学习平台建设、实用工具的使用以及数字化学习资源的建设，是学习共同体有效运行的硬件保障。在智慧学习环境中，学习平台主要有博客平台、慕课平台、WI-KI、网易云课堂、爱学习平台、雨课堂等，这些平台可供学习共同体成员进行自我学习提升。实用工具包括一些硬件资源，如电脑、投影、相机等。数字化学习资源建设是将数字化处理的学习资源进行整合，包括主题资源网站建设和课程资源建设，主要以文字、图像、声音、动画、课件和视频等形式存在。

（2）制度层面

制度文化是人类在社会实践活动中所建立的各种社会规范的总和。制度层面是学习共同体在实践过程中逐渐形成的社会规范、行为准则。比如，学习共同体内部有成员必须遵守的规章制度、学习网站的建设制度以及成员定期开会研讨制度等。群体中的社会规范规定了成员的行为和应尽的义务，互惠规范提醒我们要保持社会关系中的予取平衡，社会责任规范则让我们帮助那些需要帮助的人。

（3）专家层面

教师学习共同体的引领者可以聘请相关领域的专家学者进行指导，包括常规性指导（学习共同体学习制度的制订、学习共同体数字化学习资源共享制度的建立等）、专题讲座、专题会议、专题报告等。组织机构通过技术层面和专家层面不断地为学习共同体提供支持，为学习共同体的运行提供重要的物质保障。

2.隐性层次

心理文化是学习共同体中成员在长期的社会实践中逐渐形成的价值观、思维方式等，群体成员的个人心理特征以及成员之间的交往直接影响着学习共同体的有效互动。教师学习共同体是由具有共同愿景的教师组成的集教学与科研于一体的学习团体，不同类型的学习共同体有着不同的团体文化。因此，教师学习共同体组织者应积极关注学习共同体成员的心理机制，更好地促进学习共同体成员积极互动，形成良性循环。以下主要从社会心理学的角度对群体成员的社会化心理机制进行探讨。

（1）教师个人心理特征

组成教师学习共同体的成员具有不同的性格、兴趣、爱好，因为共同的学习目标聚到一起，学习共同体中的成员具有明显的个人社会性心理。我们总是能十分敏感地察觉到自己的情绪，但有时我们会高估别人对我们的关注程度。焦点效应意味着人类往往会把自己看作一切的中心，并且直觉地高估别人对我们的关注程度。教师学习共同体的成员在对自己为共同工作所作贡献进行评价的时候，发现这些评价之和超过100%，可见，大家的意识里都存在着一定的自我服务偏差。这种认识会让学习共同体成员总是高估自己对群体的贡献，而低估他们对失败所负的责任，自我服务偏差还会夸大成员对自己群体的评价而造成群体服务偏差，认为自己的群体才是最棒的。

自我效能感是一个人感到自己能够胜任和有效的感觉。自我效能感高的学习者学习更有韧性，较少焦虑和抑郁，在面对困难的时候，具有较强的毅力，他们会保持平静的心态并寻求解决方案，而不是抱怨自己能力不足，因此自我效能感高的学习者一般会有更高的学业成就，也更加自信。教师学习共同体成员都是在职教师，学习目标明确，因其肩负着教书育人的重任，在学习的过程中更有韧性，所以教师的自我效能感一般都比较高，当遇到问题时会积极处理，也更加自信和乐观，而乐观又能增强教师的自我效能感，从而形成良性循环。

（2）教师间的交往

任何一个人，要履行自己的社会角色，必须与别人发生交往，与人交往并建立稳定的人际关系，是人们获得社会安全感的最有效途径。只有在平等、自由的人际情境中，人才能真正达到自我控制，获得充分的安全感。霍斯曼认为，人与人之间的交往本质上是一个社会交换过程。这种交换不仅有物品的交换，同时包括非物质品的交换。根据人际交往的交互原则，人际交换中回报与付出应当是对应的，在学习共同体成员交往时，如果跟某人交往所得到的回报大于付出的成本，那么我们就喜欢并愿意继续维持这种关系。如果一方满足了另一方的需求之后，就会产生相互吸引。学习共同体成员更喜欢与那些让他们心情愉悦的人交往，也更容易被热情、积极的成员吸引。

在教师学习共同体中，成员之间在态度、信仰和价值观上具有一定的相似性，会极大地增进成员之间的感情，人们会喜欢那些和他们想法一样的人，而且还喜欢那些和他们行为一致的人，这种相似性产生了满足感。人与人之间的相互依赖使得人际关系成为我们生存的核心，我们有一种强烈的归属需要，与他人建立持续而亲密关系的需要。当我们感到被一种亲密关系所支持时，我们会更加健康和快乐。

在教师学习共同体成员合作的过程中，也一定存在着相互帮助的行为。帮助行为可以缓解不好的心境，也能维持好的心境，而积极的心境又会产生积极的思维和积极的自尊，从而导致积极的行为。那些具有较高积极情绪、同理心能力和高自我效能感的人更关心人，更容易表现出帮助行为；自我监控能力强的人如果认为助人能够得到社会赞许，也会迎合他人的期望而显得乐于助人。在成员的交往中，只接受而不付出，就违背了互惠规范。互惠规范促使我们帮助曾经帮助过自己的人，社会责任规范则让我们帮助那些需要帮助的人。但帮助行为有时出于利己主义动机，但也存在真正的利他主义。成员之间的相似性容易唤起成员之间的喜欢，而喜欢又会引发帮助行为，因此我们更多地会对那些跟我们相似的人产生同理心，也更乐于帮助他们。如果成员对对方产生了同理心，就会更信任对方，也会更乐意与对方合作。

第三节　开展教学反思

一、教师的反思性特征

正如阿尔弗雷德·许茨（Alfred Schutz）在《社会世界的意义建构》中认为，如果行动只是朝向行动对象，这是没有意义的行动。只有在反思中将行动所获得的知识转变为经验，行动才会变得有意义。反思性不仅仅是一种属性，而且还是行动的内容。反思不论是个人层面还是行动的模式化层面，都是对已经发生的事件进行检视的过程和结果。对于教师的专业能力，一般有下列认知倾向和争论：到底教师是作为"技术熟练者"还是"反思性实践者"的身份存在于教学专业活动中。对教师专业属性的明确定义以及相对应的专业角色的定位，对教师专业发展有重要意义。

教师专业发展一直是教学研究中的关注点，但是从相关的研究具体内容来看，研究的侧重点基本上都在探讨教师某种教学素养和能力的养成。教师的自我反思是教师作为专业教学人员所应该具备的一项重要能力。教师通过对从不同教学情境中所获得的经验进行反思，可以有效地促进教师的自我发展。有效的专业反思需要教师深入理解反思性教学的实际内涵，对于语言教师来说，反思应该是由一系列的批判性思维活动所构成的循环，并不断地通过反思来指导教学实践，这样有助于教师成为自身教学活动的评估者。与教师的反思性教学能力发展息息相关的，就涉及教师对于教学现场的实践经验的学习以及对各种资源的利用能力发展。行动学习是指教师在教学行动中通过对教学现场的理解并结合自身经验而进行决策的能力，与教师专业能力发展息息相关。行动学习作为教师现场式学习的一种有效途径，可以有效促进教师的多维专业能力发展，提高教师的批判性教学反思能力。教师的教学事件无论是其实际的教学决策还是反思能力，都与教师对于与教学相关的资源进行利用有关。教师与各种教学相关资源之间的关系，被很多研究者认为是一种互动式的关系方式，教师既利用已有资源进行教学，同时也是教学资源的创造者。这种互动式的教师与资源之间的联系方式对教师在教学实践中的能力发展，特别是教学设计能力有重要的影响。从概念表面上看，这种理念与吉登斯的结构化理论有了呼应，但似乎还是有将资源作为独立于教师之外的某种客观性的存在，并特别关注教师与这种客观资源之间的互动关系模式。

对于沟通行动在教学活动中的作用，有学者认为交往行动有助于多元共生教学思维模式的形成，并促进新型教学方式。也有研究者认为权力的赋予有助于加强对教师个体层面的关注，有助于教师在教学行动中生成专业认同，形成专业共同体，促进教学行动和教师专业发展。在教学活动中，行动者并非只有教师，但是教学活动中教师的主导作用及其教学权力决定了教师是教学行动中的行动者。以教师作为出发点来对教学行动及其相关要素之间的关系进行实证研究，并尝试理解教师的教学行动，对于教学研究有重要的实践意义。王乐（2002）通过课堂观察和课后采访的方式对3位外语教师的课后反思情况进行了调查。结果显示，目前外语教师的教育理论与行动理论之间还存在较大脱节，教育理论的掌握如果没有行动理论的支撑，则会大大影响教学效果。当然，该研究并不是一个规范的质性研究，其研究结果的有效性值得商榷，但是该研究为我们提供了一个从行动来对教学进行研究的视角。教师的教学行动引导学生的学习行动，进而形成互动。而教师作为行动主体所拥有的符号资源以及作为行动者的利益偏向，目的理性行动都是教师教学权力的来源以及教学行动可利用的资源。从社会属性来看，课堂教学中的社会行为可分为控制与服从、对抗与磋商、竞争与合作三个大类。有效的教学行动策略对于教学活动的有效性起到重要的作用，虽然我国课程改革在教学上已经取得了一定的成就，但是教师的教学习性对于教学行动策略有着重要的影响，教学习性是教师在理解课改，并生成教学时间行动的内在依据。在我国教学改革的不断推进过程中，仅仅注重形式上的教学行动改革是远远不够的，要改变教师的已有教学习性，并使教师的教学主体自觉性不断发展，需要我们对教师的教学观念和价值观进行深入的研究和探索。

教育教学改革的成败关键在于教师的教育教学理念，因此教师的专业发展应该注重从教育教学理念的形成和发展的角度进行探讨。教师教学理念的形成，在很多研究者看来与其知识有一定关系，但是却和工作中的同事，同伴的影响关系更加密切。因此有研究者认为除了注重对教师自身的反思性教学能力以外，从教师团体的角度来对教师在与同事协作过程中的专业发展进行研究，也具有一定的实践意义。作为教师队伍中特点鲜明，规模庞大的群体，同伴互助更有利于这个教师群体间的协作与反思。由于多方面的原因，教师中女性教师的数量比例一直较高。女性教师数量较多在教学工作中是一个较为普遍的现象。这个现象的形成原因较为复杂，因此我们更应该将研究关注点投入到对这一特殊群体在现实情境中的专业发展上，而不是仅仅去讨论其形成原因。女教师的多重社会角色需要我们对其职业生涯发展的影响因素进行进一步的人类学、社会心理学方面的探讨，这有助于我们深入了解女教师群体的专业发展和职业规划特点，并对其职业处境投入人文关怀。女教师的多重社会角色决定其职业规划和个人应对在其专业发展中所产生的重要影响，客观公正的教师专业发展管理和政策制定有赖于对这部分群体的深入研究。除了教师群体中的性别因素外，教师专业发展方面的研究也对新手教师这一群体的研究投入了较多的关注。新手教师作为教学一线的新生力量，带着新时代的教学观、教学价值观等新观念进入到教师群体中，在很大程度上对大学教师的专业发展、提高教学质量、推进教学改革起着相对重要的影响。

二、教师教学反思的主要特点和内容

（一）教师教学反思的主要特点

教师的教学反思在目标上直接着眼于教学行为的改变，而不是为了获得某种知识。从根本上说，教学反思关注的是在实践中运用知识，形成教学反思能力，改善教学行为。[①]

---

① 张楚廷，刘宇文，辛继湘主审，湖南省高等学校师资培训中心组织.高校教师教育教学技能[M].
长沙：湖南师范大学出版社，2015.

教师教学反思的内容，要实现陈述性知识与程序性知识、现有知识和新知识之间理论与实践的结合。同时，它不仅仅关注所倡导的理论，更重视理论的实施及行为的结果。

教师教学反思形成方式多为实践性的，需要在实践中不断地练习以形成较高的反思能力。对于教师来说，要重视对教学技能的反思和教学策略的反思，从而不断促进教学质量的提高。

（二）教师教学反思的主要内容

第一，对教学观念的反思。教师要提高教学水平，使教学更富针对性，需要进行系统理论学习，反思教学观念，促进教育观念的深层次更新与转变，以利于更好地教学。

第二，对教学设计的反思。在这一反思中，教师要检查自己的思路，及时调整自身存在的不适当观念和行为。教学设计要因人、因材施教，尊重学生，建立民主、和谐的师生关系，营造良好的学习环境等。

第三，对教学反馈的反思。这要求教师采取不同途径对教学活动中学生学习各方面的情况进行信息收集和反馈，在此基础上开展分析研究。

三、人工智能赋能下教师教学反思的变革

（一）传统教师教学反思的形态与实践困境

教学反思是提高教师课堂应变能力，适应师生互动的必然要求。教学反思自出现以来，越来越受到教育领导层、教育管理者的关注，国家、地区、学校等多个层面也要求开展一系列的教学反思活动。但教学反思的开展未能达到理想的效果，究其原因是传统的教师教学反思存在着诸多问题，主要问题聚焦于以下几个方面。

1.教师教学反思意识薄弱

在教学反思意识方面，教师的教学反思意识薄弱，对教学反思的理解简单浅显，没有意识到教学反思的意义与价值，没有意识到教学反思在教学中的重要性，有部分教师会认为只要有过硬的教学能力，把课上好，将知识传授给学生即可，甚至会认为教学反思的意义不大，教学反思这一工作是在浪费时间，是在增加教师的工作负担，对教学反思有一种抗拒的心理。有少部分教师还会潜意识认为教学反思是对自己教学的一种否定，进而不愿意去反思教学。

2.教师教学反思出现单一化、形式化现象

传统教师教学反思的形式主要是撰写教后记，形式单一。未能发挥反思作用的最大原因在于反思流于形式，形式化最主要的表现是重数量轻质量，教师们对于教后记的撰写都是机械地完成校领导的硬性指标，并未真正深入反思教学中的问题，有极少数教师甚至会直接从网上抄写或者复制粘贴其他教师的教后记，完全弃自己的真实教学实践。教育管理者对于教后记的检查同样流于形式，教师们只要能交出反思的材料即可。

3.教师教学反思内容缺乏深度

在教学反思内容方面，教师的教学反思内容较为流于表面，反思的深度不够。一部分教师的教学反思内容中描述教学过程的篇幅较多，对于透过教学过程表象的本质思考的深度不够，分析得不够透彻，往往都是一些反思概括性的话语，偶有简单记载几个教学中存在的问题，但对于问题的探讨分析又有所欠缺，仅仅一笔带过，没有解决实质的问题，抑或对反思的每个问题都泛泛而谈，缺乏连贯而深入的思考。[①]

4.教师教学反思基于主观经验，缺乏基于技术支持的客观数据

最初的教师教学反思主要形式是纸质版的反思记、反思报告，随着无纸

---

① 陈思佳.人工智能赋能下教师教学反思的变革[J].汉字文化，2023（02）：171-173.

化办公的推进，教师借助办公软件形成电子版的反思记录形式，但只是呈现方式改变而其实质内容并未变化，反思记的主要内容还是教师依据所看到的现象结合自己教学经验进行表象分析，形成的反思报告。少部分稍有质量的反思记会利用一些图表，手动将数据填入然后生成一个饼状图、树状图等图形，这样的教学反思工作烦琐复杂，大大增加了教师的工作负担。

（二）人工智能赋能下教师教学反思新形态

黄怀荣教授指出，人工智能变革教育已成为全球共识。与传统的教师教学反思相比，人工智能赋能下的教师教学反思在反思内容、反思方式、反思过程方面呈现出新形态，反思不再基于教师的经验，而是以人工智能数据为依据进行，大大提高了教师教学反思的效果。

1.教师教学反思内容呈现广而深的特点

人工智能环境下的多模态学习分析，既可以收集学生的学习路径、学习内容等学习过程中的静态学习数据，也可以利用面部表情识别技术、眼动跟踪技术、运动传感技术收集学习情绪、身体移动轨迹等数据，即多模态学习分析可以收集学习者的外显数据、心理数据、生理数据和基础数据等多层面、全方位的学习者数据。同时，对教师数据而言，多模态数据能够更真实准确地刻画出教师画像，从多维度描绘教师教学情况，多模态数据能够更清晰地揭示教师的学习机理与状态，帮助教师了解自己教学过程中的身体、心理、认知等过程。由此可以看出，在反思内容方面，不仅包含了教师和学生的语言、动作的反思，还包含了教师和学生的面部表情、心理、认知等过程的反思。反思内容具体聚焦于教师的教学目标、教学内容、教学策略、教学效果、课堂中的指导反馈、师生互动、学生的知识点掌握、专注度、同伴交流讨论等。同时，反思内容也不再停留于表面，而是通过对数据的解读深入分析，发现教学问题，反思问题的成因，探讨解决方案。

2.教师教学反思过程呈现出系统化、规范化、便捷化的特点

在反思过程方面，人工智能技术伴随着教学的全过程，教学反思也包含

了课前、课中、课后的全过程，智能系统也促使教师的教学反思按照"发现问题—分析问题—解决问题"的模式进行，教学反思过程呈现出规范化的样态。人工智能技术的应用促使教师的教学反思有了自己的数据库，教师可以随时获取自己的反思数据库，与自己的历史数据进行对比，教师可以不断地反思、实践、再反思、再实践，不断地进行数据对比与教学改进，循环往复以促进自我的成长。有了技术的支持，有了数据的引领，教师的教学反思过程不再流于形式，质量也有了一定的保证，人工智能也保证了教学反思过程的精简化，减轻教师繁重的反思工作负担，增加了教师的反思热情，使得教学反思的价值得到了真正地实现。有了技术的支持，教学反思的管理与检查工作也避免了形式化，教育管理者可以利用相关平台进行定期检查，也可以用程序自动检查是否有抄袭复制敷衍了事的现象。

3.教师教学反思方式呈现出多样化的特点

在反思方式方面，教师教学反思方式主要有个体独立思考、撰写教学日记、同伴合作讨论及行动研究四种，其中行动研究实施较为困难，前三种形式被普遍应用。人工智能赋能教师教学反思解决了形式单一化的问题，不再只是撰写教学日记这一种形式。教学反思有个体自我反思也有集体反思，无论是个体反思还是集体反思都可以利用数据库中的多维数据进行对比分析，查漏补缺、发现自身问题，学习优秀案例。同时，人工智能等信息技术使得集体反思实现了异步异时空，教师的同伴不再局限于学校的教研组，可以是区、市级的教研组，拓宽了教师的眼界，促使教师可以接触更多教师的教学反思，有更真实的对比与学习案例。人工智能赋能教师教学反思，以人工智能技术为支撑，以数据驱动，促使教师科学、精准、全面的反思教学，教师教学反思呈现出全息式、系统化、数据化、精准化、科学化等特征。全息化、精准化、科学化均与数据化是密切相关的，教师的整个教学反思中的诊断与决策都离不开数据的支持，数据的全息式呈现，多维全面地对教学进行数据分析，因为以数据为基础，进而使得教师能够科学精准的反思教学，真正做到对症下药。人工智能赋能，教师教学反思呈现新形态。

教学反思对教师的成长具有重要意义，教学反思的最终目的是教师通过反思教学，学会教学，提高自身的教学水平以教会学生学习，促进学生的发展。人工智能、大数据等技术在教育教学中的应用，为教师的教学反思提供了技术支撑，使得教学反思有证可循。人工智能赋能使得教师的教学反思更加全面、系统、规范、科学，助力教师透过教学问题的表象看到问题的成因，提高了反思的效率与效果，提升了教师的教学能力与信息素养，乃至提高了我国整体的教学水平，为我国培养创新型、复合型人才奠定基础。但教师的智慧是不可替代的，数据只是提供分析依据，数据的解读还需教师智慧的发挥。同时，技术并非绝对可靠，技术也在不断地更新迭代中，教师在数据解读的过程中，也要明辨数据的真实可靠性，不要被数据左右，不要过分依赖于数据，促使人工智能赋能的教师教学反思新形态的健康化。

第四节 依托信息化平台

一、外语教师信息素质的特点

关于外语教师的信息素质，可以将其理解为外语教师在外语教学过程中所用到的一种特殊能力，这种特殊能力涉及在外语教学活动中信息技术的运用以及相关教学任务的完成等方面，其中又进一步蕴含着若干子能力。[1]

外语教师的信息素质是在其信息化实践知识的基础上建立起来的，其要进行进一步的发展，对信息化情境有一定要求。关于外语教师信息素质的特点，可以大致归纳为以下几点。

---

[1] 唐君.高校英语信息化教学研究[M].北京：中国国际广播出版社，2018.

（一）复合性

外语教师的信息素质所涉及的具体能力是各个方面的。比如，从基本的教学方面来说，不管是知识、技能的传授能力还是实践能力，不管是针对外语教师发展的能力还是促进学生信息化学习的能力，不管是什么级别的信息能力等都属于外语教师的信息素质的范畴，这就将其复合性特点体现了出来。

尽管传统意义上的外语教师也具有复合性能力，但是信息素质与之是存在着差异性的，这与信息技术要素的动态介入有着直接的关系。外语教师的信息素质具有综合化、多层次化的特点。

（二）关联性

外语教师应该具备的信息素质，并不是指某一种能力，而是众多子能力的综合，并且这些子能力之间是相互联系、相互影响、相互作用、彼此关联的。[①]

第一，外语教师的信息素质是在基本的教学能力基础上实现的。基本的教学能力主要涉及驾驭学科教学内容的能力、一般教学法的相关能力、基本的教学技术能力等。

第二，对于外语教师来说，其信息素质主要涉及外语学科内容能力、信息化外语教学法相关能力等，这就一定程度上将外语教师教学能力形成与发展的融合性特点体现了出来。

第三，外语教师的信息素质的发展是呈递进形式的。另外，在不同的发展阶段外语教师的信息素质有着不同的侧重点。要想使外语教师的信息化教学能力得到良性发展，在动态的发展中寻求新的平衡与协调是重要途径之一。

---

① 王卫军.教师信息化教学能力发展研究[M].北京：中国社会科学出版社，2018.

(三) 发展性

信息化带来时空结构的变换，对外语教学的整体发展起到促进作用，也促进了外语教师综合素养的发展和提升。外语教师的专业发展呈现出动态性、终身性的显著特点，这也一定程度上将信息化社会的特点反映了出来。外语教师要想得到专业化的成长，要求其要根据不同的职业发展阶段来不断发展和优化自身的教学能力结构。外语教师信息素质的发展具有一定的导向作用，这主要体现在外语教师信息化教学智慧的创造方面。

二、高校外语教师信息素养与专业发展

高校外语教师是培养我国外语人才的中坚力量，其自身的专业素养无疑占据着极其重要的地位。但作为人才培养者，我们应清楚外语教师的专业素养绝不仅仅是自身词汇、语法掌握的程度，还包括教学经验的积累，教学方法多样化，适应新时代潮流的能力等多方面。在信息化环境中，高校外语教师也面临着新的挑战，从各项研究和实际的教学情况来看，具备良好信息素养的外语教师能够更好地将信息技术和外语教学相结合，从而更进一步地发挥教学作用，更高效地提升学生的外语能力。可以说，在当今时代，具备一定的信息技术并将之与外语教学融合起来，已经成为高校外语教师应具备的一项基本能力。

随着信息技术的发展，信息化环境也逐步形成，并对社会各行各业产生了巨大的影响，高校外语教学也位列其中。信息化是大趋势，是不可阻挡的潮流，它与教育密切相关，对高校外语教学有着不可忽视的影响，无疑也对高校外语教师提出了新的要求。

在人类各项知识发展的历史进程中，信息技术是较新的一项知识内容。信息技术由于其自身的特点，快速成为一项重要的生产、生活工具，并与人类的多领域内容产生交互，从各个方面对人类社会产生着不可忽视的影响。早在20世纪70年代，美国学者Paul Zurkowski便提出了"信息素养

（information literacy）"概念，"信息素养"主要指的是科技的快速发展必将促使人类具备运用信息知识解决各项问题的能力。这一概念也随着科技的发展在世界各国的流传产生了一定的变化，这一概念传入我国后，著名学者陈坚林指出，信息素养与信息技术不同，它的侧重点并不在于一个个体掌握了多少信息知识，而在于主动获取、了解信息技术并将其应用到问题解决当中的意识，它更多的是一种抽象的适应能力，而不是信息知识量的体现。

教师的专业发展是一个长期的过程，成为教师并非学习的终点，而是终身学习这一进程的起点。在信息时代，教师的专业发展离不开自身信息素养的提升，也可以说信息素养为教师专业发展提供了途径和动力。

（一）外语教师信息素养与专业发展现状与问题

在高校外语教学中应用信息技术是一种必然趋势。随着科技的发展，线上教学也已经十分普及，这就要求高校外语教师一方面要快速掌握所需的信息技术，提高信息素养，另一方面也应积极推进自身的专业发展，进一步适应新环境，更好地为培养外语人才服务。通过文献检索、实例研究和问卷调查，我们对信息技术对高校外语教学效果的影响有了进一步的了解，也对高校外语教师自身信息素养与其专业发展的关系有了更为详尽的了解。随着调查和研究，我们发现在信息化的大环境中，我国高校外语教师在教学等方面还存在着一些问题。

1.对信息技术与外语教学的关系的认识过于表面化

时代在发展，教学也应不断发展进步。然而，即便在这样的大前提下，仍有部分教师没有意识到信息化与外语教学的交互性，部分外语教师，尤其是部分老教师传统观念较强，此类教师已经习惯了传统教学方式，对信息技术不够熟悉，在信息素养方面稍显不足，很难意识到信息技术与外语教学内在的交互性，即便面对线上教学的要求，也只是将其简单地当作教学形式的变化，将教学材料原原本本地转移到电脑上，而没有进行相应的调整。高校外语教师与时俱进，积极提升自身的信息素养，将信息技术和外语教学有机结合，增强二者之间的交互性。但在实际的外语教学当中，能够真正做到这一点的教师数量并不多，大部分只是从表面上粗浅地看待信息技术与外语教学的关系，并没有意识到要充分发挥信息技术的效用。

2.部分外语教师学习信息技术的积极性不足

由于高校外语教师数量庞大，个体差异也巨大，部分教师对信息技术和外语教学二者有机融合的认识较为表面化，没有意识到二者的深入的、内在的关系，但也有部分教师已经意识到了这一关系，但由于主观、客观等方面的不同原因，未能积极学习新的信息化技术，由此也导致了该部分教师不能充分发挥信息化在外语教学方面的正面效用的结果。

3.校方或团队的支持不足

教育教学并非单一个体的行为，它离不开团队的力量。外语教师的信息素养已成为衡量其教学能力的一个重要因素，而教师对信息技术的敏感度、学习意识等也极大地影响了信息技术在教学上的应用效果。但无论个体差异有多么巨大，教师自身专业素养如何，外语教学也不应脱离团队。无论是上级对高校外语教学目标的要求，还是各高校针对本校情况制定的教学大纲与方针，抑或是由外语教学组的教师们进行教研，都不是教师个人的行为，而是与团队密不可分。因此，教师要切实提升信息素养、掌握更多的信息技术，并将该技术运用到外语教学当中去。在实际情况中，部分教师虽然具备了信息化意识，认为自身在信息技术的掌握方面仍有不足，也具备了提升信息素养的意识，但由于缺乏校方或团队的支持，信息技术提升难度较高，提升速度缓慢，这无疑对其外语教学效果产生了一定的负面影响。

4.未能充分利用信息技术进行教研或对教学成效进行反思

在信息化环境当中，教师也应与时俱进，不断进行技术突破，充分利用好信息技术、网络技术、大数据及多媒体设备的优势，对外语教学进行调整和革新，不断展现新面貌。但是，有相当数量的外语教师并没有做到利用信息技术进行教学，在教学方式方法等方面鲜有突破和创新，更没有对信息化环境中自身的外语教学成效进行反思。作为外语教育者，我们应时时刻刻关注语言的新发展，保持对新知识的高敏感度，吸收国内外优秀的外语教学方法，提升自身专业素养和水平。在我们所处的新时代，信息技术给我们提供了更多的便利，但很多外语教师并没能利用好信息技术，在教研方面依然保持传统方式，依然沿用传统的课堂教学方法，对自身教学效果也很少进行反思，从而导致教学水平难以提升、信息素养和专业素养止步不前的结果，这对外语人才的培养显然是不利的。

5.教学模式单一老旧，缺乏创新性

创新是一个国家不断发展的不竭动力，也是教育的核心指导思想之一，创新不是一个空洞的口号，而是切实关系到外语教学者们每一次课堂、每一步教学举措的重要理念。语言在发展，外语教学改革也应时刻进行，紧跟时代趋势，用信息时代的新情况、新挑战来要求自己，促进自身在信息素养和专业发展方面不断进步。然而，经调查研究发现，目前仍有部分外语教师教学方式十分单一、老旧，即便在信息化的大环境中依然采用传统的宣讲式、"填鸭式"单向教学模式，在内容上也缺乏创新性，难以适应新时代的要求。

（二）提升高校外语教师信息素养与专业发展的建议

信息素养的侧重点在于个体利用信息技术解决实际问题的意识和能力，与其说这是知识量的体现，不如说是一个人终身学习精神的体现。在信息化的大环境当中，充分意识到信息技术的重要性及其对外语教学的深刻影响，学会将信息技术运用到实际的外语教学当中去，真正做到与时俱进，切实推进专业发展进程，提升人才培养效果，是每名高校外语教师应深入思考的话题。针对上文所提到的目前高校外语教师在信息素养及专业发展方面存在的问题，提出以下建议。

1.全面了解每一名外语教师信息素养水平

我国高校数量繁多，各高校情况不尽相同，高校可针对本校教师情况，采用适当的形式了解每名外语教师的信息素养水平，其中的重点为教师对信息技术在外语教学方面应用的重视程度、实际教学当中信息技术的运用率以及教师自身利用信息技术推进专业发展的实际情况等。唯有先展开调查，切实了解了教师的信息素养水平，方能进行后续的指导与培养。

2.针对教师个体特点构建信息素养提升体系

教师个体差异是不可忽视的问题。在外语教师群体当中，各教师对信息技术与外语教学二者融合的重视程度也不同，部分教师对信息技术的重视程度不够，而有的教师则是已经意识到了信息技术对外语教学的重要影响，这两大类情况应区分对待。对于重视程度不够的教师，首先应积极调整其思想，帮助其认识到信息化大环境对我们提出的新要求，用更加开放的思想去审视自身观念的不足，调整其对信息化教学的态度。而对于已经具备信息技术重要性基本意识的教师，应积极构建更加具有人文情怀的、和谐的教研环境，切实从教师自我提升需求的角度出发，肯定并鼓励其作为新时代外语教师积极态度，协助其进一步提升信息素养，引导教师从更加广阔的角度认识信息时代对外语教师提出的新挑战，进一步增强其自信心和信息技术运用的主动性。

3.为外语教师提供硬件和技术支持

转变思想是前提，实际实施是保障。在外语教师群体已具备信息意识的前提下，校方或外语教学团队应积极为教师们提供硬件和技术支持，给予教师们提升信息技术的方向和途径。外语教师大多数并非信息技术方面的专门人才，信息知识储备量并不充足，而要更好地将信息技术和外语教学结合起来，教师们还需要有针对性、高效的信息技术指导，校方可为外语教师提供必备的计算机设备、多媒体设备、流畅的网络和与外语教学相关的网络资源等，并配备专业的信息类人才为教师们提供培训，帮助教师们建立、健全信息知识体系，使其能够利用更加多样化的海量的网络资源更好地开展外语教学。此外，还应进一步开阔教师知识视野，帮助外语教师学会利用网络资源和信息技术提升自身专业水平，多方面、多角度地提升自身外语能力和教学水平，从而增强外语人才培养的实际效果。

4.适度开展教学教研改革和教学效果反思活动

信息化大环境决定了外语教学改革的必要性，在这样的前提条件下，外语教师们应积极进行教学教研改革，在实际的教学活动开展之前建立信息化教学意识，全面细致地进行教学设计，将信息技术切实应用到教学当中，在备课阶段充分利用信息技术和网络教学资源增加教学资料的准确性和丰富性，并对每一次课堂内容进行优化设计。教研活动是常规性的活动，除学期开始前的必要的准备性教研活动之外，也应开展贯穿整个学期的阶段性教研，不断观察教学效果，并思考继续提升的可能性及途径，进行教学效果反思和研讨，共同交流、相互促进，从整体上提升教学水平，更好地成为信息时代外语教学的领航者和指导者。

5.鼓励信息技术应用和教学创新，开展相互学习与交流

除教研和教学效果反思研讨外，还应鼓励外语教师们主动进行教学创新。我们处在日新月异的信息时代，网络资源浩如烟海，外语教师们应首先通过学习了解自身不足，再积极利用这些资源拓展知识面，进一步提升专业素养，从知识储备和教学方法等方面进行外语教学优化改革，观摩其他教师信息技术运用的方式，给自身以启迪，从而积极进行教学创新。教学离不开团队的力量，教师们可相互学习，通过观看优秀教师教学视频、听课、讨论等方式，共同促进信息应用能力的提升，开展资源共享，全面强化教学效果。

如今我们处于信息时代，信息技术对各项教学均有着巨大的影响，在这样的大环境下，高校外语教师必须有意识地进行自身专业素养的强化，进行终身学习，才能更加有效地促进教学水平的提高。而要实现这一目标，信息素养无疑是一个关键因素，高校外语教师应有意识地提升自身的信息素养，进一步进行外语教学改革，积极开创多元化的教学模式，更好地适应信息时代，培养更优秀的外语人才。

三、智慧教育背景下教师信息化教学能力的提升路径

教育部印发的《教育信息化2.0行动计划》强调依托人工智能技术，引领教育智慧性、智能性、融合性发展。教师在智慧教育环境下，其角色也发生了变化。教师是智慧教育的重要参与者，因此教师要积极学习和掌握智慧教育的方法、知识和技能，顺应智慧时代发展需要，为教育智慧转型提供智力支撑。在这一背景下，促进教师信息化教学能力提升，是确保人工智能技术与现代教育教学深度融合的重要条件。

（一）智慧教育亟待教师角色的重塑

1.由知识传递者向学习引导者的转变

杜威认为，沿袭传统的育人方式来培养今天的学生，等于剥夺了学生的明天。随着智慧教育时代的到来，教师应该积极顺应教育变革需要。智慧教育以线上学习为特色，可以满足学生自主学习的需求。教师不再是知识的传递者，而是协助学生去完成知识的建构。在智慧教育模式下，教学过程由教师主导转变为由学生主导，使教学内容资源化、学生学习个性化、学习过程灵活化。因此，教师要主动了解学情，善于激活学生的学习兴趣，培养学生的观察力、批判力和思辨力。

2.由教师的"教"向学生的"学"转变

传统课堂面授教学，教师对教学目标、教学任务、教学过程拥有"主动权"，体现在以"教"定"学"，导致"教"与"学"分离，缺乏对学生的个性化、针对性指导。智慧教育打破教师对知识的"垄断地位"，教师通过"放权"，增强学生的学习力，特别是指导学生自主学习，为学生提供针对性学习资源，满足学生个性化学习需要。因此，教师要主动掌握大数据、人工智能及软件技术，提高数据资源整合能力，为学生提供精准教学指导。

3.由单打独斗向团队协作转变

智慧教育强调教师间的合作、互助，特别是现代远程通信技术，突破时空藩篱，为教师团队协作教学创造条件。随着专业分工越来越细，人工智能的开放性、多元化，催生跨校合作、跨课堂合作成为新常态。教师除了校内教学，还可以拓宽校外指导，特别是虚拟现实技术，实现数字化教育资源平台的搭建，实现教师间协同攻关、集思广益，增进跨界的协同合作。

（二）智慧教育呼唤具备信息化教学能力的教师

1.提升教师信息化教学能力，顺应智慧教育政策导向

教育信息化建设强调将信息技术融入教育教学过程中。近年来，国家出台了一系列政策，鼓励和推动教育信息化发展，如精品课程建设、数字化教学资源库建设、微课大赛等项目，要求教师不仅要具备专业素养，还要掌握必要的信息技术。借助智慧教育契机，广大教师要深入学习信息化教学手段和方法，改进课堂教学模式，顺应智慧教学需要。

2.提升教师信息化教学能力，满足学生个性化学习需要

高等教育信息化教学是课程改革的重要方向，其打破了传统课堂面授单一、被动的教学格局，更加关注学生的自主学习、个性学习。慕课、翻转课堂、微课堂等线上学习平台，为学生提供了丰富多样的学习资料，学生可以根据自身需要，自主获取知识。同样，现代移动通信技术为学生的移动学习提供了条件。学生可以利用移动终端，随时随地展开学习，与同伴、教师交流互动，解决学习中的疑难问题。

3.提升教师信息化教学能力，推进智慧校园建设

从学科教学到智慧教育，再到智慧校园，信息技术是基础。教师要不断提升信息化教学能力，发挥信息化教学优势，以推进课程改革，提升育人质量。同时，立足"互联网+教育"，高校教师要将信息技术融入日常教学中，提升课程教学的趣味性、多样性、探究性，满足学生线上、线下混合式教学需要。教师信息化教学能力的提升，可以为学生推送优质的教学资源，便于

师生互动，为智慧校园建设夯实基础。

（三）教师信息化教学能力的基本构成

1.信息化教学观和态度

教师信息化教学能力提升的第一要素是信息化教学观念和态度。一些教师对信息化教学技术存在抵触情绪，缺乏正确的信息化教学认知。因此，要提升教师信息化教学能力，就要转变教师的信息化意识，端正教师的信息化教学态度，让教师接受并乐于改变原有教学模式，主动运用信息化手段，优化课程教学活动。

2.信息技术知识和技能

信息化教学要求教师掌握相关知识和信息化应用能力。教师通过学习信息化教学方法，能够熟练运用多媒体、音视频编辑软件，制作满足教学需要的课件。同时，教师还要具备信息检索、资源获取能力，对线上海量教学资源进行甄别、优选，能够结合教学目标，做好信息化教学资源管理工作，如对相关教育教学资料进行分类、管理和更新等。

3.信息化教学设计与实施能力

信息化教学能力的提升需要教师能够运用信息技术来构思教学方案。教学方案体现在教学设计和实施两方面。在进行信息化教学设计时，教师要根据课程内容、学情需要，调整教学计划、细化教学方法、优化教学内容、改变知识的呈现方式。精心设计活动才能提高课程吸引力，才能促进学生自主学习。在实施中，教师要注重课堂环节的衔接，将信息化教学与课堂面授联系起来，确保每个教学知识点落实到位，以获得较好的教学效果。因此，教师需要对信息化教学实施过程进行总结、反思，满足高效教学需要。

4.信息化教学监控与资源建设能力

针对信息化教学，教师要注重信息资源的收集和反馈，了解学生的学习诉求，改进教学模式。比如，在"雨课堂"的应用中，教师可在课前推送

PPT，学生通过微信来获得预习任务，了解预习知识点，并在学习后反馈遇到的难点和问题。教师在课堂上可以重点解决学生遇到的共性难题。同样，对于智慧教学工具的运用，教师还要具备信息化资源整合、建设能力。教师要在海量的学习资料中寻找适宜学生的信息，最大限度地利用好线上学习资料。另外，教师要具备信息化资料改造能力，对相关优质教学内容进行修改、完善，以契合学生的认知需要。教师可以对教学流程进行调整，以顺应教学设计，利用优质音频、视频素材，打造新的教学资源库。

（四）提升教师信息化教学能力的发展建议

1.转变教师观念，渗透智慧教育理念

智慧教育是高校教育教学变革的重要趋势，教师要充分认识到智慧教育的迫切性和时代性，转变观念，积极融入智能化教育教学环境。教师要主动学习信息化教学知识，掌握信息化教学本领，快速、灵活运用智慧教育手段，搭建满足学生自主学习的智慧课堂。高校要重视现代教育技术的革新，营造智能化、数字化、网络化教学氛围。当下，一些院校将重心放在信息技术应用中，忽视教师智慧教育观的塑造。一些教师在信息化教学改革中，只在课堂上融入多媒体课件，或者应付做一些PPT，并未深入了解信息技术，也未能打造智慧教育课堂。这些问题的出现，与教师对信息化教学理念不认同有关。高校既要抓智慧教育，更要抓教师观念的引导，改变过去以教师为中心的备课观，使学生成为学习的主人。在课前预习环节，教师要利用在线交互，解答学生的疑问，让学生夯实对基础知识的理解和掌握。在课堂上，教师要重点讲解共性问题，提高课堂教学针对性、有效性；在课后，推送跟踪学习与反馈内容，监督学生课后作业完成情况，结合学生兴趣，拓展个性化学习任务。

2.做好信息化资源整合，为教师搭建良好教学环境

教师信息化教学能力的提升，离不开丰富、多样的教学资源库。高校要结合学科建设需要，以购买、协作等方式，收集和获得优质教学资源库，为教师信息化教学提供资源。同时，高校要加强智慧教育设施设备建设，从资

金、硬件、软件等方面，为广大教师搭建智慧教学平台。教师可以结合学科教学、专业领域，有针对性地开发相应的信息化教学课件，促进线上与线下深度融合。另外，在信息化教学中，教师还要注重信息化教学环境的打造。高校各院系可以组织相关教师成立信息化教学科研小组，细化任务分工，发挥特长优势，构建仿真系统，满足师生交互学习的需要。

3.引入分层培训，构建教师信息化学习共同体

在高校教师信息化教学能力提升过程中，学校要针对不同学科、不同教师，制订恰当的培训方案。在培训前，学校要对参加培训的教师进行摸底调查，了解教师的实际需求。例如，不同专业、不同年龄段的教师，在信息化培训内容、信息化培训目标、信息化培训方案上分层对待，确保培训的针对性，提升信息技术培训效果。基础班要侧重教师对信息技术基本知识、基本使用方法的学习，特别是常用软件的操作，指导教师灵活掌握。在提升班，学校要侧重对信息技术与课程教学融合方式的培训，指导教师能够利用信息化教学软件，设计并制作满足教学需要的课件。强化班要侧重教师对信息化技术、信息化教学资源库建设、信息化教学设计制作方法的培训。这种分层、分段的培训可激活每位教师的学习主动性和创造性。同时，学校要结合教师实际，灵活穿插内部讲座、技能交流等活动。另外，学校要重视校际技术合作与共享，拓展校企共建合作项目，促进校内校外师资融合。高校要兼顾全体教师的发展需要，帮助每位教师树立信息化教学观，参与到信息化学习共同体中。学校要利用互联网，为广大教师搭建信息化学习交流平台。教师也可通过注册、登录，选择感兴趣的学习群组，共同围绕信息化教学展开技术合作、教研讨论，促使教师取长补短、优势互补。

4.注重教师信息化能力评价，激发自我效能感

高校要重视评价与激励教师信息化教学能力的培训，通过评价，强化教师的信息化学习意识，提高教师运用信息化技术来改进教学的积极性。在评价中，先对所学内容明确目标，培训后，对教师的信息化能力进行考核，指导教师能够解决实践中遇到的大多数问题。同时，学校要营造良好的评价氛围，鼓励教师相互交流，与同伴合作，共同学习，提升培训迁移效果。教师

信息化教学能力的提升，要注重长期性、阶段性、渐进性。在实施中，学校要强调教师自我效能感的获得。教师通过学习信息化技术、方法，并在教学中得到应用，可以提高课程教学满意度，对信息化学习更有信心。为此，高校要引入多样化学习活动，为教师提供更多信息化技能学习机会，将信息化教学能力纳入教师绩效考核中，增强教师学习信息化技术的持续性。智慧时代，每位教师都要正视信息化教学，积极学习信息技术，增强信息化教学能力。针对教师信息化教学能力参差不齐的问题，高校要营造智慧教学氛围，挖掘信息化教学资源，加强教师专业技术培训，搭建教师信息化学习共同体，激发教师自我效能感，完善教师信息化教学评价，最大限度地发挥智慧教育的优势。

第五节　优化学校人事制度

一、当前高校教师人事制度存在的问题

当前我国高校教师人事制度采用的仍是由人事部门或教育行政部门统一调配教师的制度，这种形式不仅剥夺了学校选择教师的权利，也使教师享受不到选择学校的机会，对教师的专业发展是不利的。

（一）阻碍教师专业发展

长期以来，学校的工作岗位安排是以学科教学为中心进行，对教师而言，其岗位流动性很小，往往长期教授某一学科或某一年级。这对于教师视野的开阔、知识的扩展、潜能的开发、兴趣的培养是不利的，最终很容易使

教师思想僵化，阻碍其专业素质和能力的提高。

（二）缺乏对教师的培训

教师的培养、培训工作既费时费力，在短时期内又不能看到明显的成效。[1]此外，有些学校仅仅将教师看作实现某一目标的工具，而不是在以人为本的指导思想下将其看作人力资源，缺乏对教师潜能的开发和利用。

（三）教师合法权益缺乏保障

近年来，我国高校人事制度改革的进程不断加快，逐渐呈现出多样化的特点。但是，多种多样的用人形式在给高校带来诸多便利的同时，对高校教师合法权益的保护却是不利的。与高校相比，教师仍处于弱势地位，权益受到侵害后不能得到救济。

二、优化学校人事制度的具体途径

（一）实施以人为本的教师管理

1.加强教师的自我管理

教师不仅仅是被管理者，在学校管理中处于被动局面，还应该成为管理的主体参与管理，实施自我管理，践行"以人为本"。为此，高校青年教师要加强与管理者之间的沟通与理解，不断拓展双方交往、沟通的渠道。通过双方的亲密合作，弥补各自的不足，使双方学会换位思考，取得管理的最佳效果，促进各自的发展。

---

① 徐文峰.教师专业发展实践导论[M].北京：人民日报出版社，2015.

另外，教师要以促进自我发展为目标，不断进行自我控制。教师要认识到自身的能力水平、权利和义务，严格要求自己，在教育教学工作实践中不断克服困难、解决问题，促进自身专业的不断发展。

2.转变落后的管理方法

高校的管理者，要不断提高自己的素质和人格魅力，处理好高校内部的人际关系。管理者要学会换位思考，不仅要考虑学校的发展任务和发展方向，还要考虑教师接受学校任务时的心态、压力等。管理者通过换位思考，避免简单粗暴地对教师进行管理，满足教师的某些需要，从而使教师能够积极主动地去完成各项教育任务，实现自身专业的发展。

同时，管理者要与教师形成互相尊重与信任的关系，以调动教师的积极性；营造一个相互尊重、信任的管理氛围。教师在工作中非常关心自己所发挥的价值，为此高校管理者要充分考虑每一位教师的成就需要，提供有利于教师展露自己的机会和平台，大胆培养、提拔青年教师，改善教师的工作条件；通过科学有效的管理，针对教师的个性特征和独特的心理特点、知识结构，使每位教师都能得到充分发展。

3.建立科学的教师管理规章制度

在制定高校教师管理的规章制度时，要积极鼓励教师的参与；在执行这些规章制度的时候，要充分考虑教师的特殊性，这样可以提高教师工作或科研的积极主动性，激发其创造性。

（二）提升教师魅力，提高教学能力

教育的问题首先考虑的是教师的问题，当然外语教学也不例外。外语教师在教学中起着指导者的角色，教师要引导学生认识学习、认识社会，教师也需要对自己进行严格的要求，逐渐使学生成为学习的榜样。

1.提升自己的人格魅力

在教学中，教师的人格对教学情绪、学习效果产生直接的影响，那么教师该如何提升自身的人格魅力呢？

（1）敬业之心

第一，教师要对自己从事的职业有清晰的认识，即认识自己职业的意义，认识到教师需要付出自己的努力，无私奉献自己。

第二，教师需要对自己的职业忠诚。随着科技不断发展，知识更新换代快，教师应该树立终身学习的观念，不断提升自身的能力和水平。教师需要用自己的智慧吸引学生，让学生悦纳自己，以高度负责的姿态，真正起到表率的作用。

（2）健康之心

当前的社会节奏非常快，人际关系也非常复杂，这对于教师来说也给教师带来了极大的影响。尤其是当前很多家长对教师的期待很高，因此教师的压力也非常大。除了这些压力，教师还会面对自身工作、生活的压力，如教师待遇、教师工作性质等。

在学校中，学生与教师接触的时间比较长，教师的行为对于学生来说有直接的影响，是学生最为权威的榜样，教师的心理是否健康、能否承受住压力对于学生来说也至关重要。对于高校学生的外语学习来说，本身比较困难，因为他们将更多的精力放在了专业课的学习上，而一旦步入社会，外语又是不可或缺的一部分，因此面对这样的压力，很多学生心理上容易存在压力，这时教师需要从积极的方向引导学生，这就要求教师首先具有一个积极健康的心理，自身保持积极的心态面对自己的工作，让学生看到榜样的力量，学会自我调节，从而也能树立健康的身心。

（3）进取心

时代不断发展，社会不断进步，教师需要具备一颗进取心。如果一名外语教师仅仅有专业知识，显然不能满足当前外语教学的需要，因为高校学生步入社会之后运用到的外语知识，往往和专业密切相关，属于专业外语，所以教师除了要具备渊博的外语知识外，还需要涉猎其他各个方面的知识，这样才能提升外语教学的质量和水平。

2.扩展自己的外语学识

外语教师是外语知识的传播者。当今社会，知识不断更新，教师需要不断拓展自己的视野，对自己的知识结构加以完善，提升教学的质量，树立终身学习的理念。这是提升外语教师素质的基本要求。

（1）广博的知识

作为一名外语教师，他/她首先需要具备渊博的外语知识。如果教师不扩展自身的知识，在课堂上往往会表现得捉襟见肘，课堂也显得平淡无奇，无法吸引学生的兴趣。随着教学改革不断深化，科技不断进步，高校外语教师需要扩展自己的综合知识，注重知识的应用。教师只有对广博的外语知识掌握清楚，能够做到融会贯通，才能学会积极思考，发现问题并解决问题。

（2）先进的理念

外语教师具备广博的知识是他们开展教学行为的前提和基础。先进的外语教学理念是展开外语教学的灵魂。只有基于先进外语教学理念的指导，教师才能不断更新教学观念，提升外语教学的境界，为外语教学指明新的方向。在教学模式下，基于先进教学理念的指导，外语教学才能从"授业"转向"授业+传道"，提升学生的外语素质，促进学生的综合发展。

随着社会不断发展，出现了很多先进的外语教学理念，这就需要教师提升自己的敏感性，能够真正地做到与时俱进。教师需要从学生实际、专业实际出发，在教材内容的基础上融入当前的时事，这样不仅能够传授给学生基本的外语知识，还能吸引学生学习的兴趣和积极性，从而获得成功。

（3）双师的素质

高校外语教学的特色在于提升学生的外语技能。当前，作为一名高校外语教师，需要具备双师素质，即教师不仅掌握渊博的外语理论知识，还能够运用理论知识指导实践；不仅可以从事理论教学，还可以对学生的外语学习实践进行指导。也就是说，高校外语教师只有将自身的实际工作能力与外语课程整合起来，才能将理论知识讲活，为学生的专业课学习打下基础。

为了提升教师自身的实践能力，广大教师应该参与到具体的实践中或者利用假期参与培训学习，提升自身的实践水平，以便于更好地指导自己的学生。同时，在学生的实际训练中，教师能够娴熟地展开讲解，从而吸引学生的兴趣，使学生真正地获取外语知识与技能。

（4）科研的能力

高校外语教师还需要具备一定的科研能力。教学中如果没有科研作为底蕴，教育就如同没有灵魂一般。科研工作对于高校外语教师来说，无疑是在拓展自身的专业知识，对自己的学科结构加以丰富，提升自身的教学能力和水平。教师开展科研工作，可以让自己更加主动、自觉地思考教学中存在的问题，从而获取新知识，寻求解决问题的方式和方法。

作为高校外语教师，需要认识到科研的作用，不断提升自身的科研能力和水平，具体来说，主要培养如下五种能力：第一，获得信息的技能；第二，广泛地开展思考的能力；第三，勇敢地攻克难关的能力；第四，勇于创新的能力；第五，将成果进行转化的能力。

3.提高自己的外语教学能力

学校的学习不是将知识从一个脑袋进入另外一个脑袋，而是教师与学生之间每时每刻都在进行心灵的接触。教育属于一门艺术，课堂教学是教师彰显魅力的体现，其中最为关键的魅力就是上好一堂课。高校外语教师要想让自己的课堂更有魅力，应该从师生之间的交流展开。如果外语课堂中没有交流，那就称不上真正的课堂教学。高校外语教师要想让自己的课堂更有魅力，应该多与学生之间展开对话与共享，一起发现问题、解决问题。当然，外语课堂也必须是真实有效的，拒绝花架子的课堂，其中需要融入基础知识的讲解、思维的拓展、真实的教学活动，能够用最短的时间将知识传授给学生，让学生学到好的知识与技能。具体来说，教师的外语教学能力主要展现为如下几点。

（1）个性化的教学设计

高校外语课堂教学的能力首先体现在对外语教学的设计上。所谓教学设计能力，即教师在开展外语教学之前，从外语教学目的出发，设定外语教学程序，制订外语教学方法，选择恰当的外语教学内容。当前，很多教材都包含现成的教学课件，因此很多教师并未付出辛苦在教学设计上，而往往拿现成的课件展开教学。但是，真正的教学设计要求教师能够吃透所要教授的内容。对学生的学习状态有清楚的了解，从而确定教学目标，选择恰当的方法，设计出独特的教学思路。外语教师进行教学设计的过程，实际上就是创造的过程，但是在进行教学设计时，要求灵活、简洁，真正做到以学生为中心，并且在设计时也要体现出预见性。

（2）整合性的教学能力

所谓整合性教学，即要求在教学中将学科的各个环节与要素、不同方法有机地整合在一起，使教学更具有程序性。整合性教学要求教师拥有良好的知识结构，具有程序化的教学技能，具有丰富的教学策略，能够付出较少的努力就可以完成各项教学任务，帮助学生实现外语学习。[①]

高校外语课堂教学的首要任务就是激发起学生外语学习的兴趣，吸引学生的注意力。现在的高校外语课堂中存在很多低头族，并且已经成为高校中的一道靓丽风景：不管讲台上教师讲得多么用心、用力，下面的学生多数在玩手机、刷微博、看朋友圈等，他们可能忘记带教材，但是不会忘记带手机和充电宝。面对这样的高校外语课堂，教师需要对其进行有效的组织。

另外，在语言上，教师应该确保表达的准确性与针对性，做到突出重点、清晰精练。教学技能也要不断提升和创新，要时时改变授课手段，延伸教学模式，创新考核手段。

4.修炼自己的形象魅力

近些年，不断出现"最美教师"，这说明进入新时代，大家对任何职业都有了较高的要求，不仅对教师的能力有要求，还要求教师的形象。在新时代，教师应该具有朝气，这主要体现在教师也应该努力追求美，外在美、仪表美也是能够吸引学生的一大关键。外形仪表体现的是一名教师的气质、素养以及审美观，也能表露出美好的心灵。教师清丽脱俗的气质、优雅的风采、巧妙的语言、豁达的性格等，往往能够吸引学生的注意力，陶冶学生的思想情操。

---

① 龚芸.高职学生学习倦怠问题研究[M].北京：北京理工大学出版社，2015.

三、教育信息化2.0视域下高校智慧人事生态系统建设

2018年4月13日，教育部发布《教育信息化2.0行动计划》（以下简称《行动计划》），标志着我国教育信息化由1.0时代迈入2.0时代。《行动计划》以"三全两高一大"多维度发展目标为驱动，以数据资源为基础保障，强调信息技术在教学、管理、学习、校园建设等方面的智能应用，注重为师生提供高质量的个性化服务，着力构建开放融合的生态系统，促进信息技术与教育的跨领域融合，优化教育生态系统。教育信息化的一个重要内容是智慧校园建设。①高校教科研人才聚集效应明显，是教育信息化2.0行动的主战场。高校智慧校园建设应从生态角度出发，构建与教育信息化2.0要求相一致的生态环境，体现"智能化""生态化""个性化"三大特征。智慧人事作为智慧校园的子系统，是实现智慧校园生态集成的重要一环。如何在教育信息化2.0时代从生态角度构建智慧人事系统，并精准融入智慧校园建设，由注重应用的数字化人事向强调融合的智慧化人事变革，是各高校亟待研究的课题。

（一）高校智慧人事生态系统的内涵与特征

生态系统是指在一定时空范围内，生物体之间及生物体与环境之间通过相互作用形成的具有一定结构和功能的统一整体。现阶段人们对生态系统的研究已经从生物学领域扩展到人类学、社会学、教育学乃至整个人文社会科学领域。为了真正实现教育信息化，有学者在研究中引入"教育信息生态"概念，并构建了一个典型的教育信息生态系统模型，提出要构建融合协同的教育信息生态系统的建议。此后，教育生态系统被学界广泛研究，生态系统的构建也被引入教育领域。基于生态系统理论，下面将高校智慧人事生态系

---

① 孙宏，潘良.教育信息化2.0视域下高校智慧人事生态系统建设研究[J].金陵科技学院学报（社会科学版），2022，36（02）：85-92.

统定义为在特定的时空范围内，由人、信息等多种要素与教育环境共同组成的整体性社会系统，系统中各要素之间、要素与教育环境之间相互作用、协同发展，共同致力于满足教职工日益增长的信息需求，提升人事管理服务水平，推动高校智慧人事系统的生态化发展。

从生态学角度出发，根据《行动计划》要求构建的高校智慧人事生态系统一般具有以下几个特征：一是以问题分析为导向，打破当前人事管理的藩篱，冲破"数据孤岛"，强调教师之间、部门之间、学校之间的协同与生态系统的共建；二是以数据无界为引领，实现数字资源的多维度共建共享，促进数据跨学科跨领域智能化应用；三是以万物互联为基础，打通虚实隔膜，满足教职工个性化需求。

（二）教育信息化1.0时代高校人事管理困境

1.理论层面：人事生态化研究知识图谱未形成

当前，一是人事档案信息化等局部智能应用研究体量大，缺乏对高校人事管理的全局性和人事信息多方面智能应用的研究，未达到人事管理智慧化高度；二是基于数据库系统设计的人事信息化建设一直是研究热点，鲜有针对系统内部应用模块的相关理论研究。可见，现有理论研究对智慧人事生态化、个性化关注较少，特别是缺乏对人事信息系统内外各应用之间协同融合的研究。可以说，理论层面人事生态化研究知识图谱尚未形成，难以为人事生态系统的构建提供理论支持。

2.实践层面：人事生态化系统未形成

各高校人事信息化建设水平参差不齐，部分高校智慧校园建设基础扎实，智慧人事建设能顺利融入其中，但大部分高校信息化建设基础仍然薄弱，人事系统各模块之间各自为政，生态系统难以形成。究其原因，主要涉及五个方面。其一，信息化制度有待完善。教育信息化2.0时代，信息化建设涉及多个领域，其中某些领域存在法律或制度空白，而有的高校在人事管理方面受原有管理体制的影响，制度出台流程烦琐，人事管理信息化、智能化未得到充分重视，信息化制度建设明显滞后于信息化建设的需要。其二，管理人员知识结构有待优化。从人事管理信息系统应用能力来看，人事管理员大多不具有将人事管理与信息化建设融会贯通并灵活应用的能力，只能采用传统管理工具和业务流程，服务水平和工作效率不高。其三，信息系统顶层设计有待优化。系统开发者与需求者沟通不畅，导致顶层规划设计与人事管理需求不相符，忽略了整体与局部、技术与应用的协同。其四，系统各模块协同性有待提高。当前，人事管理系统模块建设主要集中在基础应用层面，系统联动性差，各业务流程融合度不高，无法对信息进行快速高效的处理。职能部门也各自为政，平台间缺乏融合，办事效率不高。其五，人事信息数据利用率有待提高。人事信息数据来源于线上线下各类场景，生成于多种教育活动、事件过程中，但很多数据生成后被束之高阁，难以实现实时共享，导致数据资源的浪费。

（三）高校构建智慧人事生态系统的重要意义

1.有助于智慧教育的实现

《行动计划》提出八大实施行动，其中"智慧教育创新发展行动"强调，构建智慧学习支持环境，大力推进智能教育，开展以学习者为中心的智能化教学支持环境建设，推动人工智能在教学、管理等方面的全流程应用。智慧人事是智慧教育的基本内容之一，智慧教育的落实离不开智慧人事建设，智慧教育是智慧人事建设的出发点。

智慧人事生态系统为智慧教育的开展提供了良好的支持环境。新兴智能技术赋能智慧人事生态系统，为教职工创设了真实、复杂的服务环境和职业发展空间。智慧人事建设，颠覆了传统的人事管理理念，优化了人事服务流程，有效推进了人事管理模式的创新。通过改革教师培养培训方式，革新教学模式，智慧人事可以为教师开展智慧教育提供优质高效的服务，特别是可以为教师的教学科研工作提供个性化服务。这些都为智慧教育的开展提供了适宜的土壤。

2.有助于破解人事管理困境，助力学校高质量发展

（1）有助于科学制定人事管理政策。智慧人事管理平台将各类人事管理

服务从各科室的办公桌搬到"云端"，提高了人事管理人员的工作效率，使其能将精力更多地投入人才政策研究、人事制度优化和满足教职工的个性化需求中。智慧人事管理平台所产生的大数据也为学校科学制定人事管理政策提供了依据。同时，云计算、大数据、人工智能等新技术手段的应用，使原有相对封闭、低效的人事信息化架构得到重组和优化，各类人事管理服务的智慧融合也为领导层制定人事管理政策提供了技术支持。

（2）有助于提高人事管理效率。现阶段，高校人力资源储备丰富，但用工形式复杂，人事管理工作量大。长期以来，高校人事信息管理员主要使用Office软件，信息处理效率不高，加之人事管理工作量大，整体绩效亟待提高。在人工智能、云计算等新技术的支持下，智慧人事生态系统可自动获取、挖掘和应用各类基础数据，整合各职能科室碎片化、条线化的人事服务前端受理功能，打造网上人事服务统一入口和出口，实现各部门业务的融合协同，避免重复性劳动，缓解人事管理工作压力，降低管理成本，提高人事管理工作的质量和效率。

（3）有助于实现数据集成共享。随着高校办学规模的扩大和人才队伍的壮大，人事管理的复杂度和难度不断增加。借助智慧人事生态系统，高校之间、同一高校的校区之间、部门之间可以在人才引进、职称评审、人员调动等日常工作中实现数据集成共享，构建无时无处不联通的资源利用模式，营造和谐融洽的人际关系；通过开发利用微信公众号、手机应用程序等，实现"掌上人事"一键操作，数据资源可实时共享，实现数据价值最大化，提高人事管理的智慧效能。

（4）有助于学校高质量发展。党的十九大提出了"加快教育现代化，办好人民满意的教育"等一系列关于教育的重要论述；党的十九届五中、六中全会又对提高高等教育质量提出了明确要求。实施"人才强校"战略是促进高校高质量发展的重要举措，积极推进人事改革，实现人事管理智能化、智慧化，有助于加快学校高质量发展进程。智慧人事生态系统特有的高融合性、高创新性和高智能性能引导学校打破人事管理的藩篱，重组人事管理结构，创新人事管理模式，破解人事管理困境，实现师资队伍质量的提升，为学校高质量发展提供人才保障。

（四）高校智慧人事生态系统内部子系统的构建

1.生态趋向：教育信息化2.0时代高校智慧人事系统建设的方向

随着教育信息化迈入2.0时代，智慧人事系统建设不能局限于数据库系统设计或单一维度的智能化，更不能简单地依赖教育产品开发商提供的具有普适性的人事信息化服务，而是需要以人事服务智能化为导向，以系统产品服务为支撑，整合部门内外应用和校内外资源，构筑开放融合的智慧人事新生态，实现人事管理智能化发展的科学性和可持续性。因此，围绕教育信息化2.0的核心要义，智慧人事系统建设的首要任务是切实围绕满足教职工日益增长的信息需求和促进教职工全面发展来构建智慧人事生态系统，坚持目标导向，以满足教职工"订餐式"需求为目标，解决当前人事管理存在的主要问题，目标导向下的智慧人事生态系统的构建。

教育信息化1.0时代，智慧人事建设在软硬件基础设施的建设、教师能力素质的培养、人事管理系统的应用等方面取得了重要成果，但在系统构建中各种应用功能较为单一，导致智慧人事被理解为在新媒体新技术驱动下由数字人事简单堆砌成的巨石系统。在教育信息化2.0时代，从生态学角度来看，智能技术只是构筑智慧人事生态系统的一种元素，作为多种元素的集成，智慧人事生态系统理应具备"长度""宽度""高度"和"温度"四维特征。

（1）长度主要是指从时间维度支持高校师资队伍的优化，即在综合管理、人才管理等模块引入人工智能、云计算等新兴技术，打破原有的时间限制，为教职工提供实时服务。例如，利用智能助手，教职工可不受工作时间限制，随时填报考核表格，开具证明材料；通过智能招聘端口，应聘者可随时使用移动端开启面试程序。

（2）宽度主要涉及空间宽度和知识宽度两个层面。一是物理空间上的宽度。智慧人事可在空间维度上实现人事服务"处处可为"，满足教职工个性化成长需求。目前，人工智能已由计算智能发展到认知智能阶段，能够模拟人类主动思考并采取合理行动。借助人工智能，可以跨越空间开展虚实结合的AI双师课堂，还可以实现虚拟面试等。二是拓宽人事管理员知识储备的宽度，以便为教职工提供更精准高效的人事服务，如通过项目式学习，人事管理员可打破学科边界，掌握新兴应用技术。

（3）高度主要是指利用感知技术、物联网采集多维信息，构建具备智能化特征的应用环境，以支持智慧人事管理服务。例如，实现对教职工培训全过程智能化监测，提供科学合理的效果反馈；运用人工情感理论，在虚实两种场景中为教职工提供心理健康服务。

（4）温度主要是指根据教职工的不同需求，为每位教职工提供"订餐式"成长机会，提供有"温度"的服务。教育新时代，个性化服务不能仅作为一种服务形式存在于智慧人事生态系统中，更应落实到具体应用场景中。例如，采用动态岗聘模式，根据教职工特征提供最优岗位和最佳绩效工资；简化办事流程，根据教职工所办事项推送定制化服务信息等。

2.高校智慧人事管理系统总体层级架构

高校智慧人事管理系统具有层次性，按照结构层次划分，可分为基础设施层、应用平台层和终端操作层三个层级。

（1）基础设施层。基础设施层主要包括软硬件基础设施、基础数据及算法等。基础设施层是智慧人事生态系统建设的"土壤"，是人事管理智能化发展的基础。依托物联网、视联网等基础设施，借助大数据库，运用大数据分析技术，可以构建多种教育应用系统。

（2）应用平台层。应用平台层主要包括共享平台和对教职工提供各项服务（如面向领导者的决策云服务、面向管理者的管理云服务、面向教师的教育教学云服务）的平台，其中共享平台可提供并重组多种微服务，是实现人事管理各类应用生态化集成的中坚力量。

（3）终端操作层。终端操作层作为各类应用的输出端口，接收来自外部环境的数据处理结果，以"掌上人事"的应用模式，满足各类用户的个性化需求。终端操作层主要包含五级模块及若干子模块，其中五级模块具体包括领导决策查询模块、人事管理模块、学院（部门）管理模块、个人信息查询模块和校外服务模块。

3.高校智慧人事生态系统主要子系统的融合共建

随着教育信息化2.0时代的到来，大数据、人工智能在人事管理领域的应用逐渐拓展加深，智慧人事建设进程不断加快，高校智慧人事生态系统子系统逐渐形成，主要包括智慧综合管理、智慧人才管理、智慧岗位管理、智慧师资培养、智慧薪酬管理五个子系统，各子系统之间交叉融合，协同促进智慧人事生态系统的形成与完善。

（1）智慧综合管理系统。智慧综合管理系统是智慧人事生态系统的基础系统，包括智慧考核、智慧查询与填报、智慧打印、智慧考勤、智慧档案管理等子模块。各子模块在校内外获取各类人员的基础数据，实现教职工、二级学院、行政管理部门等多方信息共建与维护，数据源头可定点追溯。相关人员可根据不同权限进行数据查询与统计，可对教师申请读博、挂职锻炼、出国访问以及外籍教师聘用等信息进行精细化管理，并利用系统自身的算法形成庞大的智慧数据库，为各种应用场景提供科学客观的数据支撑。各模块之间的共享融合使教职工所提出的申请可全程网办、快速办结，还可实现智慧考核、智慧查询与填报。高校年度考核、师德考核工作往往涉及多个审核流程，实施智慧考核后，系统可自动加载基础数据，教职工、二级学院管理员可使用移动端随时随地完成填报和审核工作。网上全流程智能化应用将人事管理员从表格收集、结果评定、数据汇总等繁杂的劳动中解放出来，使其可以专心研究与运用考核结果。实现智慧查询与填报后，系统可预置高等教育基层统计报表、事业单位年度统计报表等各类报表样表，动态抓取实时数据，实现报表自动生成与上报，同时系统能通过智能化自检，反向检测报表数据，进一步提高报表数据的客观性和准确性。

（2）智慧人才管理系统。智慧人才管理系统主要包括人才引进和人才考核两个子模块，涵盖高层次人才引进、客座教授聘用、高层次人才考核等内容。人才引进模块通过链接猎头公司人才数据库，可自动匹配人才供需信息，并向"意中人"发出智能提醒。通过使用导航式应用程序，可实现网上全流程招聘管理，从应聘资格审查到虚拟智能面试，再到入校报到，全部流程均可在网络上快速高效地完成。通过智能技术赋能人才引进，可降低招聘成本，为应聘者提供便利，缩短招聘距离。人才考核模块在链接教务科研系统后，可根据人事管理员预置的人才考核目标数据，自动读取考核期内的教科研数据，智能研判高层次人才目标任务完成情况，并输出考核结果。

（3）智慧岗位管理系统。智慧岗位管理系统主要包含"三定一聘"和日常岗位管理两个子模块。"三定一聘"模块链接智慧综合管理系统和教科研系统，自动加载聘期内教职工基本数据和教科研数据，并智能跳转数据源头进行数据修正，以业务工作反向驱动数据质量的提升。运用卡片化引导和图形化监控功能，可实现个人申报，二级学院初审，人资处、教务处、科技处复审的"一网通办"，最后通过智能提醒将岗聘结果反馈给教职工。日常岗位管理模块主要实现两个功能。其一，针对岗位调动、职称晋升等业务引起的岗位变动，以服务教职工为根本出发点，以审批服务标准化建设为基石，依托数据资源共享平台，最大限度地减少审批事项和审批环节，提高服务水平，着力打造审批极简、流程最优、效率更高的服务体验。其二，实现编制动态化常态化管理。运用人工智能技术，对各类岗位实行动态化常态化监测，动态分析二级单位的编制余缺情况，智能编制岗位优化方案，为领导提供科学合理的决策建议。智慧岗位管理系统的使用有助于健全岗位管理制度，优化岗位结构，规范开展岗位竞聘工作，实现人岗相适、人事相宜。

（4）智慧师资培养系统。智慧师资培养系统不仅是智慧人事需要重点建设的模块，更是智慧教育建设的着力点。该模块主要包含智慧教师培养和智慧教学平台建设两个子模块。智慧教师培养模块主要实现教师培养培训、职称评聘和人才项目申报等功能。该模块链接云客户端，及时响应教职工各方面需求，提供个性化服务。例如，人才项目申报功能，系统支持教师对自身项目、成果、论文相关数据进行添加或核准，审核通过后的个人教科研数据将同步传输至综合管理系统，以便教师管理个人数据和填报各类申报表格。智慧教学平台将传统教学与人工智能相结合，改变原有教学模式，通过常态化伴随式采集教学数据来实时调整教学内容，使课堂教学由以教师为主导的课堂转变为教师和学生共同主导的课堂。智慧教学平台有助于丰富教学内容，优化教学环境，完善教学规划设计，将教师从繁重的教学任务中解放出来，使其有更多的精力进行教学内容与模式的创新。

（5）智慧薪酬管理系统。智慧薪酬管理系统链接智慧岗位管理系统和财务系统，具有调资和绩效管理等功能。在调资方面，通过实现转正定级、年度升档、绩效核算等方面的智能化操作，缓解薪酬管理压力。该系统与智慧岗位管理系统链接，可实现校内岗位调动、职务职称晋升与薪酬调整自动联动；与智慧综合管理系统链接，通过智能提醒，可实现职务调整、退休离职、人员返聘与薪酬调整自动联动；与智慧人才管理系统链接，可实现高层次人才、领军人才、柔性引进人才等多类人才入职与薪酬核实自动联动。智慧薪酬管理系统的引入能有效避免薪酬管理工作的遗漏，能同步适用多类薪酬政策，实现对所有教职工薪酬的智能化管理。在绩效管理方面，通过预置绩效管理规则与算法，可自动调用岗位管理和教科研系统数据，建立面向个人、二级单位、学校等不同对象的层次化数据服务生态环境，实现多类评价主体对绩效考核对象的全面评价与激励。

（五）高校智慧人事生态系统外部支持环境的构建

教育信息化2.0视域下，智慧人事生态系统的构建是一项系统工程，不仅包括系统内部各子系统的构建及系统间融合协同的实现，而且包括外部支持环境的构建。高校要在准确把握教育信息化2.0核心要义的基础上，统筹智慧人事生态系统的建设，积极构建良好的系统外部环境，以实现系统的良性运转。

1.健全管理制度，完善智慧人事顶层设计

人事管理制度建设是推进"人才强校"战略的重要抓手，是实现高校发展目标的重要保障。教育信息化2.0时代，高校在构建智慧人事生态系统过程中应深刻认识制度创新的重要性，结合新技术典型特征制定人事信息化管理战略规划，出台适应时代发展的新政策新制度，建立完善的系统评价指标体系，为智慧人事生态系统的构建提供制度保障。大数据、人工智能等新兴技术的迅猛发展，使高校人事管理面临某些方面的法律空白和制度缺失，高校必须加强智慧人事制度建设，填补在虚拟劳动关系管理、人才引进无时空限制后如何监管与规范等方面的制度空白，完善新时代人事管理制度体系，提高教职工的幸福感和安全感。

2.加大投入力度，提高智慧人事管理水平

新兴技术虽然给人事智能化管理带来了诸多便利，但也给人事管理者带

来了技术技能方面的挑战，对基础设施投入提出了更高要求。一是在信息管理人才方面，学校要加强内培与外引工作，加大对人事管理者的培养力度，丰富其计算机、统计学等方面的专业知识储备，提高其数据挖掘、数据分析等方面的能力。制定专业人才储备战略，适时提高薪资福利待遇，主动吸纳人工智能专业人才，建立人事智能化管理专业团队。二是加大基础设施投入力度。高校往往比较重视教育教学、校园环境等方面的投入，而忽视信息化建设方面的资金投入，导致信息管理基础设施较为薄弱。教育信息化2.0时代，加大信息化建设方面的软硬件投入迫在眉睫。

3.融入智慧校园建设，优化智慧人事环境

智慧校园给高校科学管理和高质量发展提供了强有力的数据支持和多元化的决策参考，也给智慧人事生态系统的构建提供了一个良好的技术平台。教育信息化2.0时代，高校应将智慧人事生态系统建设科学融入智慧校园建设，以生成性数据源为支撑，突破以往的封闭模式、单一模式，不断扩大"朋友圈"，搭建多维度平台，整合平台内外资源，挖掘数据资源价值，拓展应用服务空间，打造多系统互联互通的管理服务平台，形成全场景连接的服务网络，实现跨地域、跨系统、跨部门、跨业务的协同管理和服务，营造良好的服务环境。

4.筑牢系统安全屏障，守住智慧人事安全底线

智慧人事生态系统是一个生成性、动态性的生态系统，其建设涉及高校教职工基本信息、职称评聘、薪酬待遇等各类保密性数据，系统的安全与稳定直接关乎教职工切身利益。随着系统的不断升级和新技术的广泛应用，原有的网络安全设置可能出现漏洞，而一旦出现安全漏洞，就容易被病毒攻击，智慧人事系统甚至整个智慧校园网络系统或将瘫痪。因此，必须采取强有力的系统安全防护措施，提升系统的安全性和稳定性。高校应利用安全监控平台对智慧人事系统进行全面监控，保障接入层安全；应设置各级人事管理员访问权限，提高其网络安全意识，采用数据加密技术，保障数据安全；应定期更新或维护智慧人事管理设备，保障基础设施层安全。

随着智能时代的到来，各行业在应用智能技术方面都面临新的机遇与挑

战。高校人事管理者应当顺势而为，按照《行动计划》的要求，科学构建智慧人事生态系统，并实现系统内部各子系统的融合协同，实现系统与外部环境的融合共生，以助推高校人事管理体制和管理模式的创新，助力学校高质量内涵式发展。

第六章 外语教师职业能力发展的评价机制

　　教师评价是教育评价领域的一项重要组成部分，其与学生评价、学校评价、课程评价一样，与学校的办学质量、教师的专业发展有着密切的关系。百年大计，教育为本；教育大计，教师为本。很多高校深知教师评价的重要性，为开展教师评价绞尽脑汁。因此，本章就对外语教师职业能力发展的评价机制进行分析。

第一节　教师评价与外语教师职业能力发展

一、教师评价的概念

（一）教师评价的概念

所谓教师评价，即在现代教育发展观视角下，通过改进评价手段，实现教师的专业化发展。在评价中，要做到彼此尊重，制订的专业发展目标要具有可行性。教师评价非常注重评价的过程，采取的评价手段也要求多元化。同时，教师评价还注重个体目标的实现，这样才能让广大教师获得恰当的评价结果。

一般来说，教师的评价主要包括教师自评和教师互评两种形式。这两种评价形式如果利用得当都能取得不错的评价效果，具体来说，可以综合运用这两种评价方式，以取得理想的评价效果。在教学中，并没有一个统一的评价标准，也不存在一个万能的评价标准，要具体问题具体分析。例如，评价教师的备课情况时，要看其是否研究了教学内容和学生的具体情况，是否认真研究了教学目标、教学内容和教学方法，是否制订了合理的教学方案。而在评价教学组织情况时，就要看是否采用了适宜的教学手段与方法，如果教学手段和方法不当，则难以取得理想的教学效果。

（二）教师评价的功能

1.导向与激励功能

教师评价的开展与实施，是需要一定依据的，而这一依据来源于教师个体发展具体化目标的达成程度。一般来说，如果顺利达成，那么评价效果就比较高，也正是因为如此，才赋予了教师评价一定的激励功能。

2.鉴别和诊断功能

对于教师来说，专业发展评价具有考察、诊断和鉴别的重要功能。当前，国家对学校教育教学质量的关注程度非常高，就是希望广大的教师要切实抓好教学的各个环节，有效提升教师自身水平与能力，并且在此基础上大大提高教学效果。在这样的情形下，是必须要有一个科学、合理的标准来进行衡量。

3.反馈和指导功能

通过教师评价所得出的结果，能够反映出教师的教学效果，然后以此为依据来对教师一切活动的进一步开展起到积极的指导作用。从心理学的角度上来说，要想实现理想的既定目标，就必须通过反馈信息来对自身的行为加以调节。

4.榜样与竞争功能

教师评价能够起到有效调动教师积极性的重要作用，这一点是毋庸置疑的。于教师而言，适时客观地评价教师的教学工作，有助于优秀教师的评选，这就形成了一个良性循环的榜样机制，对于教师的加速成才是有帮助的。

二、外语教师职业能力发展

（一）大学外语教师职业能力的新要求

从独立院校外语专业设置来看，为解决大学生就业和企业招聘问题，外语专业教学模式日益向专业型靠拢，院校之间的竞争将回归到办学特色和办学实力上，大学改革办学方向朝专业型道路发展刻不容缓。外语专业课程，特别是大学外语专业课程也面临相当大的挑战。由于当代学生课业繁重，课时学分被压缩，外语专业没有受到足够重视，因此专业教师向心力及教学动力不足。此外，学校不能为学生提供相应的实践机会，学生只能在教室里接受教师所授知识，不能真正扎根岗位，充分运用专业知识，导致本专业学生毕业以后只有理论知识，缺乏实践能力，造成只能写不能说的尴尬局面。

从大学外语专业师资队伍来看，外语专业师资力量薄弱，教师年龄结构略显失衡，青年教师占比过大，且流动性太强，"传帮带"教师成长体系不完善，学生刚适应一位教师，就出现离职换新教师的情况；教师队伍的年龄、知识、职称等结构不够合理，助教过多，讲师与副教授过少；在扩招任务和提高教学质量的双重压力下，大学自有教师队伍的年龄结构呈现出"两头大、中间小"的哑铃状分布，年龄结构欠合理。此外，高校（三本院校）和公办二本院校已经统一被称为本科二批院校，但是高校生源与教师水平及教师待遇与公办院校依然存在较大的差异，有很大的提升空间。要想彻底转型，高校还有很长的路要走。①

从时代发展与教师成长来看，教师多采用传统教学方式，而学生又处于快速发展、创新多变的时代，许多教师对于当下的数字化教学缺乏经验与创新；教师除教学之外，工作量较大，打磨课件、研究课堂设计、增加课堂趣味性的精力分配不足，线下线上融合度与创新力亟待提升；通过大数据和人工智能，学生学习和教师引导中存在的问题和堵点更容易被发现，数字技术手段能够帮助教师及时改进教学，为教师提供更丰富的教学资源。在安心进行学术研究、提升科研能力的同时，如何紧随时代变化，在以大数据、人工智能为代表的数字化背景下及时更新升级知识体系及信息化素养、精进教学能力和创新能力，成为大学教师面临的一大挑战。②

大学外语专业教师在转型发展与能力提升方面也面临诸多问题，如教师自身能力提升意识不强、高校培养培训机制不完善、转型空间和渠道受限、经济水平影响较大等。对教师个体而言，如何高效结合疫情期间线上教学经验，创新教学方法，实现专业实践能力和教学能力双提升，成为符合高校转型需求的双师双能型教师，是新时代新常态下值得思考的问题。教师坚持与时俱进显得尤为重要。

---

① 马永强."互联网+"时代大学英语教师职业能力可持续发展研究[J].赤峰学院学报（汉文哲学社会科学版），2017，38（1）：156-159.

② 董亚楠.数字化背景下高职院校英语教师职业能力提升路径探究[J].开封大学学报，2021，35（4）：58-59.

通过分析数字化背景下大学外语专业教师转型过程中遇到的问题，提出有效的途径和应对策略，旨在促进教师教育可持续发展。

（二）智慧教育时代外语教师职业能力发展的策略

1.完善知识体系，强化数据与信息素养

基于智慧教育的时代背景，为了有效符合学生对多样化以及个性化知识的需要，这就要求大学外语教师也应不断提升自己，强化自身的知识储备积累，完善其知识体系，不但应该掌握外语学科的基础知识，还应该积极学习和外语学科有关的多个学科知识，并且还要能够充分把这些所学知识引入大学外语课堂教学中。大学外语教师只有拥有丰富的知识体系，才能更好地传授外语知识，才可以为学生营造出丰富有趣的外语课堂活动，从而全面发挥出教师的职业能力和价值。伴随着互联网以及信息技术的应用和普及，大学外语教师还应该具有相应的信息收集、分析以及整合的能力，这样才可以有效地利用互联网时代的信息技术来代替人力劳动，同时还能及时获取比较精准和先进的信息数据，从而高效地实现教学目标和教学任务。在大数据时代下，大学外语教师应该具备较强的信息意识以及数据素养，这样不但可以拓展学生的批判性思维，还能加强和学生之间的沟通与合作，促使其信息处理能力等得到可持续发展，这对其自身职业能力的可持续发展也有着非常大的影响。

2.更新教学模式，转变教学方法

伴随互联网的发展，促使学生与教师都能获得较为广泛的学习与教学资源。由于互联网中庞大的信息资源，致使大部分学生无从选择。这就要求大学外语教师应该协助学生选取适用的信息资源，并且要在上课之前把有关资料分发给学生，如网络课程资源、微视频以及教学课件等，然后让学生进行自主学习，老师再对其困惑进行答疑。智慧教育时代的发展彻底突破原来教学模式的界限，为学生构建出数字化及智能化和信息化融合一体的学习环境，并且通过微信以及移动互联网终端的使用，构建了多元化的学习互动环境，同时也形成了多样化的外语网络教学环境。教师通过该方式不但可以提升学生对外语的兴趣，还能进一步强化外语的教学效果与质量。具备综合素养以

及能力的大学外语教师，应明确其自身职业定位，向学习型和研究型综合发展，并通过科学方法顺应时代发展，强化其教学技能，拓展出更具新意和价值的教育模式，对学生采取针对性措施进行教学，从而提升教学质量水平。

3.转变教学理念与观念

智慧教育使得教师与学生获得新知识以及信息的途径变得更加多样和便捷，促使学生可以随时随地通过电脑和手机等设备来完成自己的学习任务，这也在很大程度上导致课堂不再是唯一获取知识的渠道，使得教师不再是知识来源的唯一方式。伴随智慧教育时代的发展，教学形式也逐渐产生了变化，使其由原来教师单方面教学转变成如今学生自主学习、合作学习以及个性化的学习方式，这是现如今大学外语的普遍学习方式。在网络资源以及信息技术的普及下，大学外语的教学方法也产生了很大变化，开始出现合作式教学、任务式教学以及项目式教学等多种创新性教学方法，彻底改变了"教"和"学"的形式，促使教学方法转变成以引导学生为主，使学生主动加入学习中。在智慧教育时代背景下，创新出了众多学习平台，如微课以及翻转课堂和移动学习平台等。[①]在这一背景下，大学外语教师需坚持教学设计为主、知识传授为辅的教学理念，积极转变自身角色，将学生放在主体地位，教师对其积极引导和协助。虽然在该教学理念下，教师的主体地位被取代，但是他们对于学生的学习过程而言还是起着非常重要的促进作用。同时，大学外语教师也应全面掌握现代信息技术，通过该技术为学生创造出数字化以及信息化的教学环境，并通过微信和智慧教育等实现多元化互动教学环境，提升学生获取资源以及利用资源的能力。

4.改进教学设计和评价

为了满足智慧教育时代背景下对教育变革的需要，大学外语教师需积极学习先进的信息技术以及互联网技术，努力拓展信息化教学实践以及设计，从而丰富大学外语教学内容，创新教学形式，强化外语教师的信息化教学水

---

① 余艳艳.国际化背景下大学英语应用型教学模式探究[J].黄山学院学报，2020，22（2）：118-121.

平与能力，以便符合当前学生的个性化需求，强化学生的学习质量。在大数据背景下的教学评价将有助于大学外语教师改进传统依靠纸质试卷进行评价的缺陷。教师通过对移动互联网终端的使用，将在很大程度上掌握学生的资源使用状况以及作业提交状况和课堂互动状况，对这些状况进行收集并实行量化处理，从而使其成为学生成绩评价的重要因素。外语教师再通过对这些数据进行分析，将会及时发现学生在学习中的缺陷，进而更好地提升学生的学习效率，改变传统评价体系的弊端，对学生作出客观评价。由于网络平台以及大数据的跟踪评价，对外语教师的教学评价进行了创新，这将极大地完善外语教学设计体系。教师通过开展数字化的课堂教学，有利于收集学生的学习状况，并且通过课堂单元以及学期单元的形式，对学生的学习过程数据进行分析。教师可以依照这些分析结果及时对其教学中的不足之处进行反思，以此来提高教学质量。

5.建立智能化教学管理及服务体系，优化教师发展机制

"互联网+教育"不仅实现了课堂教学模式的创新发展，也是一种创新型的学习方式，该方式是在教学设计的教师、IT专家以及摄影师等众多专业人士的努力下，以及专业化的教学团队发展之下形成的。基于智慧教育时代背景，教育管理部门以及学校都应该全面运用互联网信息技术，构建出智能化的教学管理体系，促使大学外语教师的职业能力得到提高，并对其激励制度以及良性发展制度进行创新；应鼓励大学外语教师进行专业化分工与团队配合，从而为其职业的可持续发展建立出一个可循环发展的教育环境。对此，我国高校只有构建出大学外语教师的职业可持续发展的循环制度，才能有效提高大学外语教师的职业技能水平，促使其进行自我提升，取得积极进步。高校只有打造出优秀的教师团队以及教学管理队伍，才能提高大学外语教学质量。

6.促进教师整体思想政治素养的提升

外语教师发展研究应随新形势认真反思、积极探索，过程一定是充满艰辛和挑战的，但植根于本土文化，教师有取之不尽、用之不竭的资源，其主观能动性将会有全方位的用武之地。教师要不断学习，使自身的责任意识、综合素养、政治观念能够与时俱进。教师不仅传授学生知识，还要教给学生

正确的"三观"。这要求教师不仅有过硬的专业知识，还要有先进的思想理念。知识在不断更新，与时俱进，教师也应该不间断地学习。身为教师，就必须以成为一名学习者为前提，只用自己现有的知识来教学是远远不够的。互联网犹如一台功能强大的传播机，身为教师，要有思想意识的敏感性，捕捉到讲授内容里的思政元素，将其有机地、巧妙地与课堂教学融合，达到"润物细无声"的效果。

综上所述，目前我国高校的外语教学中还存在诸多问题。比如，外语教师在信息化教学使用习惯、知识呈现方式和深度应用还不成熟。我们经访谈发现，有诸多老师对在线平台的使用方面还存在着抵触的心理，对平台的使用不够熟练，或者不愿意开发更多的功能。归根结底，还是由倦怠、停滞不前的态度决定的。万事开头难，在新时代、新工具面前，作为教师，如果不能做到与时俱进、不断尝试，又怎能实现教学相长？职业发展不断推进？又怎能引领学生走在时代的前沿？另外，在智慧教育的加速下，思想意识的融入与蔓延在大学生群体里呈几何加速度，将符合我国的国家意识与思政元素融入教学迫在眉睫。那么，如何进行有机结合？如何利用好互联网和教学平台，使之更好地为学生服务，为教师助力？这些都是值得继续研究的方向。

在智慧教育时代背景下，教育理念产生了重大变革，这对大学外语老师的能力也提出了更高的要求。基于此，大学外语教师需要积极满足高等教育以及社会的可持续发展的需求，主动转变其教学理念，完善其知识体系，努力提升自身的信息素养，转变其传统的教学模式和方法，并对其教学设计等进行全面创新，从而推动其职业能力的可持续性发展。与此同时，在互联网以及智能设备等技术的广泛普及下，还创新出了全新的教学模式，如微课教学模式以及翻转课堂教学模式，同时还可以通过微信以及智慧教育、课堂平台等开展互动式教学，这将在很大程度上体现"互联网+教育"的最大作用，将互联网转变成服务于外语教学的重要体系，为其创造出全新的、良性的外语教育环境。最后，还构建出了智能化的教学服务管理系统，建立大学外语教师的激励制度以及良性发展制度，推动外语课程团队以及教师团队的合作发展，提升大学外语教师的教学质量，为新一轮外语教育变革奠定基础，为国家培养具有社会主义核心价值观、国际视野、民族自豪感、文化自信感和批判性思维的建设者和接班人。

三、高校外语教师专业能力评价模式

通常而言，教师的专业能力并非一蹴而就的，而是在从事教育事业过程中逐步形成通过教学方式展现出来的特定能力，关乎着教学的质量，极具职业性的特点，其中最直接的教师发展体现就是教学情境中的行为表现。外语教师专业能力的评价模式已是高等教育持续、稳定发展的必然趋势。

当前外语教师在专业发展方面存在的问题和困境主要表现在教学任务繁重，留给教师思考专业发展的时间和空间少，且科研压力较大，能够获取的研究前沿信息和学术训练十分有限。此外，教师之间缺少互动，难以形成教学与科研的学术共同体，导致学科团队建设乏力等现象，不利于教师的专业化发展。因此，亟待行之有效的教师专业能力标准和评价模式，帮助外语教师及时转变思路，对照标准，找出自身专业能力的短板，促进专业化发展。

（一）国内外研究现状

近年来，针对外语教师专业能力评价的研究更侧重对教师元能力评价的探讨和理论模型的构建，可以大致分为以下三个类型。

一是基于比较教育学视角对国际经验的引介。此类研究主要针对国外教师专业能力评价体系与标准开展研究分析，如韩宝成（2017）、李翠英（2014）概述、评价和比较了英、美、加、日、澳等国家的英语作为二语教师的能力标准，探讨了我国英语教师发展在能力标准制定、评估等方面存在的不足，指出制定统一的外语教师能力标准的重要性，并为我国英语教师专业能力评价提出建议。[①]

二是基于课堂教学模式和教学能力提升的探讨。陈燕、蒋宇红（2014）提出外语教师必须具备各类专业知识的综合知识体系，基于相关教学评价设

---

① 徐彬.我国高校体育教师绩效多维评价指标体系构建研究[J].沈阳体育学院学报，2020，39（5）：
66-73.

计，促进教学内容、教学模式和学习方式的变革。刘岚、何高大（2019）从教育信息化理论和在线考试的视角，探讨大学英语教师教学能力的创新构建及其路径，进而实现教师评价观念的转型。

三是基于教师能力发展的理论模型和评价主导原则的构建。仲伟合、王巍巍（2016）和张绍杰（2016）分别提出了我国高校英语教师专业能力框架以及对外语教师按照"教学+"主导的评价原则。李春梅、文秋芳（2020）通过个案探究，结合教师学习个案，研究提出教师元专业能力模型，并系统阐释了其要素内涵及相互关系。[①]

有关本科高校外语教师专业能力的研究主要集中在现状分析和能力提升路径探讨方面，如吴殿宁、卢卓（2017）分析了地方本科高校外语教师能力现状，提出本科高校外语教师能力提升应增强课程资源开发能力，提升实践教学能力，提高创新创业教育教学能力等。[②]

综上所述，目前国内外相关的研究主要以引介、对课堂教学模式和总体评价原则进行探讨为主，没有形成相对具体和完整的专业能力评价标准和评价模式，在实际的评价活动中缺乏一定的理据和操作标准。因此，对外语教师专业能力评价标准和评价体系的研究具有较广阔的研究空间，有必要进一步开展研究与探讨。

（二）构建外语教师专业能力评价模式的必要性

2020年，相关教育评价改革方案中强调指出教学评价需要进行改革与完善，并且需要采用不同学科、不同岗位特点的方式进行综合性的分类评价。评价是教与学过程的基本组成部分。Morris 和 Adamson（2010）将评估定义为"我们为获取有关学生知识、态度或技能的信息而采取的行动"。[③]根据利益相关者不同，其评估的目的及看法也就不同，尤其是教师的看法最为重

① 孙睿.《国标》背景下商务英语教师专业能力结构及提升路径研究[J].英语教师，2022，22（11）：72-74+89.

② 孙有中，张虹，张莲.《国标》视野下外语类专业教师能力框架[J].中国外语，2018，15（2）：4-11.

③ 俞理明.教育语言学研究在中国下[M].上海：华东师范大学出版社，2018.

要，是因为教学方法的成功与否和学习效果的好坏可以通过评价结果直接体现，所以文化信仰直接影响教师的评估态度和看法。就外语教师来看，对教师能力进行合理的评价，不但可以满足高等教育向国际化发展的需求，还能高效地促进外语教师的专业发展，加大高校外语教师团队建设。

1.促进外语教师的专业化发展

构建外语教师专业能力评价模式是促进外语教师专业发展的内在驱动力，针对外语教师的评价模式可以一改以往对高校教师单一的评价模式，是教师评价在维度设计上更丰富化和具体化的表现。针对外语教师评价模式的应用，意味着在进行教师评价时要从外语教师的实际出发，实事求是，制订符合外语教师实际工作特点与专业能力构成的具体评价方式，以更加全面的评价制度对外语教师进行评价。因此，无论是从评价理念的构建，还是从评价方式的具体运用来看，都有助于促进外语教师的专业发展。

2.加大高校外语师资团队建设

外语教师在专业能力、学缘结构、自主教学能力等方面有其固有的特点。构建和完善外语教师专业能力评价模式有助于外语教师队伍的建设和发展，进一步促进外语教师对自身教学能力、科研能力和服务社会能力的提升，通过对照标准和评价指标，完善专业能力结构，清晰自我认识，以评促学，以评促教，在外语教师当中形成客观公正的自评和他评的评价体系和良好的工作氛围，促进教师队伍的整体发展。

（三）外语教师专业能力的组成部分与评价模式的构建

1.外语教师专业能力的内涵

外语教师专业能力通常是指外语老师具备系统化的专业知识、全面的教学能力、终身学习能力、内在修养、职业素质及在外语教学中的科研应用能力等综合性能力。近年来，随着教育体制的不断改革，对外语教师的专业技能要求也越来高，专业的技能有利于教学质量的提升，所以外语教师专业能力是促进自身专业持续发展的内在动力。

2.外语教师专业能力评价的指标体系

不同的指标评价体系，包含着不同的理念思想及评价效果。现阶段，外语教师专业的评价体系构建，关键在于对人才质量上的培养、课程编制、教学设计等过程，在指标体系构建过程中，主要从外语老师是否掌握先进的理念、最优的教学结构及质量、是否可持续发展等几方面概括，最终提供行为上的教学指导。从外语教师专业能力的智能结构来看，需要具备先进的技术、职业素养、专业知识，才能使教学结构整体优化，发挥最大优势；从融合知识的能力来看，需要老师构建出复合型的外语知识体系，对教学知识进行延展，同时外语教师需要定期进行专业培训，不断增强自我学习能力，加强与外界同行之间的联系，确保自身能力的可持续发展。

3.外语教师专业能力评价的基本原则

为了公平、合理地评价外语教师专业能力，需要从多元化、差异性、全面性、发展性综合考虑进行评估，具体分析如下。

（1）多元化原则

评价外语教师专业能力需要转变传统的以衡量能力及学生成绩为标准的终结性评价方式，以多元化的原则公正、合理地评价外语教师的专业能力，可以细分为：教师专业资格、实习过程、实践教学能力、教学课程质量综合性地进行专业能力评价，有助于提升老师的积极参与感和反思意识，促进老师不断创新、学习专业知识，强化自身专业技能。

（2）发展性原则

外语教师的专业能力是否具有可持续发展性是评价的重要原则，以可持续发展为前提，坚持以人为本，开展外语教师的专业技能培训、教学创新工作，能够不断增强外语教师的专业能力。此外，外语教师需要不断发展与同行、外界之间的交流互动，在交流互动中实现自身价值的增长。

（3）差异性原则

由于外语教师资质不同，评价外语教师专业能力也不同，不能以偏概全，需要尊重外语教师之间的能力差异化，进行专业能力评价，避免出现仅仅把成绩考核作为单一评价标准的功利主义价值倾向，真正实现对外语教师公平、合理的评价标准。

（4）全面性原则

对外语教师专业能力的评价需要根据教师的未来职业发展方向、教学质量、个人价值、参与意识等全面性地开展，有利于促进教师与同事、外界间的交流评价，充分调动教师的积极性和参与感，加大渠道交流，有利于实现个人价值和专业能力的增值，使评价更加公平、合理、真实。在此过程中，需要注重评价的长期目标，使教师在全面了解自身评价的基础上实现自我改进和创新。

（四）外语教师专业能力评价模式的实施策略

1.教师自评

外语教师可以根据自身的实践能力、教师资质、课堂教学质量、学生成绩成效等综合性的个人表现进行系统、客观地评价并进行自我反思总结，有助于外语教师及时发现自身教学问题并及时改正，对自身的教学模式不断实现优化、创新。具体可从教案检查、课堂记录、成绩总结等方面进行评价，确保事实依据为前提，关注评价目的，客观对待专业能力评价，对现有问题进行改进和提升，不断加强、优化自身的专业技能。

2.同行评价

评价同行评价专业能力也是一种客观的体现，在具体教学过程中，外语教师也可以从其他教师或者同领域的外语老师搜集评价信息进行总结分析，有效的客观评价取决于信任，外语教师在各种实践培训与学习中，加大与同行间的交流与合作，除了同行的评价之外，也能在实践合作实践中加强对自身的整合与反思，正确认知自己的知识结构和教学质量，以评价促进教学，在评价中获得成长。

3.学生评价

为了促进专业能力的提升和优化，可以从多方面地进行评价和反馈工作，而学生是最直接、客观的评价首选，可以根据课堂氛围、教学质量、方式、科学、布置作业工作量的大小、各种优缺点等进行综合性的设计评价报告，让学生客观性地填写，给予最真实的评价反馈，以便外语教师能够针对问题改进和提升。例如，在评价报告中，学生评价作业量大的占比较高，老师可以结合实际情况予以适当改进；如果评价课堂枯燥、乏味的学生占比较高，应客观对待，注重课堂中趣味性的氛围营造，不断优化提升和调整，这样有利于外语教师专业能力的提升和发展。

总体来说，本科院校外语教师的专业能力评价可以最大限度地发挥教学潜能，提高教学质量，以多元化、发展性、差异性、全面性为基本原则，对专业能力展开客观、合理评价，有利于促进外语教师自身专业的可持续发展，加大高校外语教师团队的建设力度，促进高等教育的国际化发展。

第二节　外语教师发展性评价的实施程序与具体方式

一、外语教师发展性评价的实施程序

（一）确定教师评价标准

在对教师专业发展进行评价时，首先需要确定标准，这一标准的建立应该尊重教师。可以通过问卷、座谈等形式，对教师的教学意见、工作情况加以征集，鼓励教师谈谈自己的看法，这样才能更好地制订教师评价标准。

（二）制订评价指标体系

评价指标体系是教师评价标准的具体体现。一般来说，主要分为三大指标。所谓评价指标体系，反映的是教师的评价标准，是一切评价指标的集合。一般情况下，评价指标包括三级，具体如图6-1所示。

因此，在制订评价指标体系的时候，可以进行逐层分解，这样才能使评价指标体系更加精细。

（三）确定打分标准

教师评价标准主要包含两种：一种是绝对评价标准，另一种是相对评价标准。前者是要求评价者直接给出分数，通过采用五分制或者百分制对其进行打分；后者是要求评价者在不同等级中作出选择，一般来说等级有五种：很好、较好、一般、不好、非常不好，当然，为了便于操作，可以赋予相应的分值（图6-1）。

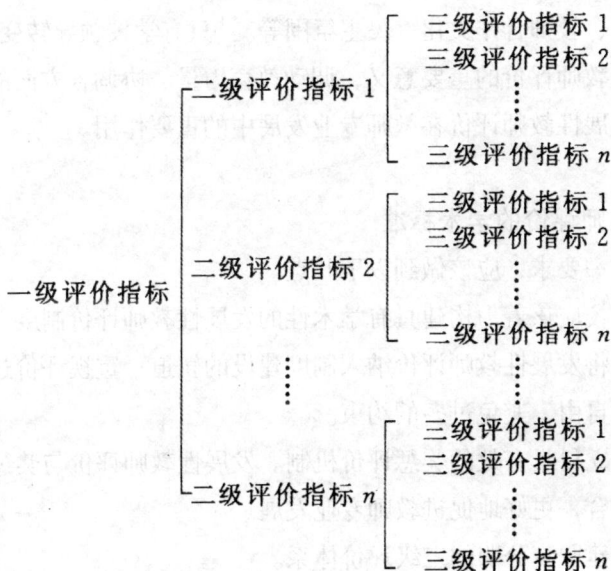

```
                                    ┌ 三级评价指标 1
                                    │ 三级评价指标 2
                       ┌ 二级评价指标 1 ┤        ⋮
                       │            └ 三级评价指标 n
                       │
                       │            ┌ 三级评价指标 1
                       │            │ 三级评价指标 2
  一级评价指标 ─────────┤ 二级评价指标 2 ┤        ⋮
                       │            └ 三级评价指标 n
                       │        ⋮
                       │            ┌ 三级评价指标 1
                       │            │ 三级评价指标 2
                       └ 二级评价指标 n ┤        ⋮
                                    └ 三级评价指标 n
```

图6-1　评价指标体系的结构关系[①]

（资料来源：王斌华，2005）

---

① 王斌华.教师评价绩效管理与专业发展[M].上海：上海教育出版社，2005.

（四）制作评价表

评价表应包括评价对象（执教教师）的姓名、评价者姓名、科目、时间、评价指标、打分标准、权重系数等内容。

二、外语教师发展性评价的具体方式

（一）实施发展性教师评价

1.转变评价的思想观念

发展性教师评价制度的形成，需要一定的社会文化基础，如现代化的教师评价观念、教师合作文化、民主氛围等。[①]只有学校领导转变思想观念，认识到发展性教师评价的重要意义，调动教育力量、协调各方面的关系，才能真正实现发展性教师评价在教师专业发展中的重要作用。

2.体现教师评价的学术标准

要实现这一要求，应该做到以下几点。

第一，学校应该着力构建具有学术性的发展性教师评价制度。建立发展性评价制度，将发展性教师评价纳入制度建设的轨道；重视评价过程的民主化，强调学术自由，避免过多的约束。

第二，建立科学有效的奖惩评价机制。发展性教师评价与奖惩性教师评价应该相互结合，更好地促进教师专业发展。

第三，构建职责分明的三级评价体系。

---

① 张宁.高校教师专业发展论[M].长春：吉林大学出版社，2012.

3.建立适应性教师评价指标体系

教育教学活动的复杂性和评价参与者的复杂性，决定了教师评价标准指标体系的多层次、多维度和灵活性。[①]为此，在对教师进行发展性评价时，重视评价者与被评价者之间的对话，在协商的基础上达成一定的共识，重视评价指标的构建性意义，从而使评价的结果更具有客观性，使被评价者获得正确的反馈信息，实现我身的不断改进和完善。

4.重视教师评价理论的培训

对教师进行评价是一项专业性非常强的工作，它对评价的观念、知识、技术有较高的要求。为此，高校应该将对教育教学评价相关理论的普及和能力的培养纳入教师培养方案中，建立针对不同评价主体的评价自治标准和要求。

5.提供必要的评价物质基础

高校发展性教师评价的制度、组织机构、规章制度、人才队伍、评价标准等的制定和实施，需要投入一定的时间和人力、物力，并且工作具有长期性。为保证评价工作的顺利进行，需要在教育教学经费划拨中纳入这一内容。

（二）对教师胜任力进行评价

通过进行胜任力评价，能够全面了解到教师的胜任力因素、胜任力现状和胜任力发展潜质。通过评价反馈，能够发现和指出需要弥补和加强的胜任力要素，发现当前青年教师胜任力状况和组织胜任力要求之间的差距，从而找出影响或抑制个人胜任力充分发挥的关键环节，加强相关培训活动的针对性。为此，进行胜任力评价，对于培养和发展青年教师的胜任力具有重要作用。

---

① 张典兵，马衍.教师专业成长研究引论[M].北京：光明日报出版社，2013.

胜任力要素与个人绩效正相关。要获得良好的业绩，需要具备一定的胜任力要素。为此，我们可以通过胜任力要素来预测教师的业绩状况。

1.胜任力评价的作用

第一，确定教师的胜任力状态。通过对青年教师胜任力要素进行评价，对其未来工作业绩进行预期，从而实现人员甄选，实现人力资源的优化配置。

第二，确定对教师的培育和发展目标。运用评价获得的反馈信息，对被评人实际胜任力水平与工作所需胜任力水平进行比较，从而发现其中的不足或问题，采取有效措施有针对性地对其进行培养和提高。

第三，以评价结果为依据，对教师的评选、晋升职称等作出合理处理。由于教师工作的劳动成果带有长期性、滞后性，在教师团队合作中，难以辨别个人业绩与团队业绩之间的区别。对刚参加工作的教师来说，直接以工作成果来对其业绩进行评判也有欠妥当。为此，教育可以通过评价知识工作者的胜任力，间接实现对其的绩效评估。

2.常见的胜任力评价方法

第一，基于结果的评价。这种传统的评价方法能够比较客观、公正地对评价对象进行评估，运用这一评价方法的条件要满足：具有明显个体属性的工作；工作能够直接进行度量。[①]

第二，纸笔测评法。这一评价方法能够判断青年教师的学识水平（知识水平和能力水平）的差异。但这一方法偏重于理论知识，并不能对被测者的工作态度、品德、管理能力和表达能力进行全面的有效评价，难以检验教师的教学实践能力。因此，这类测验并不一定能够确定教学人员的能力水平。

第三，复杂的评价中心方法（情景模拟的方法）。让被评价者处于一个模拟的工作情境中，采用一定的技术和手段，评价被试者的心理和行为，包括无领导小组讨论、演讲、自由辩论赛等。

---

① 林立杰.高校教师胜任力研究与应用[M].北京：中国物资出版社，2010.

第四，行为评价法。这种方法适合工作难以在短时期内表现出来和具有隐性特征的工作。

现阶段，我国高校实行的是传统的基于结果的评价。通过对教师近些年的工作业绩和思想政治觉悟水平进行考核，进行评职称、评博导硕导、评学科带头人、评政府津贴及年度考核等。

这种评价方法存在着以下缺陷：一是高校教师的教学和科研工作具有较高的复杂性，工作成果和质量不易外显；二是比较容易造成教师为实现短期目标而出现急功近利、只顾眼前利益的局面；三是青年教师处于某个科研或教学工作团队之中，难以将个人业绩和团体组织业绩区分开。

从整体上来讲，基于行为的胜任力评价，能够有效、全面地对教师的胜任力进行评价，能够进一步为胜任力培育机制建设提供正确导向。

3.对不同评价源进行的分析

评价人对被评人的评价，是主体依据一定的参考标准对客体作出的主观判断。评价人收集的有关被评人信息情况、评价人自身的主观思维认知水平、信息加工能力，对评价结果有很大的影响。传统单纯的上级评价模式难以作出客观、公正、科学的评价。在此背景下，提出了360°绩效反馈的评价思路，由与被评价者工作有密切联系的人对被评价者进行评价，将他评与自评结果进行对比，使被评价者获得反馈信息，并作出相应改进和调整。

对同一个体进行胜任力评价，不同评价源之间评价结果的相关度很低，因此，分析教师评价源特征具有一定的必要性。

第一，上级评价。上级领导对员工的胜任力评价体现了其重要管理职能，上级可以据此对员工进行指导、控制和激励，以利于组织员工共同完成学校的教育任务。考评者上级的利益一般不直接同员工考评结果相连，因此评价较公正和客观。但是，上级出于某种目的或晕轮效应、宽厚性错误等，会对评价效度造成一定的影响。

第二，自我评价。在这种评价中，评价者更加了解自身工作能力、行为和业绩，因此可能作出较准确评价。评价人能够积极接受自我考评结果，从而可以根据评价结果制订合适的发展计划。根据归因理论、自我提升理论以及社会比较理论，这一评价方法存在着过高的"宽厚性错误"，因此适用于发展非行政目的胜任力评价。

第三，同事评价。处于相同工作环境下的教师同事，能够较客观地将个人不可控因素剔除于个人业绩评价之外，从而作出客观的胜任力评价。但是这一评价方法会在不自觉中形成竞争机制，因此评价主体的参与积极性一般不高，教师之间人际关系的好坏对评价结果有较为显著的影响。

第四，学生评价。学生与教师接触比较密切，而且两者处在不对等的位置。所以，学生可以对其与人格特性、教学工作相关的胜任力要素进行客观的评价。但是学生评价学法有效的信息和技巧，有时还存在讨好心理或报复心理，造成评价结果的失真。

下面是对某一教师胜任力评价结果的综合报告。参加此次评价的评价者包括上级3人，学生10人，同事6人，自己，总计20人，如表6-1所示。

表6-1 某教师的胜任力评价结果综合报告（部分）[①]

胜任力族及重要性权数	胜任力要素及重要性权数	上级评分（权数0.25）	自我评分（权数0.4）	同事评分（权数0.25）	学生评分（权数0.1）	各要素得分	各要素总体平均分*	各族得分	各族总体平均分*
个性要素族0.3	责任心0.05	86.67	80	76.66	88	81.63		修正前得分69.65 修正后得分52.24	
	自信心0.05	66.67	60	63.33	82	64.70			
	自我控制能力0.05	93.33	80	96.67	98	89.30			
	成就动机0.15	80	80	63.33	80	75.83			
	身体适应能力0.20	73.33	80	76.66	96	79.10			
	移情能力0.05	93.33	80	96.67	98	89.30			

[①] 林立杰.高校教师胜任力研究与应用[M].北京：中国物资出版社，2010.

续表

胜任力族及重要性权数	胜任力要素及重要性权数	上级评分（权数0.25）	自我评分（权数0.4）	同事评分（权数0.25）	学生评分（权数0.1）	各要素得分	各要素总体平均分*	各族得分	各族总体平均分*
个性要素族0.3	坚韧性0.10	66.67	60	63.33	78	64.30		修正前得分69.65 修正后得分52.24	
	特强性0.10	60	60	53.33	82	60.53			
	变革性0.15	60	60	63.33	76	62.43			
	独立性0.10	60	40	53.33	68	51.13			

　　通过评价得出该青年教师的综合胜任力，并且了解到个体胜任力中的哪些因素与组织要求的胜任力有较大的差距，抑制了该教师胜任力的充分发挥。该教师据此在今后的胜任力培养和发展过程中着重加强该方面的胜任力培养。

第三节　智慧教育时代外语教师评价的创新手段——电子档案袋

一、教师电子档案袋的概念

教师电子档案袋综合评价法是以网络为载体，依托计算机技术与网络平台，通过使用多媒体技术展示教师的个人专业发展状况，并通过教师在制作电子档案袋过程中对自己的教科研实践与专业发展进行反思与分析，实现教师主动参与、自我反思、自主发展的综合评价方法。

二、教师电子档案袋的实施模块

以网络为载体的电子档案袋综合评价法能够记录高校外语教师学习共同体的发展轨迹，是教师进行反思的重要方法和途径，能够推进教师进行自我激励，不断促进专业能力和专业意识的提升，同时为教师共同体的构建提供一个更为开放的平台。通过设置内容模块、制订电子档案袋的操作流程与创建教师学习共同体电子档案袋评价的网络平台，实施教师电子档案袋综合评价。教师学习共同体电子档案袋评价平台主要包括表6-2中的内容模块。

表6-2　教师学习共同体电子档案袋综合评价网络平台的内容模块[①]

内容模块	具体信息
个人基本信息	姓名、性别、年龄、民族、职称教育背景、工作经历、研究方向等
个人学习情况	学习计划与总结、学习资源、研修或培训经历、读书笔记等
教学文档材料	教案、课件、教学日志、教学视频、教学计划与总结、学生作业与成果、学生试卷与评价材料等
教科研业绩	在教科研上所获得的奖励、荣誉、成果等
教科研材料	教科研项目申报与结项材料、教研成果（著作、论文、研究报告等）、相关研究文献资料等
各种评价信息	教师自我评价信息、学生网上评价信息、同行评价信息、专家评价信息等
个人反思	基于网络日志对课堂教学与教科研活动的认识与反思
总的反思与评价	对制作电子档案袋与教师专业发展整个过程的反思与评价

（资料来源：李玉升，2015）

[①] 李玉升.网络环境下大学英语教师专业素质发展的评价体系构建研究[J].中国教育信息化，2015（18）：67-69.

参考文献

[1][美]Guskey Thomas R.教师专业发展评价[M].方乐，张英译.北京：中国轻工业出版社，2005.

[2][美]布鲁克菲尔德.批判反思型教师ABC[M]. 张伟译.北京：中国轻工业出版社，2002.

[3]陈仕清.英语教师专业发展新路径[M].南宁：广西教育出版社，2012.

[4]陈霞.教师专业发展的实效性研究[M].北京：北京大学出版社，2012.

[5]陈燕.大学英语教师专业发展新视角[M].北京：中国政法大学出版社，2014.

[6]崔燕宁.大学英语自主学习理论与实践研究[M].成都：西南财经大学出版社，2013.

[7]傅金兰，安洪涛.信息时代教师专业成长与生命完善[M].济南：山东大学出版社，2009.

[8]盖颖颖.外语教师团队建构研究：基于专业学习共同体视角[M].北京：中国经济出版社，2016.

[9]黄雪松.大学英语混合式智慧教育研究与实践[M].长春：吉林出版集团股份有限公司，2022.

[10]及小东，吴天飞.智慧教育与教育智慧：优学派支持下的精准教与学[M].成都：四川大学出版社，2021.

[11]李少伟，李款.全媒体时代下大学英语智慧教育研究[M].延吉：延边大学出版社，2022.

[12]李正栓，郝惠珍.中国语境下英语教师教育与发展研究[M].保定：河北大学出版社，2009.

[13]刘希未，宫晓燕，荆思凤，等.智慧教育[M].北京：科学技术文献出

版社，2021.

[14]刘熠.叙事视角下的大学公共英语教师职业认同建构研究[M].北京：外语教学与研究出版社，2011.

[15]鲁子问.英语教学论[M].2版.上海：华东师范大学出版社，2009.

[16]孟丽华，武书敬.网络环境下大学英语教师专业素质发展研究[M].北京：外语教学与研究出版社，2015.

[17]魏会延.教师学习共同体：促进教师专业发展的新途径[M].武汉：武汉大学出版社，2014.

[18]谢职安.高校英语教师专业发展研究[M].北京：知识产权出版社，2014.

[19]徐文峰.教师专业发展实践导论[M].北京：人民日报出版社，2014.

[20]赵健.学习共同体的建构[M].上海：上海教育出版社，2008.

[21]郑茗元，汪莹.网络环境与大学英语课程的整合化教学模式概论[M].北京：中国水利水电出版社，2015.

[22]朱旭东.教师专业发展理论研究[M].北京：北京师范大学出版社，2011.

[23]曹斯瑞，刘凤娟.智慧教育时代翻转课堂教学中教师的适应性探究[J].中国教育信息化，2020（2）：22-25.

[24]陈琳，陈耀华，李康康，等.智慧教育核心的智慧型课程开发[J].现代远程教育研究，2016（1）：33-40.

[25]方丽娟.以智慧教育引领教育信息化创新发展[J].天，津教育，2021（14）：174-175.

[26]顾建峰.智慧教育视域下高校教育管理实践路径探索[J].中国成人教育，2018（18）：55-57.

[27]郭阳，亓晋，许斌，董鹏.教育信息化背景下面向智慧教育的教育管理模式研究[J].中国多媒体与网络教学学报（上旬刊），2020（8）：133-135.

[28]韩劲松，徐宏伟，贺晓光.翻转课堂在应用型本科院校的适用研究[J].黑龙江教育（高教研究与评估），2020（8）：34-37.

[29]何克抗.智慧教室+课堂教学结构变革——实现教育信息化宏伟目标的根本途径[J].教育研究，2015（11）：76-81+90.

[30]胡鹏.新时代网络环境下高校智慧教育建设研究[J].河北广播电视大学学报，2018，23（5）：77-81.

[31]胡钦太，刘丽清，郑凯.工业革命4.0背景下的智慧教育新格局[J].中国电化教育，2019（3）：1-8.

[32]胡钦太，郑凯，胡小勇，等.智慧教育的体系技术解构与融合路径研究[J].中国电化教育，2016（1）：49-55.

[33]黄荣怀，杨俊锋，胡永斌.从数字学习环境到智慧学习环境 —— 学习环境的变革与趋势[J].开放教育研究，2012，18（1）：75-84.

[34]黄荣怀.智慧教育的三重境界：从环境模式到体制[J].现代远程教育研究，2014（6）：3-11.

[35]惠建妮.基于智慧教育理念的高职院校信息化教学实践应用研究——以学前教育专业英语教学设计为例[J].中国信息化，2021（6）：69-70.

[36]康伟，赵鹏飞，龚新.智慧教育背景下混合式教学模式的研究[J].黑龙江教育（高教研究与评估），2018（12）：1-4.

[37]李艳燕，张香玲，李新，等.面向智慧教育的学科知识图谱构建与创新应用[J].电化教育研究，2019（8）：60-69.

[38]刘正宗.智慧教育背景下高校工程管理专业人才实践创新能力培养质量研究[J].科技进步与对策，2018，35（24）：164-169.

[39]盛俐.智慧教育背景下教师角色转换分析及ICT能力培养[J].兰州教育学院学报，2019，35（8）：132-134.

[40]宋苏轩，杨现民，宋子强.教育信息化2.0背景下新一代高校智慧校园基础平台建设研究[J].现代教育技术，2019，29（8）：18-24.

[41]唐烨伟，庞敬文，钟绍春，等.信息技术环境下智慧课堂构建方法及案例研究[J].中国电化教育，2014（11）：23-29+34.

[42]杨俊锋，龚朝花，余慧菊，等.智慧学习环境的研究热点和发展趋势——对话ET&S主编Kinshuk（金沙克）教授[J].电化教育研究，2015，36（5）：85-88+95.

[43]杨现民，刘雍潜，钟晓流，等.我国智慧教育发展战略与路径选择[J].现代教育技术，2014（1）：12-19.

[44]杨现民.信息时代智慧教育的内涵与特征[J].中国电化教育，2014（1）：

29-34.

[45]殷宝媛，武法提，章怡.智慧教育云平台标准的"三环"模型构建[J].现代教育技术，2018，28（1）：86-92.

[46]张欢.国外智慧教育研究现状分析——基于词频分析和可视化共词网络图的方法 [J].中国医学教育技术，2018，32（6）：631-635.

[47]张进宝，黄荣怀，张连刚.智慧教育云服务：教育信息化服务新模式[J].开放教育研究，2012，18（3）：20-26.

[48]张利."智慧教育"理念下提升职业教育教学有效性研究[J].职教论坛，2018（12）：53-56.

[49]赵冰.智慧校园建设语境下的高校智慧教育研究[J].中国成人教育，2018（21）：19-23.

[50]钟绍春，唐烨伟，王春晖.智慧教育的关键问题思考及建议[J].中国电化教育，2018（1）：106-111+117.

[51]钟绍春，唐烨伟.人工智能时代教育创新发展的方向与路径研究[J].电化教育研究，2018（10）：15-20+40.

[52]钟晓流，宋述强，胡敏，等.第四次教育革命视域中的智慧教育生态构建[J].远程教育杂志，2015，33（4）：34-40.

[53]祝智庭，贺斌.智慧教育：教育信息化的新境界[J].电化教育研究，2012（12）：5-13.

[54]祝智庭，魏非.教育信息化2.0：智能教育启程，智慧教育领航[J].电化教育研究，2018，39（9）：5-16.

[55]祝智庭.智慧教育新发展：从翻转课堂到智慧课堂及智慧学习空间[J].开放教育研究，2016，22（1）：18-26+49.